卞尺丹几乙し丹卞と
Translated Language Learning

The Picture of Dorian Gray
(Part One)

Картина Доріана Грея
(частина перша)

Oscar Wilde

1/2

English / Українська

Copyright © 2024 Tranzlaty
All rights reserved
Published by Tranzlaty
ISBN: 978-1-83566-293-9
The Piture of Dorian Gray
Original text by Oscar Wilde
First published in 1891
www.tranzlaty.com

Preface
Передмова

The artist is the creator of beautiful things
Художник – творець прекрасних речей

To reveal art and conceal the artist is art's aim
Розкрити мистецтво і приховати його – мета мистецтва

The critic is he who can translate into another manner or a new material his impression of beautiful things
Критик - це той, хто може перевести в іншу манеру або новий матеріал своє враження від прекрасних речей

The highest as the lowest form of criticism is a mode of autobiography
Найвищою, як найнижчою формою критики, є спосіб автобіографії

Those who find ugly meanings in beautiful things are corrupt without being charming
Ті, хто знаходить потворний сенс у прекрасних речах, зіпсовані, але не чарівні

This is a fault
Це помилка

Those who find beautiful meanings in beautiful things are the cultivated
Той, хто знаходить прекрасний сенс у прекрасних речах, є культивованим

For these there is hope
Для них є надія

They are the elect to whom beautiful things mean only beauty
Це обранці, для яких красиві речі означають лише красу

There is no such thing as a moral or an immoral book
Не існує такого поняття, як моральна чи аморальна книга

Books are either well written, or badly written, that is all
Книги або добре написані, або погано написані, от і все

The nineteenth century dislike of realism is the rage of Caliban seeing his own face in a glass
Нелюбов дев'ятнадцятого століття до реалізму – це лють Калібана, який бачить власне обличчя в склянці

The nineteenth century dislike of romanticism is the rage of Caliban not seeing his own face in a glass
Нелюбов дев'ятнадцятого століття до романтизму – це лють Калібана, який не бачить власного обличчя в склянці

The moral life of man forms part of the subject-matter of the artist

Моральне життя людини є частиною тематики художника
but the morality of art consists in the perfect use of an imperfect medium
Але мораль мистецтва полягає в досконалому використанні недосконалого медіума
No artist desires to prove anything
Жоден художник не бажає нічого доводити
Even things that are true can be proved
Навіть те, що є правдою, можна довести
No artist has ethical sympathies
Жоден художник не має етичних симпатій
An ethical sympathy in an artist is an unpardonable mannerism of style
Етична симпатія у художника - це непростима манера стилю
No artist is ever morbid
Жоден художник ніколи не буває хворобливим
The artist can express everything
Художник може висловити все
Thought and language are to the artist instruments of an art
Думка і мова є для художника знаряддям мистецтва
Vice and virtue are to the artist materials for an art
Порок і чеснота є для художника матеріалом для мистецтва
From the point of view of form, the type of all the arts is the art of the musician
З точки зору форми, видом всіх мистецтв є мистецтво музиканта
From the point of view of feeling, the actor's craft is the type
З точки зору почуттів, ремесло актора - це тип
All art is at once surface and symbol
Будь-яке мистецтво є одночасно поверхнею і символом
Those who go beneath the surface do so at their peril
Ті, хто йде під поверхню, роблять це на свій страх і ризик
Those who read the symbol do so at their peril
Ті, хто читає символ, роблять це на свій страх і ризик
It is the spectator, and not life, that art really mirrors
Саме глядача, а не життя, насправді віддзеркалює мистецтво
Diversity of opinion about a work of art shows that the work is new, complex, and vital
Різноманіття думок про художній твір свідчить про те, що твір новий, складний і життєво необхідний
When critics disagree, the artist is in accord with himself
Коли критики розходяться в думках, художник погоджується з

самим собою

We can forgive a man for making a useful thing as long as he does not admire it

Ми можемо пробачити чоловікові те, що він зробив корисну річ, якщо він не захоплюється нею

The only excuse for making a useless thing is that one admires it intensely

Єдине виправдання для того, щоб зробити марну річ, полягає в тому, що людина палко нею захоплюється

All art is quite useless

Будь-яке мистецтво абсолютно марне

OSCAR WILDE
ОСКАР УАЙЛЬД

Chapter One
Розділ перший

The studio was filled with the rich odour of roses
Студія була наповнена насиченим запахом троянд

the light summer wind stirred amidst the trees of the garden
Легкий літній вітер ворушився серед дерев саду

and there came through the open door the heavy scent of the lilac
І крізь відчинені двері долинув важкий запах бузку

and there came the more delicate perfume of the pink-flowering thorn
І з'явилися ніжніші пахощі рожево-квітучої колючки

From the corner of the divan of Persian saddle-bags on which he was lying
З кутка дивана перських сідел, на якому він лежав

he was smoking, as was his custom, innumerable cigarettes
Він курив, за своїм звичаєм, незліченну кількість сигарет

Lord Henry Wotton caught the gleam of the honey coloured blossoms of a laburnum
Лорд Генрі Воттон вловив відблиск медового цвіту лабурнума

their tremulous branches could hardly bear the burden of their flamelike beauty
Їхні трепетні гілки ледве витримували тягар їхньої полум'яної краси

fantastic shadows of birds flitted across the long tussore-silk curtains
Фантастичні тіні птахів пурхали по довгих шовковим завісам

the curtains that were stretched in front of the huge window
штори, які були натягнуті перед величезним вікном

the curtains produced a kind of momentary Japanese effect
штори створювали своєрідний миттєвий японський ефект

he had to think of those pallid, jade-faced painters of Tokyo
він мусив думати про тих блідих художників Токіо з нефритовими обличчями

they seek to convey the sense of swiftness and motion through the medium of an art that is necessarily immobile
Вони прагнуть передати відчуття швидкості та руху за допомогою мистецтва, яке обов'язково є нерухомим

There was a sullen murmur of the bees shouldering their way through the long grass
Почулося похмуре дзюрчання бджіл, що пробиралися крізь довгу траву

the bees circled round the dusty gilt horns of the straggling woodbine
Бджоли кружляли навколо запорошених позолочених рогів розлогого лісовика

their monotonous insistent buzzing seemed to make the stillness more oppressive
Їхнє монотонне наполегливе дзижчання, здавалося, робило тишу ще більш гнітючою

The dim roar of London was like the bourdon note of a distant organ
Тьмяний гуркіт Лондона був схожий на бурдонську ноту далекого органу

In the centre of the room stood the full-length portrait of a young man
У центрі кімнати стояв портрет молодого чоловіка в повний зріст

the portrait of the young man was clamped to an upright easel
Портрет юнака був притиснутий до вертикального мольберта

a young man of extraordinary personal beauty
Молодий чоловік надзвичайної особистої краси

a little distance in front of the painting was sitting the artist himself
Трохи віддалік перед картиною сидів сам художник

Basil Hallward, who had suddenly disappeared some years ago
Безіл Холлуорд, який раптово зник кілька років тому

his disappearance caused, at the time, great public excitement
Його зникнення викликало в той час великий суспільний резонанс

and his disappearance gave rise to so many strange conjectures
І його зникнення породило стільки дивних здогадок

the painter looked at the gracious and comely form
Художник подивився на граціозну і миловидну подобу

the comely form he had so skilfully mirrored in his art
миловидну форму, яку він так майстерно відобразив у своєму мистецтві

a smile of pleasure passed across his face
Усмішка задоволення пройшла по його обличчю

and the pleasure seemed like it was going to linger there
І задоволення здавалося, що воно там затримається

But the artist suddenly got up from his seat
Але художник раптом підвівся зі свого місця

closing his eyes, he placed his fingers upon his eyelids

Заплющивши очі, він поклав пальці на повіки
as though he sought to imprison within his brain some curious dream
немов прагнув ув'язнити в своєму мозку якусь цікаву мрію
a dream from which he feared he might awake
сон, від якого він боявся, що може прокинутися
Lord Henry languidly complimented Basil's painting
Лорд Генрі млосно похвалив картину Безіла
"It is your best work, Basil, the best thing you have ever done"
«Це твоя найкраща робота, Безіле, найкраще, що ти коли-небудь робив»
"You must certainly send it next year to the Grosvenor"
«Ви неодмінно повинні відправити його наступного року до Grosvenor»
"The Academy is too large and too vulgar"
«Академія занадто велика і занадто вульгарна»
"either there are so many people that you can't see the pictures"
"Або людей так багато, що не видно фотографій"
"not seeing the pictures is dreadful"
«Не бачити фотографій – це жахливо»
"or there are so many pictures that you can't see the people"
"Або фотографій так багато, що не видно людей"
"not seeing the people is even worse!"
«Не бачити людей — це ще гірше!»
"The Grosvenor is really the only place"
"Гросвенор - це дійсно єдине місце"
"I don't think I shall send it anywhere," he answered
— Не думаю, що я його кудись пошлю, — відповів він
he tossed his head back in his own particular manner
Він закинув голову назад у своїй особливій манері
in the odd way that always used to make his Oxford friends laugh
дивним чином, який завжди смішив його оксфордських друзів
"No, I won't send it anywhere," he confirmed
"Ні, я нікуди не пошлю", - підтвердив він
Lord Henry elevated his eyebrows and looked at him in amazement
Лорд Генрі підняв брови і здивовано подивився на нього
he looked through the thin blue wreaths of smoke
Він дивився крізь тонкі сині вінки диму
heavy fanciful whorls of smoke from his opium-tainted cigarette
важкі химерні клуби диму від його сигарети, забрудненої

опіумом
"you don't plan to send it anywhere? My dear fellow, why?"
"Ви не плануєте його нікуди відправляти? Любий друже, чому?"
"Have you any reason not to send it anywhere?"
— Чи є у вас підстави нікуди його не посилати?
"I must say, what odd chaps you painters are!"
— Мушу сказати, які дивакуваті хлопці ви, маляри!
"You do anything in the world to gain a reputation"
«Ти робиш все на світі, щоб здобути репутацію»
"As soon as you have a reputation, you seem to want to throw it away"
«Як тільки у вас з'являється репутація, ви ніби хочете її викинути»
"it is silly of you, I can think of no other conclusion"
"Це безглуздо з вашого боку, я не можу придумати іншого висновку"
"there is only one thing in the world worse than other people talking about you"
«У світі є тільки одна річ, гірша за інших людей, які говорять про тебе»
"the worst thing in the world is when others do not talk about you at all!"
«Найстрашніше у світі – це коли про тебе взагалі не говорять!»
"A portrait like this would set you far above all the young men in England"
«Такий портрет поставив би вас набагато вище всіх юнаків Англії»
"such a portrait would make the old men quite jealous"
«Такий портрет викликав би неабияку заздрість у старих»
"if old men are even capable of any emotion"
«Якщо старі люди взагалі здатні на будь-які емоції»
"I know you will laugh at me," he replied
— Я знаю, що ти будеш сміятися наді мною, — відповів він
"but I really can't exhibit this picture"
"Але я дійсно не можу виставити цю картину"
"I have put too much of myself into the picture"
«Я вклав занадто багато себе в картину»
Lord Henry stretched himself out on the divan and laughed
Лорд Генрі простягнувся на дивані і засміявся
"Yes, I knew you would laugh at me, but it is quite true, all the same"

«Так, я знала, що ти будеш сміятися наді мною, але це все одно правда»

"Too much of yourself in a picture! Upon my word, Basil"
"Занадто багато себе на картині! На моє слово, Василю"

"I didn't know you were so vain," he laughed
— Я не знав, що ти такий марнославний, — засміявся він

"I really can't see any resemblance between you and this young Adonis"
«Я справді не бачу жодної схожості між тобою та цим молодим Адонісом»

"you with your rugged strong face, and your coal-black hair"
«Ти з твоїм суворим сильним обличчям і чорним, як вугілля, волоссям»

"and this young Adonis, made out of ivory and rose-leaves"
"І цей молодий Адоніс, зроблений зі слонової кістки та листя троянд"

"Why, my dear Basil, he is a Narcissus"
— Та що ж, любий мій Василю, він Нарцис?

"and you, well, of course you have an intellectual expression"
"А у вас, ну, звичайно, інтелектуальне вираження"

"But beauty, real beauty, ends where an intellectual expression begins"
«Але краса, справжня краса, закінчується там, де починається інтелектуальне вираження»

"Intellect is in itself a mode of exaggeration"
«Інтелект сам по собі є способом перебільшення»

"and intellect destroys the harmony of any face"
«А інтелект руйнує гармонію будь-якого обличчя»

"The moment you sit down to think, one feature takes over"
«У той момент, коли ви сідаєте думати, одна функція бере гору»

"one becomes all nose, or all forehead, or something horrid"
«Один стає всім носом, або всім чолом, або чимось жахливим»

"Look at the successful men in any of the learned professions"
«Подивіться на успішних чоловіків у будь-якій з освічених професій»

"How perfectly hideous the learned men all are!"
— Які ж огидні всі вчені мужі!

"Except, of course, the learned men of the Church"
"За винятком, звичайно, вчених мужів Церкви"

"But then, in the Church they don't think"
"Але тоді в Церкві не думають"

"a bishop says the same thing for all his life"
«Єпископ говорить одне й те саме все своє життя»
"at the age of eighty he says what he was told to as a boy of eighteen"
«У вісімдесят років він говорить те, що йому сказали, коли йому було вісімнадцять років»
"and, as a natural consequence, he always looks absolutely delightful"
І, як природний наслідок, він завжди виглядає абсолютно чудово»
"Your mysterious young friend never thinks"
«Твій таємничий юний друг ніколи не думає»
"your mysterious friend whose picture really fascinates me"
«Твій таємничий друг, чия фотографія мене справді зачаровує»
"your mysterious friend whose name you have never told me"
«Твій таємничий друг, ім'я якого ти мені ніколи не називав»
"I feel quite sure that he has never had a thought in his mind"
«Я абсолютно впевнений, що у нього ніколи не було думки в голові»
"He is some brainless beautiful creature"
«Він якась безмозка прекрасна істота»
"he should be here in winter when we have no flowers to look at"
«Він має бути тут взимку, коли у нас немає квітів, на які можна було б подивитися»
"and he should be here in summer to chill our intelligence"
"І він повинен бути тут влітку, щоб охолодити наш розум"
"Don't flatter yourself, Basil: you are not in the least like him"
«Не спокушайся, Василю: ти анітрохи не схожий на нього»
"You don't understand me, Harry," answered the artist
— Ти мене не розумієш, Гаррі, — відповів художник
"Of course I am not like him, I know that perfectly well"
"Звичайно, я не такий, як він, я це прекрасно знаю"
"Indeed, I should be sorry to look like him"
«Справді, мені було б шкода бути схожим на нього»
"You shrug your shoulders? I am telling you the truth"
— Ти знизуєш плечима? Я кажу вам правду»
"There is a fatality about all physical and intellectual distinction"
«У будь-яких фізичних та інтелектуальних відмінностях є фатальність»
"a fatality that has dogged the faltering steps of kings"
«Фатальність, що стримує хиткі кроки царів»

"It is better not to be different from one's fellows"
«Краще не відрізнятися від своїх побратимів»
"The ugly and the stupid have the best of it in this world"
«Потворні і дурні мають найкраще в цьому світі»
"They can sit at their ease and gape at the play"
«Вони можуть спокійно сидіти і зазирати на виставу»
"they might not know anything of victory"
«Вони можуть нічого не знати про перемогу»
"but they are spared the knowledge of defeat"
«Але вони позбавлені знання про поразку»
"They live as we all should live; undisturbed and indifferent"
«Вони живуть так, як повинні жити ми всі; непорушний і байдужий»
"They neither bring ruin upon others, nor do they receive it"
«Вони не руйнують інших, і не отримують його»
"Your rank and wealth, Harry. My brains, such as they are my art"
— Твоє звання й багатство, Гаррі. Мої мізки, такі, як вони є моїм мистецтвом»
"and Dorian Gray, he has his good looks"
"А Доріан Грей, у нього гарна зовнішність"
"we shall all suffer from what the gods have given us"
«Ми всі будемо страждати від того, що дали нам боги»
"Dorian Gray? Is that his name?" asked Lord Henry
— Доріан Грей? Це його ім'я?» — запитав лорд Генрі
he walked across the studio towards Basil Hallward
він пішов через студію до Безіла Холлуорда
"Yes, that is his name. I didn't intend to tell it to you"
"Так, це його ім'я. Я не мав наміру розповідати вам про це»
"But why were you keeping his name from me?"
— Але чому ти приховував від мене його ім'я?
"Oh, I can't explain," Basil admitted in defeat
— Ой, я не можу пояснити, — з поразкою зізнався Безіл
"When I like people immensely, I never tell anyone their name"
«Коли мені дуже подобаються люди, я ніколи нікому не кажу їхнього імені»
"It is like surrendering a part of them"
«Це все одно, що здати частину з них»
"I have grown to love secrecy"
«Я полюбив таємницю»
"It seems to be the one thing that can make modern life mysterious"
«Здається, це єдине, що може зробити сучасне життя

загадковим»
"it is the only thing that gives us something to marvel over"
«Це єдине, що дає нам чим захоплюватися»
"The commonest thing is delightful if one only hides it".
«Найзвичайніше – це чудово, якщо це тільки приховувати»
"When I leave town now I never tell people where I am going"
«Коли я зараз їду з міста, я ніколи не кажу людям, куди я йду»
"If I did, I would lose all my pleasure"
«Якби я це зробив, то втратив би все своє задоволення»
"It is a silly habit, I dare say"
«Це дурна звичка, насмілюся сказати»
"but somehow it seems to bring a great deal of romance into one's life"
«Але якимось чином здається, що це привносить багато романтики в життя людини»
"I suppose you think me awfully foolish about it?"
— Гадаю, ви думаєте, що я страшенно дурний?
"Not at all," answered Lord Henry, "not at all, my dear Basil"
— Зовсім ні, — відповів лорд Генрі, — зовсім ні, мій любий Безіле.
"You seem to forget that I am married"
«Ти, здається, забуваєш, що я одружений»
"and the one charm of marriage is that it makes a life of deception"
«І одна принада шлюбу полягає в тому, що він робить життя обманним»
"and that deception is absolutely necessary for both parties"
«І цей обман абсолютно необхідний обом сторонам»
"I never know where my wife is"
«Я ніколи не знаю, де моя дружина»
"and my wife never knows what I am doing"
«А моя дружина ніколи не знає, що я роблю»
"we do meet occasionally, when we dine out together"
«Ми час від часу зустрічаємося, коли вечеряємо разом»
"or we meet when we go down to the Duke's"
"або ми зустрінемося, коли спустимося до герцога"
"we tell each other the most absurd stories with the most serious faces"
«Ми розповідаємо один одному найабсурдніші історії з найсерйознішими обличчями»
"My wife is very good at it. Much better, in fact, than I am"
"У моєї дружини це дуже добре виходить. Насправді, набагато

краще, ніж я»
"She never gets confused over her days and dates, and I always do"
«Вона ніколи не плутається у своїх днях і датах, а я завжди так роблю»
"But when she does find me out, she makes no row at all"
«Але коли вона дізнається про мене, то зовсім не свариться»
"I sometimes wish she would; but she merely laughs at me"
"Іноді мені хочеться, щоб вона це зробила; Але вона просто сміється наді мною»
"I hate the way you talk about your married life, Harry"
"Я ненавиджу, як ти говориш про своє подружнє життя, Гаррі"
and he strolled towards the door that led into the garden
І він підійшов до дверей, що вели в сад
"I believe that you are really a very good husband"
«Я вважаю, що ти дійсно дуже хороший чоловік»
"but I believe that you are thoroughly ashamed of your own virtues"
"Але я вірю, що ти дуже соромишся власних чеснот"
"You are an extraordinary fellow"
"Ти надзвичайний хлопець"
"You never say a moral thing, and you never do a wrong thing"
«Ти ніколи не говориш моральних речей і ніколи не робиш неправильно»
"Your cynicism is simply a pose"
«Ваш цинізм – це просто поза»
Lord Henry objected passionately, but laughed
Лорд Генрі палко заперечив, але засміявся
"Being natural is simply a pose, and the most irritating pose I know"
«Бути природним — це просто поза, і найдратівливіша поза, яку я знаю»
and the two young men went out into the garden together
І вийшли двоє юнаків разом у сад
in the shade of a tall laurel bush stood a long bamboo seat
У тіні високого лаврового куща стояло довге бамбукове сидіння
the two men ensconced themselves on the bamboo seat
Двоє чоловіків вмостилися на бамбуковому сидінні
The sunlight slipped over the polished leaves
Сонячне світло ковзало по полірованому листю
In the grass, white daisies were tremulous
У траві тремтіли білі ромашки

After a pause, Lord Henry pulled out his watch
Після паузи лорд Генрі витягнув годинник
"I am afraid I must be going, Basil," he murmured
— Боюся, що йду, Безіле, — пробурмотів він
"and before I go, I insist on your answering a question"
«І перед тим, як піти, я наполягаю на тому, щоб ви відповіли на запитання»
"I had put the question to you some time ago"
«Я поставив вам це запитання деякий час тому»
the painter kept his eyes fixed on the ground
Художник не зводив очей з землі
"What question do you gave in mind?" he asked
«Яке запитання ви маєте на увазі?» — запитав він
"You know quite well what I would like to ask you"
— Ти добре знаєш, про що я хотів би тебе запитати.
"I do not know what you would like to ask me, Harry"
— Я не знаю, про що ти хочеш мене запитати, Гаррі.
"Well, I will tell you what I would like to know"
"Що ж, я розповім вам те, що хотів би знати"
"please explain to me why you won't exhibit Dorian Gray's picture"
"Поясніть мені, будь ласка, чому ви не виставите картину Доріана Грея"
"I want the real reason you don't display his picture"
"Я хочу справжню причину, чому ви не показуєте його фотографію"
"I told you the real reason," answered Basil
— Я розповів тобі справжню причину, — відповів Безіл
"No, you did not tell me the real reason"
«Ні, ви не сказали мені справжню причину»
"You said it was because there was too much of yourself in the picture"
«Ви сказали, що це тому, що на знімку було занадто багато вас самих»
"we both know that is a childish reason not to display it"
«Ми обоє знаємо, що це дитяча причина не показувати це»
"Harry," said Basil Hallward, looking him straight in the face
— Гаррі, — сказав Безіл Холлуорд, дивлячись йому просто в обличчя
"every portrait that is painted with feeling is a portrait of the artist"
«Кожен портрет, написаний з почуттям, – це портрет художника»

"it is not a picture of the sitter"
«Це не зображення натурника»
"The sitter is merely the accident, the occasion"
«Натурник – це лише випадковість, привід»
"It is not he who is revealed by the painter"
«Не він відкривається художником»
"it is rather the painter who, on the coloured canvas, reveals himself"
«Це скоріше художник, який на кольоровому полотні розкриває себе»
"I will tell you the reason I will not exhibit this picture"
«Я скажу вам причину, чому я не буду виставляти цю картину»
"I am afraid that I have shown in it the secret of my own soul"
«Боюся, що я показав у ньому таємницю власної душі»
Lord Henry laughed, "and what is that secret?" he asked
Лорд Генрі засміявся: "А що це за таємниця?" — запитав він
"I will tell you," said Hallward
— Я вам скажу, — сказав Холлуорд
but an expression of perplexity came over his face
Але на його обличчі з'явився вираз збентеження
"I am all expectation, Basil," continued his companion, glancing at him
— Я все чекаю, Безіле, — продовжував його супутник, глянувши на нього
"Oh, there is really very little to tell, Harry," answered the painter
— О, насправді дуже мало що можна розповісти, Гаррі, — відповів художник
"and I am afraid you will hardly understand it"
"І я боюся, що ви навряд чи це зрозумієте"
"and I doubt you will even believe my reason"
"І я сумніваюся, що ви навіть повірите моєму розуму"
Lord Henry smiled, and he leaned down to the grass
Лорд Генрі посміхнувся і нахилився до трави
he plucked a pink-petalled daisy from the grass and examined it
Він зірвав з трави ромашку з рожевими пелюстками і оглянув її
"I am quite sure I shall understand it," he replied
— Я цілком певен, що зрозумію це, — відповів він
and he gazed intently at the little golden, white-feathered disk
І він пильно вдивлявся в маленький золотистий диск з білим пір'ям
"and as for believing things, I can believe anything"

«А що стосується віри в щось, то я можу вірити в що завгодно»
"I can believe anything, provided that it is incredible"
«Я можу повірити в що завгодно, за умови, що це неймовірно»
The wind shook some blossoms from the trees
Вітер струсив з дерев квіти
and the heavy lilac-blooms moved to and fro in the languid air
І важкий бузковий цвіт ворушився туди-сюди в млявому повітрі
A grasshopper began to chirrup by the wall
Коник почав цвірінькати біля стіни
and like a blue thread a long thin dragon-fly floated past
І, мов синя нитка, пропливла повз довгу тонку бабку-муху
Lord Henry felt as if he could hear Basil Hallward's heart beating
Лорду Генрі здавалося, що він чує, як б'ється серце Безіла Холлуорда
and he wondered what Basil was about to tell him
І він думав, що Василь збирається сказати йому
"The story is simply this;" said the painter after some time
— Історія просто така, — сказав художник через деякий час
"Two months ago I went to a crush at Lady Brandon's"
"Два місяці тому я був закоханий у леді Брендон"
"You know we poor artists have to show ourselves in society"
«Ви знаєте, що ми, бідні художники, повинні показати себе в суспільстві»
at least, we have to show ourselves from time to time"
Принаймні, ми маємо час від часу показувати себе»
"just to remind the public that we are not savages"
«Просто для того, щоб нагадати суспільству, що ми не дикуни»
"as you told me once, anybody can gain a reputation for being civilized"
«Як ви мені одного разу сказали, будь-хто може здобути репутацію цивілізованого»
"even a stock-broker can appear to be civilized"
«Навіть біржовий маклер може здатися цивілізованим»
"all you need is an evening coat and a white tie"
«Все, що тобі потрібно, це вечірнє пальто та біла краватка»
"Well, I had been in the room about ten minutes"
"Ну, я був у кімнаті хвилин десять"
"I was talking to huge overdressed dowagers and tedious academicians"
«Я розмовляв з величезними переодягненими вдовами і нудними академіками»

"then I suddenly became conscious that some one was looking at me"
Потім я раптом усвідомила, що на мене хтось дивиться»
"I turned half-way round and saw Dorian Gray for the first time"
"Я обернувся на півдорозі і вперше побачив Доріана Грея"
"When our eyes met, I felt that I was growing pale"
«Коли наші погляди зустрілися, я відчула, що блідаю»
"A curious sensation of terror came over me"
«Мене охопило дивне відчуття жаху»
"I knew that I had come face to face with some one"
«Я знала, що зустрілася з кимось віч-на-віч»
"someone whose mere personality was dangerously fascinating"
«Хтось, чия особистість була небезпечно захоплюючою»
"if I allowed it to do so, his personality would absorb my whole nature"
«Якби я дозволив йому це зробити, його особистість поглинула б усю мою природу»
"someone whose personality could absorb my whole soul"
«Хтось, чия особистість могла б поглинути всю мою душу»
"someone whose personality could absorb my very art itself"
«Хтось, чия особистість могла б увібрати в себе саме моє мистецтво»
"I did not want any external influence in my life"
«Я не хотіла ніякого зовнішнього впливу у своєму житті»
"You know, Harry, how independent I am by nature"
— Знаєш, Гаррі, який я незалежний від природи.
"I have always been my own master; at least I had always been so"
«Я завжди був сам собі паном; принаймні я завжди був таким»
"I had always been my own master till I met Dorian Gray"
«Я завжди був сам собі господарем, поки не зустрів Доріана Грея»
"but I don't know how to explain it to you"
"Але я не знаю, як вам це пояснити"
"Something seemed to be trying to tell me something"
«Щось ніби намагалося мені щось сказати»
"I seemed to be on the verge of a terrible crisis in my life"
«Здавалося, що я стояв на порозі страшної кризи в моєму житті»
"I had a strange feeling for what fate had in store for me"
«У мене було дивне відчуття того, що приготувала мені доля»
"fate had planned exquisite joys and exquisite sorrows for me"
«Доля приготувала мені вишукані радощі і вишукані печалі»

"I grew afraid and turned to quit the room"
«Я злякався і повернувся, щоб вийти з кімнати»
"It was not conscience that made me do so"
«Не совість змусила мене це зробити»
"it was a sort of cowardice that made me flee"
«Це було якесь боягузтво, яке змусило мене втекти»
"I take no credit to myself for trying to escape"
«Я не приписую собі заслуги за спробу втекти»
"Conscience and cowardice are really the same things, dear Basil"
«Совість і боягузтво – це одне й те саме, дорогий Василю»
"I don't believe that, Harry, and I don't believe you do either"
— Я не вірю в це, Гаррі, і я не вірю, що ти теж віриш.
"However, whatever was my motive, I certainly struggled to the door"
«Однак, якими б не були мої мотиви, я, звичайно, намагався дійти до дверей»
"it may have been pride that motivated me"
«Можливо, мене мотивувала гордість»
"because I used to be very proud"
«Тому що раніше я був дуже гордий»
"There, of course, I stumbled against Lady Brandon"
"Там, звичайно, я натрапив на леді Брендон"
"You are not going to run away so soon, Mr Hallward?" she screamed out
«Ви не збираєтеся так скоро тікати, містере Холлуорд?» — закричала вона
"You know her curiously shrill voice?"
— Ви знаєте її дивно пронизливий голос?
"Yes; she is a peacock in everything but beauty," said Lord Henry
— Авжеж. вона павич у всьому, крім краси", - сказав лорд Генрі
and he pulled the daisy to bits with his long nervous fingers
І він розтягнув ромашку на шматки своїми довгими нервовими пальцями
"I could not get rid of her, however much I tried"
«Я не міг її позбутися, як би не старався»
"She brought me up to people of royalty"
«Вона виховала мене з людьми королівської сім'ї»
"and she introduced me to people with stars and garters"
«І вона познайомила мене з людьми із зірками та підв'язками»
"and she brought me elderly ladies with gigantic tiaras"
«І вона привела мені літніх дам з велетенськими діадемами»

"and she brought be elderly men with parrot noses"
«І привела вона літніх чоловіків з папужними носами»
"She spoke of me as her dearest friend"
«Вона говорила про мене, як про свого найдорожчого друга»
"before that night I had only met her once before"
"До цієї ночі я зустрічався з нею лише один раз"
"but she took it into her head to lionize me"
"Але вона взяла собі в голову звинуватити мене"
"I believe some picture of mine had made a great success at the time"
«Я вважаю, що якась моя фотографія мала великий успіх у той час»
"at least, my pictures had been chattered about in the penny newspapers"
«Принаймні, про мої фотографії говорили в копійчаних газетах»
"it is the nineteenth-century standard of immortality"
«Це стандарт безсмертя дев'ятнадцятого століття»
"Suddenly I found myself face to face with the young man"
«Раптом я опинився віч-на-віч з юнаком»
"the young man whose personality had so strangely stirred me"
«Юнак, чия особистість так дивно зворушила мене»
"We were quite close, almost touching. Our eyes met again"
"Ми були досить близько, майже торкалися. Наші погляди знову зустрілися»
"It was reckless of me, but I asked Lady Brandon to introduce me to him"
"Це було необачно з мого боку, але я попросив леді Брендон познайомити мене з ним"
"Perhaps it was not so reckless, after all. Perhaps what it was was simply inevitable"
"Можливо, це було не так вже й безрозсудно. Можливо, те, що це було, було просто неминучим»
"We would have spoken to each other without any introduction"
«Ми б поговорили один з одним без будь-якого представлення»
"I am sure of that. Dorian told me so afterwards"
"Я в цьому впевнений. Доріан сказав мені про це згодом"
"He, too, felt that we were destined to know each other"
«Він теж відчував, що нам судилося пізнати один одного»
his companion grew curious about the story
Його напарник зацікавився цією історією
"And how did Lady Brandon describe this wonderful young man?"

— А як леді Брендон описала цього чудового юнака?

"I know she goes in for giving a rapid précis of all her guests"

"Я знаю, що вона йде на те, щоб дати швидкий прецис усім своїм гостям"

"I remember her bringing me up to a red-faced old gentleman"

«Я пам'ятаю, як вона підвела мене до червонолицого старого джентльмена»

"he was covered all over with orders and ribbons"

«Він був увесь обвішаний орденами та стрічками»

"and he was hissing into my ear, in a tragic whisper"

"І він шипів мені на вухо, трагічним шепотом"

"I'm sure it was perfectly audible to everybody in the room"

«Я впевнений, що це було чудово чутно всім у залі»

"he told me the most astounding details, and I simply fled"

«Він розповів мені найдивовижніші подробиці, і я просто втік»

"I like to find out people for myself"

«Мені подобається знаходити людей для себе»

"But Lady Brandon treats her guests like an auctioneer treats his goods

Але леді Брендон ставиться до своїх гостей так, як аукціоніст ставиться до свого товару

"She either explains them entirely away"

"Вона або зовсім їх пояснює"

"or she tells one everything about them except what one wants to know"

«Або вона розповідає про них все, крім того, що людина хоче знати»

"Poor Lady Brandon!" Basil interjected

— Бідолашна леді Брендон! — втрутився Василь

"You are hard on her, Harry!" said Hallward listlessly

– Ти суворий до неї, Гаррі, – мляво сказав Холворд

"My dear fellow, she tried to found a salon"

«Дорогий друже, вона намагалася заснувати салон»

"but she only succeeded in opening a restaurant"

«Але їй вдалося лише відкрити ресторан»

"so I can't quite see how you admire her"

"Тому я не зовсім розумію, як ти нею захоплюєшся"

"But tell me, what did she say about Mr Dorian Gray?"

— Але скажіть, що вона сказала про містера Доріана Грея?

"Oh, something like: 'Charming boy, poor dear'"

"О, щось на кшталт: "Чарівний хлопчик, бідний дорогий"

"his mother and I are absolutely inseparable"
"Ми з його мамою абсолютно нерозлучні"
"I seem to have quite forgotten what he does"
«Здається, я зовсім забув, що він робить»
"'oh, yes, he plays the piano', she remembered"
"О, так, він грає на фортепіано", - згадала вона.
"'Or is it the violin, dear Mr Gray?' she thought"
«Чи це скрипка, любий містере Грей?» — подумала вона.
"Neither of us could help laughing"
«Ніхто з нас не міг втриматися від сміху»
"and we became friends at once"
«І ми одразу подружилися»
the young lord plucked another daisy from the grass
Молодий лорд зірвав з трави ще одну ромашку
"Laughter is not at all a bad beginning for a friendship"
«Сміх – зовсім не поганий початок для дружби»
"and of course laughter is the best ending for a friendship"
«І, звичайно ж, сміх – найкращий фінал для дружби»
Hallward couldn't agree, and shook his head
Холворд не зміг погодитися і похитав головою
"You don't understand what friendship is, Harry"
"Ти не розумієш, що таке дружба, Гаррі"
"nor do you know enmity is, for that matter"
«І ви не знаєте, що ворожнеча — це вже на те пішло»
"You like every one; that is to say, you are indifferent to every one"
— Ти любиш усіх; Тобто ви байдужі до кожного»
"How horribly unjust of you!" cried Lord Henry
«Як жахливо несправедливо з вашого боку!» — вигукнув лорд Генрі
and he tilted his hat back and looked up at the little clouds
І він відкинув капелюха назад і подивився на маленькі хмаринки
the little clouds were like ravelled skeins of glossy white silk
Маленькі хмаринки були схожі на мотки лискучого білого шовку
they were drifting across the hollowed turquoise of the summer sky
Вони пливли по порожнистій бірюзі літнього неба
"Yes; it is horribly unjust of you"
— Авжеж. Це жахливо несправедливо з вашого боку»
"I make a great difference between people"
«Я роблю велику різницю між людьми»
"I choose my friends for their good looks"

«Я вибираю своїх друзів за їхню гарну зовнішність»
"I choose my acquaintances for their good characters"
«Я вибираю своїх знайомих за їхні добрі характери»
"and I choose my enemies for their good intellects"
«І я вибираю ворогів своїх за їхній добрий розум»
"A man cannot be too careful in the choice of his enemies"
«Людина не може бути надто обережною у виборі своїх ворогів»
"I have not got one enemy who is a fool"
«У мене немає жодного ворога, який був би дурнем»
"They are all men of some intellectual power"
«Усі вони люди з певною інтелектуальною силою»
"and consequently, they all appreciate me"
«І, отже, вони всі мене цінують»
"Is that very vain of me? I think it is rather vain"
— Хіба це марно з мого боку? Я вважаю, що це досить марно"
"I should think it very vain, Harry"
— Мені здається, що це дуже даремно, Гаррі.
"But according to your category I must be merely an acquaintance"
«Але за вашою категорією я повинен бути просто знайомим»
"My dear old Basil, you are much more than an acquaintance"
«Мій дорогий старий Василь, ти набагато більше, ніж знайомий»
"And much less than a friend. A sort of brother, I suppose?"
"І набагато менше, ніж друг. Мабуть, такий собі брат?»
"Oh, brothers! I don't care for brothers"
— Ой, браття! Мені начхати на братів»
"My elder brother won't die"
«Мій старший брат не помре»
"and my younger brothers seem never to do anything but die"
«А мої молодші брати, здається, ніколи нічого не роблять, крім того, що вмирають»
"Harry!" exclaimed Hallward, frowning
"Гаррі!" – вигукнув Холворд, насупившись,
"My dear fellow, I am not quite serious"
"Дорогий друже, я не зовсім серйозно"
"But I can't help detesting my relations"
«Але я не можу не ненавидіти свої стосунки»
"they have all the same faults as me"
«У них усі ті самі вади, що й у мене»
"I quite sympathize with the rage of the English democracy"
«Я цілком співчуваю люті англійської демократії»
"they rage against what they call the vices of the upper orders"

«Вони лютують проти того, що вони називають пороками вищих станів»
"The masses lay claim to their special property"
«Маси претендують на свою особливу власність»
"they feel that drunkenness, stupidity, and immorality are theirs"
«Вони вважають, що пияцтво, дурість і неморальність належать їм»
"they don't want us to make donkeys of ourselves"
«Вони не хочуть, щоб ми робили з себе віслюків»
"we are not to poach from their preserves"
«Ми не повинні браконьєрити з їхніх заповідників»
"think of when poor Southwark got into the divorce court"
«Згадайте, як бідолашний Саутварк потрапив до шлюборозлучного суду»
"their indignation was quite magnificent"
«Їхнє обурення було дуже великим»
"but do even ten per cent of the proletariat live correctly?"
— Але чи правильно живе хоча б десять відсотків пролетаріату?
"I don't agree with a single word that you have said"
«Я не згоден з жодним словом, яке ви сказали»
"and, what is more, Harry, I feel sure you don't either"
— І більше того, Гаррі, я певен, що й ти не знаєш.
Lord Henry stroked his pointed brown beard
Лорд Генрі погладив свою загострену каштанову бороду
and he tapped the toe of his leather boot with a tasselled ebony cane
І він постукав по носку свого шкіряного черевика тростиною з чорного дерева з китицями
"How English you are, dear Basil!"
— Який ти англієць, любий Безіле!
"That is the second time you have made that observation"
«Це вже другий раз, коли ви робите таке спостереження»
"it is always rash to suggest an idea to a true Englishman"
«завжди необачно пропонувати ідею справжньому англійцю»
"but you should never dream of considering whether the idea is right or wrong"
«Але ви ніколи не повинні мріяти про те, щоб подумати, правильна ідея чи неправильна»
"There is only one thing he considers of any importance"
«Є лише одна річ, яку він вважає важливою»
"it is only important whether one believes the idea oneself"

«Важливо лише, чи вірить людина сама в цю ідею»

"Now, the value of an idea has nothing whatsoever to do with the sincerity of the man who expresses it"

«Цінність ідеї не має нічого спільного з щирістю людини, яка її висловлює»

"Indeed, the probabilities are that the more insincere the man is, the more purely intellectual the idea will be"

«Справді, є ймовірність, що чим нещиріша людина, тим чистішою інтелектуальною буде ідея»

"as in that case the idea will not be coloured by either his wants, his desires, or his prejudices"

«Оскільки в цьому випадку ідея не буде забарвлена ні його бажаннями, ні його бажаннями, ні його упередженнями»

"However, I don't propose to discuss politics, sociology, or metaphysics with you"

«Але я не пропоную обговорювати з вами політику, соціологію чи метафізику»

"I like persons better than principles"

«Мені більше подобаються люди, ніж принципи»

"and I like persons with no principles better than anything else in the world"

«І мені подобаються люди без принципів краще, ніж будь-що інше на світі»

"Tell me more about Mr Dorian Gray. How often do you see him?"

— Розкажіть мені більше про містера Доріана Грея. Як часто ти його бачиш?

"Every day. I couldn't be happy if I didn't see him every day"

"Кожен день. Я не змогла б бути щасливою, якби не бачила його щодня»

"He is absolutely necessary to me"

«Він мені конче потрібен»

"How extraordinary! I thought you would never care for anything but your art"

— Як незвично! Я думала, що ти ніколи не будеш цікавитися нічим, крім свого мистецтва»

"He is all my art to me now," said the painter gravely

— Тепер він для мене все мистецтво, — поважно промовив художник

"I sometimes think, Harry, that there are only two eras of any importance in the world's history"

— Я іноді думаю, Гаррі, що у світовій історії є лише дві епохи, які мають якесь значення.

"The first era of importance is the appearance of a new medium for art"

«Перша важлива епоха – це поява нового медіума для мистецтва»

"and the second era of importance is the appearance of a new personality for art"

«А друга епоха важливості – це поява нової особистості для мистецтва»

"What the invention of oil-painting was to the Venetians"

«Чим був для венеціанців винахід олійного живопису»

"what the face of Antinous was to late Greek sculpture"

«яким було обличчя Антіноя для пізньогрецької скульптури»

"the face of Dorian Gray will some day be the same to me"

«Обличчя Доріана Грея колись стане для мене таким самим»

"It is not merely that I paint from him, draw from him, sketch from him"

«Я не просто малюю з нього, малюю з нього, малюю з нього»

"Of course, I have done all that"

"Звичайно, я все це зробив"

"But he is much more to me than a model or a sitter"

«Але він для мене набагато більше, ніж модель чи натурниця»

"I won't tell you that I am dissatisfied with what I have done of him"

«Я не скажу вам, що я незадоволений тим, що я з ним зробив»

"nor will I tell you that his beauty is such that art cannot express it"

«І я не скажу вам, що його краса така, що мистецтво не може її висловити»

"There is nothing that art cannot express"

«Немає нічого, що мистецтво не могло б висловити»

"and I know that the work I have done, since I met Dorian Gray, is good work"

"І я знаю, що робота, яку я виконав з того часу, як познайомився з Доріаном Греєм, є хорошою роботою"

"it is the best work of my life"

«Це найкраща робота в моєму житті»

"I wonder, will you understand me?"

— Цікаво, ти мене зрозумієш?

"in some curious way his personality has suggested to me an entirely new manner in art"

«Якимось дивним чином його особистість підказала мені

абсолютно нову манеру в мистецтві»
"his personality has suggested an entirely new mode of style"
«Його особистість підказала абсолютно новий стиль»
"I see things differently, I think of them differently"
«Я дивлюся на речі по-іншому, я думаю про них по-іншому»
"I can now recreate life in a way that was hidden from me before"
«Тепер я можу відтворити життя так, як це було приховано від мене раніше»
"'A dream of form in days of thought' - who is it who says that?"
"" Мрія про форму в дні думки "" - хто це говорить?"
"I forget; but it is what Dorian Gray has been to me"
"Я забуваю; але це те, чим був для мене Доріан Грей"
"The merely visible presence of this lad"
«Лише видима присутність цього хлопця»
"because he seems to me little more than a lad, though he is really over twenty"
"Тому що він здається мені трохи більше ніж хлопцем, хоча йому насправді за двадцять"
"his merely visible presence — ah!"
— Його видима присутність — ах!
"I wonder, can you realize all that that means?"
— Цікаво, чи розумієш ти все, що це означає?
"Unconsciously he defines for me the lines of a fresh school of thought"
«Несвідомо він визначає для мене лінії свіжої школи думки»
"a school of thought that is to have in it all the passion of the romantic spirit"
«Школа думки, яка повинна мати в собі всю пристрасть романтичного духу»
"a school of thought that is to have all the perfection of the spirit that is Greek"
«школа думки, яка повинна мати всю досконалість духу грецького»
"The harmony of soul and body. How much that is!"
«Гармонія душі і тіла. Як це багато!»
"We in our madness have separated the two"
«Ми у своєму божевіллі розділили їх»
"and we have invented a realism that is vulgar"
«І ми винайшли реалізм, який є вульгарним»
"we have created an ideal that is void"
«Ми створили ідеал, який є порожнім»

"Harry! if you only knew what Dorian Gray is to me!"
— Гаррі! якби ви тільки знали, чим для мене є Доріан Грей!»
"Do you remember that landscape painting of mine?"
— Пам'ятаєш мою пейзажну картину?
"the painting for which Agnew offered me such a huge price"
«картина, за яку Егню запропонував мені таку величезну ціну»
"but I would not part with the painting"
"Але я б не розлучався з картиною"
"It is one of the best things I have ever done"
«Це одна з найкращих речей, які я коли-небудь робив»
"And how did the painting become so?"
— А як картина стала такою?
"Because, while I was painting it, Dorian Gray sat beside me"
"Тому що, поки я її малював, поруч зі мною сидів Доріан Грей"
"Some subtle influence passed from him to me"
«Якийсь тонкий вплив перейшов від нього до мене»
"and for the first time in my life I saw something in the plain woodland"
«І вперше в житті я щось побачив у рівнинному лісі»
"I saw the wonder I had always looked for and always missed"
«Я побачив диво, яке завжди шукав і завжди сумував»
"Dear Basil, this is extraordinary! I must see Dorian Gray"
"Дорогий Василю, це надзвичайно! Я мушу побачити Доріана Грея"
Hallward got up from the seat and walked up and down the garden
Холворд підвівся з місця і походжав садом
After some time he came back
Через деякий час він повернувся
"Harry," he said, "Dorian Gray is to me simply a motive in art"
— Гаррі, — сказав він, — Доріан Грей для мене просто мотив у мистецтві.
"You might see nothing in him. I see everything in him"
"Ви можете нічого в ньому не побачити. Я бачу в ньому все»
"He is never more present in my work than when no image of him is there"
«Він ніколи так не присутній у моїй роботі, як тоді, коли немає його зображення»
"He is a suggestion, as I have said, of a new manner"
«Він є пропозицією, як я вже сказав, нового способу»
"I find him in the curves of certain lines"
«Я знаходжу його у вигинах певних ліній»

"I find him in the loveliness and subtleties of certain colours"

«Я знаходжу його в чарівності та тонкощах певних кольорів»

"Then why won't you exhibit his portrait?" asked Lord Henry

«Тоді чому б вам не виставити його портрет?» — запитав лорд Генрі

"Because, without intending it, I have put into it some expression of all this curious artistic idolatry"

«Тому що, сам того не бажаючи, я вклав у нього якесь вираження всього цього дивного художнього ідолопоклонства»

"artistic idolatry of which, of course, I have never cared to speak to him about"

«Мистецьке ідолопоклонство, про яке, звичайно, я ніколи не хотів з ним говорити»

"He knows nothing about it, and he shall never know anything about it"

«Він нічого не знає про це і ніколи нічого про це не дізнається»

"But the world might guess my inspiration"

«Але світ може здогадатися про моє натхнення»

"and I will not bare my soul to their shallow prying eyes"

"І я не відкрию своєї душі їхнім неглибоким стороннім очам"

"My heart shall never be put under their microscope"

«Моє серце ніколи не потрапить під їхній мікроскоп»

"There is too much of myself in the thing, Harry—too much of myself!"

— У цій справі забагато мене самого, Гаррі, забагато мене самого!

"Poets are not so scrupulous as you are"

«Поети не такі скрупульозні, як ви»

"They know how useful passion is for publication"

«Вони знають, наскільки корисна пристрасть до публікації»

"Nowadays a broken heart will run to many editions"

«У наш час розбите серце пробіжить до багатьох видань»

"I hate them for it," cried Hallward

— Я ненавиджу їх за це, — вигукнув Холлуорд

"An artist should create beautiful things"

«Художник повинен створювати красиві речі»

"but an artist should put nothing of his own life into the beautiful things he creates"

«Але художник не повинен вкладати нічого зі свого життя в прекрасні речі, які він створює»

"We live in an age when men treat art as if it were meant to be a form of autobiography"

«Ми живемо в епоху, коли чоловіки ставляться до мистецтва так, ніби воно має бути формою автобіографії»

"We have lost the abstract sense of beauty"

«Ми втратили абстрактне відчуття прекрасного»

"Some day I will show the world what that beauty is"

«Коли-небудь я покажу світові, що це за краса»

"and for that reason the world shall never see my portrait of Dorian Gray"

"І з цієї причини світ ніколи не побачить мого портрета Доріана Грея"

"I think you are wrong, Basil, but I won't argue with you"

— Думаю, ти помиляєшся, Василю, але сперечатися з тобою не буду.

"It is only the intellectually lost who ever argue"

«Сперечаються лише інтелектуально втрачені»

"Tell me, is Dorian Gray very fond of you?"

— Скажи мені, чи дуже любить тебе Доріан Грей?

The painter considered for a few moments

Художник на кілька хвилин замислився

"He likes me," he answered after a pause

— Я йому подобаюся, — відповів він після паузи

"I know he likes me," he confirmed

"Я знаю, що я йому подобаюся", - підтвердив він

"Of course I flatter him dreadfully"

«Звичайно, я страшенно лещу йому»

"I find a strange pleasure in saying things to him that I know I shall be sorry for having said"

«Я отримую дивне задоволення від того, що говорю йому те, про що знаю, що пошкодую про це»

"As a rule, he is charming to me, and we sit in the studio and talk of a thousand things"

«Як правило, він мені чарівний, а ми сидимо в студії і розмовляємо про тисячу речей»

"Now and then, however, he is horribly thoughtless"

«Але час від часу він страшенно легковажний»

"and every now and then he seems to take a real delight in giving me pain"

І час від часу він, здається, отримує справжнє задоволення від того, що завдає мені болю»

"I feel, Harry, that I have given away my whole soul to some one who treats it as if it were a flower to put in his coat"

— Я відчуваю, Гаррі, що віддав усю свою душу тому, хто ставиться до неї, як до квітки, яку можна покласти в пальто.
"a bit of decoration to charm his vanity, an ornament for a summer's day"
«Трохи прикраси, щоб зачарувати його марнославство, прикраса для літнього дня»
"Days in summer, Basil, are apt to linger," murmured Lord Henry
— Дні влітку, Безіле, мають властивість затримуватися, — пробурмотів лорд Генрі
"Perhaps you will tire sooner than he will"
«Можливо, ти втомишся швидше, ніж він»
"It is a sad thing to think of, but there is no doubt that genius lasts longer than beauty"
«Сумно думати, але немає сумнівів, що геній триває довше, ніж краса»
"That accounts for the fact that we all take such pains to over-educate ourselves"
«Це пояснює той факт, що ми всі докладаємо таких зусиль, щоб перевиховати себе»
"In the wild struggle for existence, we want to have something that endures"
«У шаленій боротьбі за існування ми хочемо мати щось, що триває»
"and so we fill our minds with rubbish and facts, in the silly hope of keeping our place"
«І тому ми наповнюємо свій розум сміттям і фактами, в безглуздій надії зберегти своє місце»
"The thoroughly well-informed man, that is the modern ideal"
«Добре поінформована людина – це сучасний ідеал»
"And the mind of the thoroughly well-informed man is a dreadful thing"
«А розум добре поінформованої людини — страшна річ»
"It is like a bric-à-brac shop, all monsters and dust"
«Це як магазин bric-à-brac, всі монстри та пил»
"a place where everything is priced above its proper value"
«Місце, де все коштує дорожче за належну вартість»
"I think you will tire first, all the same"
«Я думаю, що ти все одно втомишся першим»
"Some day you will look at your friend, and he will seem to you to be a little out of drawing"
«Коли-небудь ви подивитеся на свого друга, і він здасться вам

трохи не в малюванні»
"or you won't like his tone of colour, or something"
«Або вам не сподобається його тон кольору, або щось таке»
"You will bitterly reproach him in your own heart"
«Ти будеш гірко ганьбити його у власному серці»
"and you will seriously think that he has behaved very badly to you"
"І ви всерйоз подумаєте, що він дуже погано з вами повів"
"The next time he calls, you will be perfectly cold and indifferent"
«Наступного разу, коли він подзвонить, ви будете абсолютно холодні та байдужі»
"It will be a great pity, for it will alter you"
«Буде дуже шкода, бо це змінить тебе»
"What you have told me is quite a romance"
«Те, що ви мені розповіли, — це справжня романтика»
"a romance of art, one might call it"
«Романтика мистецтва, можна це назвати»
"and the worst of part of a romance of any kind is that it leaves one so unromantic"
«І найгірша частина будь-якого роману полягає в тому, що він робить людину такою неромантичною»
"Harry, don't talk like that"
"Гаррі, не говори так"
"As long as I live, the personality of Dorian Gray will dominate me"
«Поки я живий, особистість Доріана Грея буде домінувати наді мною»
"You can't feel what I feel. You change too often"
"Ви не можете відчути те, що відчуваю я. Ти занадто часто змінюєшся"
"Ah, my dear Basil, that is exactly why I can feel it"
«Ах, мій любий Василю, саме тому я це відчуваю»
"Those who are faithful know only the trivial side of love"
«Вірні знають лише дріб'язкову сторону любові»
"it is the faithless who know love's tragedies"
«Трагедії любові знають невірні»
"And Lord Henry struck a fire on a dainty silver case"
«І лорд Генрі розпалив багаття на вишуканому срібному футлярі»
"and he began to smoke a cigarette with a self-conscious and satisfied air"

"І він почав курити сигарету з сором'язливим і задоволеним повітрям"
"as if he had summed up the world in a phrase"
«Наче він підсумував світ фразою»
There was a rustle of chirruping sparrows in the green lacquer leaves of the ivy
У зеленому лаковому листі плюща долинув шелест цвірінькаючих горобців
and the blue cloud-shadows chased themselves across the grass like swallows
І сині хмари-тіні ганялися по траві, як ластівки
How pleasant it was in the garden!
Як приємно було в саду!
And how delightful other people's emotions were!
А якими чудовими були чужі емоції!
other people's emotions are much more delightful than their ideas, it seemed to him
Чужі емоції набагато приємніші за їхні ідеї, як йому здалося
One's own soul, and the passions of one's friends - those were the fascinating things in life
Власна душа, пристрасті друзів - ось що було найцікавіше в житті
He pictured to himself with silent amusement the tedious luncheon that he had missed
Він з мовчазною забавою уявив собі нудний обід, який пропустив
staying so long with Basil Hallward gave him a good excuse not to go
Те, що він так довго залишався з Безілом Холлуордом, дало йому вагомий привід не їхати
Had he gone to his aunt's, he would have been sure to have met Lord Goodbody there
Якби він поїхав до тітки, то напевно зустрів би там лорда Гудбоді
the whole conversation would have been about the feeding of the poor
Вся розмова була б про те, як годувати бідняків
and he would have spoken about the necessity for model lodging-houses
І він говорив би про необхідність зразкових нічліжних будинків
Each class would have preached the importance of those virtues
Кожен клас проповідував би важливість цих чеснот
but there was no necessity to practice those virtues in their own

lives
Але не було потреби практикувати ці чесноти у власному житті
The rich would have spoken on the value of thrift
Багаті говорили б про цінність ощадливості
and the idle would have grown eloquent over the dignity of labour
І ледарі красномовно заговорили б про гідність праці
It was charming to have escaped all that!
Це було чарівно, що я втекла від усього цього!
As he thought of his aunt, an idea seemed to strike him
Коли він подумав про свою тітку, йому наче спала на думку якась ідея
He turned to Hallward and said, "My dear fellow, I have just remembered"
Він повернувся до Холлуорда і сказав: "Мій дорогий друже, я щойно згадав"
"Remembered what, Harry?"
— Пам'ятаєш що, Гаррі?
"I remember where I heard the name of Dorian Gray"
«Я пам'ятаю, де почув ім'я Доріана Грея»
"Where was it?" asked Hallward, with a slight frown
«Де це було?» — запитав Холлуорд, злегка насупившись,
"Don't look so angry, Basil. It was at my aunt, Lady Agatha's
— Не дивись так сердито, Безіле. Це було у моєї тітки, леді Агати
She told me she had discovered a wonderful young man
Вона розповіла мені, що знайшла чудового молодого чоловіка
he was going to help her in the East End
він збирався допомогти їй в Іст-Енді
and she told me that his name was Dorian Gray
і вона сказала мені, що його звуть Доріан Грей
I am bound to state that she never told me he was good-looking
Мушу сказати, що вона ніколи не говорила мені, що він гарний
Women have no appreciation of good looks; at least, good women have not
Жінки не цінують гарну зовнішність; По крайней мере, хороші жінки цього не зробили
She said that he was very earnest and had a beautiful nature
Вона сказала, що він був дуже серйозним і мав гарну вдачу
I at once pictured to myself a creature with spectacles and lank hair, horribly freckled
Я відразу уявив собі істоту в окулярах і з кучерявим волоссям, жахливо вкриту веснянками

I imagined him tramping about on huge feet

Я уявляв, як він топчеться на величезних ногах

I wish I had known it was your friend

Шкода, що я не знав, що це твій друг

I am very glad you didn't, Harry

Я дуже радий, що ти цього не зробив, Гаррі

"Why?"

— Чому?

"I don't want you to meet him"

"Я не хочу, щоб ви з ним зустрічалися"

"You don't want me to meet him?"

— Ти не хочеш, щоб я з ним познайомився?

"No."

— Ні.

"Mr Dorian Gray is in the studio, sir," said the butler, coming into the garden

— Містер Доріан Грей у майстерні,, — сказав дворецький, заходячи в сад

"You must introduce me now," cried Lord Henry, laughing

— Ви повинні представити мене зараз, — вигукнув лорд Генрі, сміючись

The painter turned to his servant, who stood blinking in the sunlight

Художник обернувся до свого слуги, який стояв, кліпаючи в сонячному світлі

"Ask Mr Gray to wait, Parker: I shall be in in a few moments"

— Попроси містера Грея почекати, Паркер: я прийду за кілька хвилин.

The man bowed and went up the walk

Чоловік вклонився і пішов вгору по доріжці

Then he looked at Lord Henry

Потім він подивився на лорда Генрі

"Dorian Gray is my dearest friend," he said

— Доріан Грей — мій найдорожчий друг, — сказав він

"He has a simple and a beautiful nature"

«У нього проста і красива натура»

"Your aunt was quite right in what she said of him"

— Твоя тітка мала рацію в тому, що сказала про нього.

"Don't spoil him. Don't try to influence him"

"Не балуйте його. Не намагайтеся на нього вплинути"

"Your influence would be bad"

«Ваш вплив був би поганим»
"The world is wide, and has many marvellous people in it"
«Світ широкий, і в ньому багато чудових людей»
"Don't take away from me the one person who gives to my art whatever charm it possesses"
«Не забирайте у мене єдину людину, яка надає моєму мистецтву будь-який шарм, яким воно володіє»
"my life as an artist depends on him"
«Від нього залежить моє життя як художника»
"Harry, I trust you"
"Гаррі, я довіряю тобі"
He spoke very slowly, and the words seemed wrung out of him almost against his will
Він говорив дуже повільно, і слова, здавалося, вирвалися з нього майже проти його волі
"What nonsense you talk!" said Lord Henry, smiling
— Які дурниці ви говорите, — сказав лорд Генрі, усміхаючись
taking Hallward by the arm, he almost led him into the house
Узявши Холлуорда за руку, він ледь не завів його в будинок

Chapter Two
Розділ другий

As they entered they saw Dorian Gray
Увійшовши, вони побачили Доріана Грея

He was seated at the piano, with his back to them
Він сидів за фортепіано, спиною до них

he was turning over the pages of a volume of Schumann's "Forest Scenes"
він перегортав сторінки тому «Лісових сцен» Шумана

"Basil, you must lend me these," he cried
— Василю, ти мусиш позичити мені їх, — вигукнув він

"I want to learn them. They are perfectly charming"
"Я хочу їх вивчити. Вони абсолютно чарівні»

"That entirely depends on how you sit to-day, Dorian"
— Це цілком залежить від того, як ти сидиш сьогодні, Доріане.

he swung round on the music-stool in a wilful, petulant manner
Він замахнувся на музичному стільчику навмисно, роздратовано

"Oh, I am tired of sitting, and I don't want a life-sized portrait of myself," answered the lad
— Ой, мені набридло сидіти, і я не хочу портрета себе в натуральну величину, — відповів хлопець

When he caught sight of Lord Henry, a faint blush coloured his cheeks for a moment, and he started up
Коли він побачив лорда Генрі, ледь помітний рум'янець на мить забарвив його щоки, і він підвівся

"I beg your pardon, Basil, but I didn't know you had any one with you"
— Прошу вибачення, Василю, але я не знав, що з тобою хтось був.

"This is Lord Henry Wotton, Dorian, an old Oxford friend of mine"
— Це лорд Генрі Воттон, Доріан, мій давній оксфордський друг.

"I was just telling him how splendid you sit for portraits"
"Я просто говорив йому, як чудово ти сидиш за портретами"

"and now you have spoiled everything"
"А тепер ти все зіпсував"

"You have not spoiled my pleasure in meeting you, Mr. Gray," said Lord Henry
— Ви не зіпсували мені задоволення від зустрічі з вами, містере Грей, — сказав лорд Генрі

and he stepped forward and extended his hand
І він ступив уперед і простягнув руку

"My aunt has often spoken to me about you"

«Моя тітка часто говорила зі мною про тебе»
"You are one of her favourites, and, I am afraid, one of her victims also"
«Ти один з її улюбленців, і, боюся, одна з її жертв»
"I am in Lady Agatha's black books at present," answered Dorian with a funny look of penitence
— Я зараз у чорних книжках леді Агати, — відповів Доріан з кумедним виглядом покаяння
"I promised to go to a club in Whitechapel with her last Tuesday"
"Я пообіцяв піти з нею в клуб в Уайтчепелі минулого вівторка"
"and I completely forgot all about it"
"І я зовсім забув про це"
"We were to have played a duet together—three duets, I believe"
«Ми мали зіграти разом дуетом — здається, три дуети»
"I don't know what she will say to me"
"Я не знаю, що вона мені скаже"
"I am far too frightened to call"
«Я занадто наляканий, щоб дзвонити»
"Oh, I will make your peace with my aunt"
— Ой, помирюсь я з тіткою.
"She is quite devoted to you"
«Вона цілком віддана тобі»
"And I don't think it really matters about your not being there"
"І я не думаю, що це дійсно має значення, що тебе там немає"
"The audience probably thought it was a duet"
«Глядачі, напевно, подумали, що це дует»
"When Aunt Agatha sits down to the piano, she makes quite enough noise for two people"
«Коли тітка Агата сідає за фортепіано, вона видає цілком достатньо шуму на двох людей»
"That is very horrid to her, and not very nice to me," answered Dorian, laughing
— Це дуже жахливо для неї і не дуже приємно для мене, — відповів Доріан, сміючись
Lord Henry looked at him more closely
Лорд Генрі придивився до нього уважніше
Yes, he was certainly wonderfully handsome
Так, він, безперечно, був напрочуд гарний
finely curved scarlet lips, frank blue eyes, crisp gold hair
тонко вигнуті червоні губи, відверті блакитні очі, чітке золоте волосся

There was something in his face that made one trust him at once
На його обличчі було щось таке, що змушувало відразу довіряти йому
All the candour of youth was there, as well as all youth's passionate purity
Там була вся відвертість молодості, а також пристрасна чистота всієї молодості
One felt that he had kept himself unspotted from the world
Відчувалося, що він зберіг себе незаплямованим від світу
No wonder Basil Hallward worshipped him
Недарма Безіл Холлуорд поклонявся йому
"You are too charming to go in for philanthropy, Mr. Gray, far too charming"
— Ви надто чарівні, щоб займатися філантропією, містере Грей, надто чарівні.
And Lord Henry flung himself down on the divan and opened his cigarette-case
Лорд Генрі кинувся на диван і відкрив портсигар
The painter had been busy mixing his colours and getting his brushes ready
Художник був зайнятий тим, що змішував свої кольори і готував пензлі
He was looking worried, and when he heard Lord Henry's last remark, he glanced at him
Він виглядав стурбованим, а коли почув останнє зауваження лорда Генрі, глянув на нього
he hesitated for a moment, and then said, "Harry, I want to finish this picture today"
Якусь мить він вагався, а потім сказав: "Гаррі, я хочу закінчити цю картину сьогодні"
"Would you think it awfully rude of me if I asked you to go away?"
— Ти думаєш, що це жахливо грубо з мого боку, якщо я попрошу тебе піти геть?
Lord Henry smiled and looked at Dorian Gray
Лорд Генрі посміхнувся і подивився на Доріана Грея
"Am I to go, Mr. Gray?" he asked
«Я маю йти, містере Грей?» — запитав він
"Oh, please don't, Lord Henry"
— Ой, будь ласка, не треба, лорде Генрі.
"I see that Basil is in one of his sulky moods"
«Я бачу, що Василь перебуває в одному зі своїх похмурих

настроїв»
"and I can't bear him when he sulks"
"І я не можу його терпіти, коли він похмурий"
"Besides, I want you to tell me why I should not go in for philanthropy"
«Крім того, я хочу, щоб ви сказали мені, чому я не повинен займатися філантропією»
"I don't know that I shall tell you that, Mr. Gray"
— Не знаю, що скажу вам, містере Грей.
"It is so tedious a subject that one would have to talk seriously about it"
«Це настільки нудна тема, що про неї треба говорити серйозно»
"But I certainly shall not run away, now that you have asked me to stop"
— Але я точно не втечу, коли ти попросив мене зупинитися.
"You don't really mind, Basil, do you?"
— Ти ж не проти, Василю?
"You have often told me that you liked your sitters to have someone to chat to, while you painted"
«Ви часто говорили мені, що вам подобається, коли ваші няні мають з ким поспілкуватися, поки ви малюєте»
Hallward bit his lips. "If Dorian wishes it, of course you must stay"
Холлуорд закусив губи. "Якщо Доріан цього бажає, то, звичайно, ти мусиш залишитися"
"Dorian's whims are laws to everybody, except himself"
«Примхи Доріана – це закони для всіх, крім нього самого»
Lord Henry took up his hat and gloves
Лорд Генрі взявся за капелюх і рукавички
"You are very pressing, Basil, but I am afraid I must go"
— Ти дуже наполягаєш, Василю, але я боюся, що мушу йти.
"I have promised to meet a man at the Orleans"
«Я обіцяв зустрітися з чоловіком в Орлеані»
"Good-bye, Mr. Gray. Come and see me some afternoon in Curzon Street"
— До побачення, містере Грей. Приходьте до мене вдень на вулицю Керзона"
"I am nearly always at home at five o'clock"
«О п'ятій годині я майже завжди вдома»
"Write to me when you are coming. I should be sorry to miss you"
"Напиши мені, коли прийдеш. Мені було б шкода сумувати за тобою»

"Basil," cried Dorian Gray, "if Lord Henry Wotton goes, I shall go, too"

— Безіле, — вигукнув Доріан Грей, — якщо лорд Генрі Воттон піде, то й я піду.

"You never open your lips while you are painting"

«Ти ніколи не відкриваєш губи, коли малюєш»

"and it is horribly dull standing on a platform and trying to look pleasant"

«І це жахливо нудно, коли ти стоїш на платформі і намагаєшся виглядати приємно»

"Ask him to stay. I insist upon it"

"Попросіть його залишитися. Я наполягаю на цьому»

"Stay, Harry, to oblige Dorian, and to oblige me," said Hallward, gazing intently at his picture

— Залишайся, Гаррі, щоб зобов'язати Доріана і зобов'язати мене, — сказав Холлуорд, пильно вдивляючись у свою фотографію

"It is quite true, I never talk when I am working"

«Це правда, я ніколи не розмовляю, коли працюю»

"and never listen when I'm working either"

«І ніколи не слухайте, коли я працюю»

"and it must be dreadfully tedious for my unfortunate sitters while I paint"

«І, мабуть, це страшенно нудно для моїх нещасних натурників, поки я малюю»

"I beg you to stay"

«Я благаю вас залишитися»

"But what about my man at the Orleans?"

— А як же мій чоловік в Орлеані?

The painter laughed

Художник засміявся

"I don't think there will be any difficulty about that"

"Я не думаю, що з цим виникнуть якісь труднощі"

"Sit down again, Harry"

— Сідай знову, Гаррі.

"And now, Dorian, get up on the platform"

— А тепер, Доріане, вставай на поміст.

"and don't move about too much, or pay any attention to what Lord Henry says"

"І не рухайтеся занадто багато і не звертайте уваги на те, що говорить лорд Генрі"

"He has a very bad influence over all his friends, with the single exception of myself"

«Він має дуже поганий вплив на всіх своїх друзів, за винятком мене»

Dorian Gray stepped up on the dais with the air of a young Greek martyr

Доріан Грей ступив на узвишшя з повітрям молодого грецького мученика

and he made a little moue of discontent to Lord Henry, to whom he had rather taken a fancy

і він висловив невдоволення лорду Генрі, якому він скоріше сподобався

He was so unlike Basil

Він був такий несхожий на Василя

They made a delightful contrast

Вони створювали чудовий контраст

And he had such a beautiful voice

І в нього був такий гарний голос

After a few moments he said to him, "Have you really a very bad influence, Lord Henry?"

Через кілька хвилин він запитав його: "Невже ви маєте дуже поганий вплив, лорде Генрі?"

"is your influence as bad as Basil says?"

— Невже твій вплив такий поганий, як каже Василь?

"There is no such thing as a good influence, Mr. Gray"

— Не існує такого поняття, як добрий вплив, містере Грей.

"All influence is immoral—immoral from the scientific point of view"

«Будь-який вплив аморальний — аморальний з наукової точки зору»

"Why would they be immoral from the scientific point of view?"

«Чому вони аморальні з наукової точки зору?»

"we cannot influence a person without pushing our soul upon him"

«Ми не можемо впливати на людину, не нав'язуючи їй свою душу»

"He does not think his natural thoughts"

«Він не думає про свої природні думки»

"nor doe he burn with his natural passions"

"І не горить він своїми природними пристрастями"

"His virtues are not real to him"

«Його чесноти не є реальними для нього»

"His sins, if there are such things as sins, are borrowed"

«Гріхи його, якщо є гріхи, запозичені»
"He becomes an echo of someone else's music"
«Він стає відлунням чужої музики»
"an actor of a part that has not been written for him"
«Актор ролі, яка написана не для нього»
"The aim of life is self-development"
«Мета життя – саморозвиток»
"To realize one's nature perfectly"
«Досконало усвідомлювати свою природу»
"that is what each of us is here for"
«Це те, заради чого кожен з нас тут»
"People are afraid of themselves, nowadays"
«Сьогодні люди бояться самих себе»
"They have forgotten the highest of all duties;"
«Вони забули про найвищий з усіх обов'язків»;
"the duty that one owes to one's self"
«Обов'язок, який людина має перед собою»
"Of course, they are charitable"
«Звичайно, вони благодійні»
"They feed the hungry and clothe the beggar"
«Голодного годують, жебрака одягають»
"But their own souls starve, and are naked"
«А їхні душі голодують і нагі»
"Courage has gone out of our race"
«Мужність зійшла з нашого забігу»
"Perhaps we never really had any courage"
«Мабуть, у нас ніколи не було сміливості»
"The terror of society, which is the basis of morals"
«Терор суспільства, який є основою моралі»
"the terror of God, which is the secret of religion"
«страх Божий, що є таємницею релігії»
"these are the two things that govern us. And yet—"
"Це дві речі, які керують нами. І все ж...

"Just turn your head a little more to the right, Dorian, like a good boy," said the painter
— Тільки поверни голову ще трохи вправо, Доріане, як добрий хлопчик, — сказав художник

he was deep in his work and conscious only that a look had come into the lad's face
Він був заглиблений у свою роботу і усвідомлював лише, що в обличчя хлопця з'явився погляд

a look that he had never seen there before
погляд, якого він ніколи раніше там не бачив

"And yet," continued Lord Henry, in his low, musical voice
— І все-таки, — вів далі лорд Генрі своїм низьким, музичним голосом

and he gracefully waved his hand the way he had started in his Eaton days
і він граціозно махнув рукою так, як починав за часів Ітона

"I believe that if one man were to live out his life fully and completely..."
«Я вважаю, що якби одна людина прожила своє життя цілком і повністю...»

"if he were to give form to every feeling, expression to every thought, reality to every dream..."
«Якби він надав форму кожному почуттю, вираз кожній думці, реальність кожній мрії...»

"I believe that then the world would gain a fresh impulse of joy"
«Я вірю, що тоді світ отримає новий імпульс радості»

"happiness so great that we would forget all the maladies of medievalism"
«Щастя таке велике, що ми забули б усі недуги середньовіччя»

"and we would return to the Hellenic ideal"
«і ми повернулися б до еллінського ідеалу»

"something finer, richer than the Hellenic ideal, it may be"
«щось прекрасніше, багатше еллінського ідеалу, може бути»

"But the bravest man amongst us is afraid of himself"
«Але найсміливіший чоловік серед нас боїться самого себе»

"The mutilation of the savage has its tragic survival in the self-denial that mars our lives"
«Каліцтво дикуна має своє трагічне виживання в самозреченні, яке затьмарює наше життя»

"We are punished for our refusals"
«Ми покарані за наші відмови»

"Every impulse that we strive to strangle broods in the mind and poisons us"
«Кожен порив, який ми прагнемо задушити, душить у свідомості і отруює нас»

"The body sins once, and has done with its sin, for action is a mode of purification"
«Тіло згрішило один раз і покінчило зі своїм гріхом, бо дія є способом очищення»

"**Nothing remains then but the recollection of a pleasure, or the luxury of a regret**"

«Тоді не залишається нічого, крім спогадів про задоволення або розкоші жалю»

"**The only way to get rid of a temptation is to yield to it**"

«Єдиний спосіб позбутися спокуси – піддатися їй»

"**Resist it, and your soul grows sick with longing for the things it has forbidden to itself**"

«Чиніть опір цьому, і ваша душа захворіє від туги за тим, що вона собі заборонила»

"**the soul sickens with desire for what its monstrous laws have made monstrous and unlawful**"

«Душу нудить від бажання того, що її жахливі закони зробили жахливим і незаконним»

"**It has been said that the great events of the world take place in the brain**"

«Кажуть, що великі події світу відбуваються в мозку»

"**It is in the brain, and the brain only, that the great sins of the world take place also**"

«Саме в мозку, і тільки в мозку, відбуваються також великі гріхи світу»

"**You, Mr. Gray, you yourself, with your rose-red youth and your rose-white boyhood**"

— Ви, містере Грей, ви самі, з вашою рожево-червоною молодістю і своїм рожево-білим хлоп'яцтвом.

"**you have had passions that have made you afraid**"

«У тебе були пристрасті, які змусили тебе боятися»

"**you have had thoughts that have filled you with terror**"

«У вас були думки, які наповнювали вас жахом»

"**you have had day-dreams and sleeping dreams whose mere memory might stain your cheek with shame**"

«Вам снилися сни і сни сну, одна лише пам'ять про які могла б заплямувати вашу щоку від сорому»

"**Stop!" faltered Dorian Gray, "stop! you bewilder me**"

— Стій, — похитнувся Доріан Грей, — стій! Ти мене спантеличуєш"

"**I don't know what to say**"

"Я не знаю, що сказати"

"**There is some answer to you, but I cannot find it**"

«У вас є якась відповідь, але я не можу її знайти»

"**Don't speak. Let me think. Or, rather, let me try not to think**"

— Не говори. Дай подумати. Точніше, спробую не думати»
For nearly ten minutes he stood there, motionless, with parted lips and eyes strangely bright
Майже десять хвилин він стояв нерухомо, з розтуленими губами і дивно яскравими очима
He was dimly conscious that entirely fresh influences were at work within him
Він смутно усвідомлював, що в ньому діють абсолютно свіжі впливи
Yet the influence seemed to him to have come really from himself
Але вплив здавався йому справді від нього самого
The few words that Basil's friend had said to him
Кілька слів, які сказав йому друг Василя
words spoken by chance, no doubt, and with wilful paradox in them
Слова, сказані випадково, без сумніву, і з навмисним парадоксом
these words had touched some secret chord that had never been touched before
Ці слова торкнулися якогось таємного акорду, якого ніколи раніше не торкалися
but a secret chord that he felt was now vibrating and throbbing to curious pulses
Але таємний акорд, який він відчував, тепер вібрував і пульсував до цікавих імпульсів
Music had stirred him like that
Музика так його сколихнула
Music had troubled him many times
Музика не раз турбувала його
But music was not articulate
Але музика не була виразною
It was not a new world, but rather another chaos, that it created in us
Це був не новий світ, а скоріше черговий хаос, який він створив у нас
Words! Mere words! How terrible they were!
Слова! Прості слова! Які ж вони були жахливі!
How clear, and vivid, and cruel!
Як ясно, і яскраво, і жорстоко!
One could not escape from words
Від слів не втекти
And yet what a subtle magic there was in words!

І все-таки яка тонка магія була в словах!
They seemed to be able to give a plastic form to formless things
Вони, здавалося, вміли надавати пластичну форму безформним речам
and they seemed to have a music of their own as sweet as that of viol or of lute
І здавалося, що вони мають власну музику, таку ж солодку, як музика для віоли чи лютні
Mere words! Was there anything so real as words?
Прості слова! Чи було щось настільки реальне, як слова?
Yes; there had been things in his boyhood that he had not understood
Так; У дитинстві були речі, яких він не розумів
He understood these things now
Тепер він зрозумів це
Life suddenly became fiery-coloured to him
Життя раптом стало для нього вогненним кольором
It seemed to him that he had been walking in fire
Йому здалося, що він ішов у вогні
Why had he not known it?
Чому він цього не знав?
With his subtle smile, Lord Henry watched him
Ледь помітною посмішкою лорд Генрі спостерігав за ним
He knew the precise psychological moment when to say nothing
Він знав точний психологічний момент, коли нічого не можна сказати
He felt intensely interested
Він відчував сильний інтерес
He was amazed at the sudden impression that his words had produced
Він був вражений раптовим враженням, яке справили його слова
and he remembered a book that he had read when he was sixteen
І він згадав книгу, яку прочитав, коли йому було шістнадцять років
a book which had revealed to him much that he had not known before
книга, яка відкрила йому багато такого, чого він раніше не знав
he wondered whether Dorian Gray was passing through a similar experience
він задумався, чи не переживає Доріан Грей подібний досвід
He had merely shot an arrow into the air

Він просто пустив стрілу в повітря
Had the arrow hit the mark?
Чи влучила стріла в ціль?
How fascinating the lad was!
Як же захоплював хлопець!
Hallward painted away with that marvellous bold touch of his
Холлуорд намалював цей дивовижний сміливий штрих свого
the true refinement and perfect delicacy of a bold touch
Справжня вишуканість і досконала делікатність сміливого дотику
in art, such refinement and delicacy comes only from strength
У мистецтві така вишуканість і делікатність походить тільки від сили
He was unconscious of the silence
Він не відчував тиші
"Basil, I am tired of standing," cried Dorian Gray suddenly
— Безіле, мені набридло стояти, — раптом вигукнув Доріан Грей
"I must go out and sit in the garden"
«Я мушу піти і посидіти в саду»
"The air is stifling here"
«Повітря тут задушливе»
"My dear fellow, I am so sorry"
"Дорогий друже, мені дуже шкода"
"When I am painting, I can't think of anything else"
«Коли я малюю, я не можу думати ні про що інше»
"But you never sat better"
«Але ти ніколи не сидів краще»
"You were perfectly still"
«Ти був абсолютно нерухомий»
"And I have caught the effect I wanted"
«І я вловив бажаний ефект»
"the half-parted lips and the bright look in the eyes"
«Напіврозставлені губи і яскравий погляд в очах»
"I don't know what Harry has been saying to you"
"Я не знаю, що Гаррі говорив тобі"
"but he has certainly made you have the most wonderful expression"
«Але він, безперечно, зробив вас найпрекраснішим виразом обличчя»
"I suppose he has been paying you compliments"
«Гадаю, він робив тобі компліменти»
"You mustn't believe a word that he says"

«Ви не повинні вірити жодному слову, яке він говорить»
"He has certainly not been paying me compliments"
«Він, звичайно, не робив мені компліментів»
"Perhaps that is the reason that I don't believe anything he has told me"
Можливо, саме тому я не вірю всьому, що він мені сказав.
"You know you believe it all," said Lord Henry
— Ти знаєш, що віриш у все, — сказав лорд Генрі
and he looked at him with his dreamy languorous eyes
І він дивився на нього своїми мрійливими томними очима
"I will go out to the garden with you"
«Я піду з тобою в сад»
"It is horribly hot in the studio"
«У студії жахливо спекотно»
"Dear Basil, let us have something iced to drink"
«Дорогий Василю, давай вип'ємо чогось крижаного»
"get us something something with strawberries in it"
«Принесіть нам щось із полуницею»
"Certainly, Harry. Just touch the bell"
— Авжеж, Гаррі. Просто доторкнися до дзвіночка"
"and when Parker comes I will tell him what you want"
"І коли Паркер прийде, я скажу йому, що ти хочеш"
"I have got to work up this background"
«Я маю працювати над цим бекграундом»
"so I will join you later on"
"Тож я приєднаюся до вас пізніше"
"Don't keep Dorian too long"
«Не затримуй Доріана занадто довго»
"I have never been in better form for painting than I am today"
«Я ніколи не був у кращій формі для малювання, ніж сьогодні»
"This is going to be my masterpiece"
«Це буде мій шедевр»
"It is my masterpiece as it stands"
«Це мій шедевр таким, яким він є»
Lord Henry went out to the garden and found Dorian Gray burying his face in the great cool lilac-blossoms
Лорд Генрі вийшов у сад і побачив Доріана Грея, який ховав своє обличчя у великих прохолодних квітах бузку
he was feverishly drinking in their perfume as if it had been wine
Він гарячково пив їхні парфуми, наче це було вино
He came close to him and put his hand upon his shoulder

Він підійшов до нього впритул і поклав руку йому на плече

"You are quite right to do that," he murmured

— Ти маєш рацію, — пробурмотів він

"Nothing can cure the soul but the senses"

«Ніщо не може вилікувати душу, крім почуттів»

"just as nothing can cure the senses but the soul"

«Як ніщо не може вилікувати чуття, крім душі»

The lad started and drew back

Хлопець здригнувся і потягнувся назад

the leaves had tossed his rebellious curls and tangled all their gilded threads

Листя розкинуло його бунтівні кучері і заплутало всі свої позолочені нитки

There was a look of fear in his eyes

В його очах був вираз страху

a look of fear such as people have when they are suddenly awakened

погляд страху, який виникає у людей, коли вони раптово прокидаються

His finely chiselled nostrils quivered

Його тонко виточені ніздрі тремтіли

and some hidden nerve shook the scarlet of his lips and left them trembling

І якийсь прихований нерв здригнув червоний колір його губ і змусив їх тремтіти

"Yes," continued Lord Henry, "that is one of the great secrets of life"

— Так, — вів далі лорд Генрі, — це одна з найбільших таємниць життя.

"to cure the soul by means of the senses"

«Щоб вилікувати душу чуттями»

and to cure the senses by means of the soul"

і зцілювати чуття за допомогою душі»

"You are a wonderful creation"

«Ти чудове творіння»

"You know more than you think you know"

"Ви знаєте більше, ніж думаєте, що знаєте"

"just as you know less than you want to know"

«Так само, як ти знаєш менше, ніж хочеш знати»

Dorian Gray frowned and turned his head away

Доріан Грей насупився і відвернув голову

He could not help liking the tall, graceful young man who was

standing by him
Йому не міг не сподобатися високий, граціозний юнак, який стояв поруч з ним
His romantic, olive-coloured face and worn expression interested him
Його зацікавило романтичне, оливкового кольору обличчя і змучений вираз обличчя
There was something in his low languid voice that was absolutely fascinating
У його низькому млявому голосі було щось таке, що абсолютно захоплювало
His cool, white, flowerlike hands, even, had a curious charm
Його прохолодні, білі, схожі на квіти руки, навіть, мали дивний шарм
his hands moved, as he spoke, like music
Його руки рухалися, коли він говорив, як музика
and his hands seemed to have a language of their own
І в його руках, здавалося, була своя мова
But he felt afraid of him
Але він відчував страх перед ним
and he felt ashamed of being afraid
І йому стало соромно за те, що він боїться
Why had it been left for a stranger to reveal him to himself?
Чому чужинцеві залишалося відкривати його самому собі?
He had known Basil Hallward for months
Він знав Безіла Холлуорда кілька місяців
but the friendship between them had never altered him
Але дружба між ними ніколи не змінювала його
Suddenly there had come someone across his life who seemed to have disclosed to him life's mystery
Раптом у його житті з'явився хтось, хто, здавалося, відкрив йому таємницю життя
And, yet, what was there to be afraid of?
І все-таки, чого тут боятися?
He was not a schoolboy or a girl
Він не був школярем і не дівчинкою
It was absurd to be frightened
Боятися було абсурдно
"Let us go and sit in the shade," said Lord Henry
— Ходімо й посидимо в затінку, — сказав лорд Генрі
"Parker has brought out the drinks"

"Паркер виніс напої"
"and if you stay any longer in this glare, you will be quite spoiled"
«І якщо ти залишишся в цьому відблиску довше, ти будеш дуже розпещений»
"and then Basil will never paint you again"
«І тоді Василь більше ніколи тебе не намалює»
"You really must not allow yourself to become sunburnt"
«Не можна дозволяти собі обгоріти на сонці»
"It would be unbecoming"
«Це було б непристойно»
"What can it matter?" cried Dorian Gray, laughing
«Яке це може мати значення?» — скрикнув Доріан Грей, сміючись
and he sat down on the seat at the end of the garden
І він сів на сидіння в кінці саду
"It should matter everything to you, Mr. Gray"
— Для вас усе має значення, містере Грей.
"Why?"
— Чому?
"Because you have the most marvellous youth"
«Тому що у вас найпрекрасніша молодість»
"and youth is the one thing worth having"
«А молодість – це єдине, що варто мати»
"I don't feel that, Lord Henry"
— Я цього не відчуваю, лорде Генрі.
"No, you don't feel it now"
"Ні, ви зараз цього не відчуваєте"
"Some day, when you are old and wrinkled and ugly"
«Колись, коли ти станеш старим, зморшкуватим і негарним»
"when thought has seared your forehead with its lines"
«Коли думка обпекла чоло своїми зморшками»
"when passion branded your lips with its hideous fires"
«Коли пристрасть затаврувала твої губи своїм огидним вогнем»
"then you will feel it, you will feel it terribly"
«Тоді ви це відчуєте, ви відчуєте це жахливо»
"Now, wherever you go, you charm the world"
«Тепер, куди б ти не пішов, ти зачаровуєш світ»
"Will it always be so? ..."
"Чи завжди так буде? ..."
"You have a wonderfully beautiful face, Mr. Gray"
— У вас напрочуд гарне обличчя, містере Грей.

"Don't frown, you have really have a beautiful face"
«Не хмуріться, у вас дійсно гарне обличчя»
"And beauty is a form of genius"
«А краса – це форма генія»
"beauty is higher, indeed, than genius, as it needs no explanation"
«Краса справді вища за геніальність, бо не потребує пояснень»
"It is of the great facts of the world, like sunlight, or spring-time"
«Це про великі факти світу, як сонячне світло або весняний час»
"or the reflection in dark waters of that silver shell we call the moon"
«Або відображення в темних водах тієї срібної мушлі, яку ми називаємо Місяцем»
"It cannot be questioned"
«Це не підлягає сумніву»
"It has its divine right of sovereignty"
«Вона має своє божественне право на суверенітет»
"It makes princes of those who have it"
«Вона робить князів з тих, хто її має»
"You smile? Ah! when you have lost it you won't smile...."
"Ти посміхаєшся? Ах! Коли ти його втратиш, ти не посміхнешся...»
"People say sometimes that beauty is only superficial"
«Люди іноді кажуть, що краса лише поверхнева»
"That may be so, but at least it is not as superficial as thought is"
«Це може бути так, але принаймні це не так поверхово, як здається»
"To me, beauty is the wonder of wonders"
«Для мене краса – це диво чудес»
"It is only shallow people who do not judge by appearances"
«Тільки поверхневі люди не судять за зовнішністю»
"The true mystery of the world is the visible, not the invisible...."
«Справжня таємниця світу – це видиме, а не невидиме...»
"Yes, Mr. Gray, the gods have been good to you"
— Так, містере Грей, боги були добрі до вас.
"But what the gods give they quickly take away"
«Але що боги дають, те швидко забирають»
"You have only a few years in which to live really, perfectly, and fully"
«У вас є лише кілька років, щоб прожити по-справжньому, досконало і повноцінно»
"When your youth goes, your beauty will go with it"

«Коли пройде твоя молодість, твоя краса піде разом з нею»
"and then you will suddenly discover that there are no triumphs left for you"
«І тоді ви раптом виявите, що тріумфів для вас не залишилося»
"or you have to content yourself with those mean triumphs that the memory of your past will make more bitter than defeats"
«Або доводиться задовольнятися тими підлими тріумфами, які пам'ять про минуле зробить гірше, ніж поразки»
"Every month as it wanes brings you nearer to something dreadful"
«Кожен місяць, коли він слабшає, наближає вас до чогось жахливого»
"Time is jealous of you, and wars against your lilies and your roses"
«Час заздрить тобі, і воює проти твоїх лілій і твоїх троянд»
"You will become sallow, and hollow-cheeked, and dull-eyed"
«Ти станеш похмурим, і порожньощоким, і тьмянооким»
"You will suffer horribly...."
«Ти будеш страшенно страждати...»
"Ah! realize your youth while you have it"
— Ах! Усвідомлюйте свою молодість, поки вона у вас є»
"Don't squander the gold of your days, listening to the tedious"
«Не розтринькуй золото своїх днів, слухаючи нудного»
"don't spend time trying to improve the hopeless failure"
«Не витрачайте час на те, щоб виправити безнадійну невдачу»
"don't give away your life to the ignorant, the common, and the vulgar"
«Не віддавайте своє життя неосвіченим, простим і вульгарним»
"These are the sickly aims, the false ideals, of our age"
«Це хворобливі цілі, фальшиві ідеали нашого часу»
"Live! Live the wonderful life that is in you!"
— Живи! Живи прекрасним життям, яке є в тобі!»
"Let nothing be lost upon you"
«Хай нічого не пропаде на тобі»
"Be always searching for new sensations"
«Будьте завжди в пошуку нових відчуттів»
"Be afraid of nothing...."
«Нічого не бійся...»
"A new Hedonism—that is what our century wants"
«Новий гедонізм — це те, чого прагне наше століття»
"You might be its visible symbol"
«Ви можете бути його видимим символом»
"With your personality there is nothing you could not do"

«З твоєю особистістю немає нічого, що ти не міг би зробити»
"The world belongs to you for a season..."
«Світ належить тобі на пору...»
"The moment I met you I saw that you were quite unconscious of what you really are"
«У той момент, коли я зустрів тебе, я побачив, що ти зовсім не усвідомлюєш, ким ти є насправді»
"I saw that you are unconscious of what you really might be"
«Я побачила, що ти не усвідомлюєш, ким ти можеш бути насправді»
"There was so much in you that charmed me that I felt I must tell you something about yourself"
«У тобі було стільки всього, що мене зачарувало, що я відчула, що мушу розповісти тобі щось про себе»
"I thought how tragic it would be if you were wasted"
«Я думала, як буде трагічно, якщо ти змарнуєш»
"there is such a little time that your youth will last—such a little time"
"Так мало часу триватиме твоя молодість—так мало часу"
"The common hill-flowers wither, but they blossom again"
«Звичайні квіти-пагорби в'януть, але знову розпускаються»
"The laburnum will be as yellow next June as it is now"
«У червні наступного року лабурнум буде таким же жовтим, як і зараз»
"In a month there will be purple stars on the clematis"
«Через місяць на клематисі будуть фіолетові зірочки»
"and year after year the green night of its leaves will hold its purple stars"
«І рік за роком зелена ніч його листя триматиме свої пурпурові зорі»
"But we never get back our youth"
«Але ми ніколи не повернемо нашу молодість»
"The pulse of joy that beats in us at twenty becomes sluggish"
«Пульс радості, який б'ється в нас у двадцять років, стає млявим»
"Our limbs fail, our senses rot"
«У нас відмовляють кінцівки, гниють почуття»
"We degenerate into hideous puppets, haunted by the memory of the passions of which we were too much afraid"
«Ми вироджуємося в огидних маріонеток, яких переслідує пам'ять про пристрасті, яких ми занадто боялися»
"and we're haunted by the exquisite temptations that we had not

the courage to yield to"
«І нас переслідують вишукані спокуси, на які ми не наважилися піддатися»

"Youth! Youth! There is absolutely nothing in the world but youth!"
"Молодість! Молодість! У світі немає абсолютно нічого, крім молодості!»

Dorian Gray listened open-eyed, and wondered
Доріан Грей слухав з розплющеними очима і дивувався

The spray of lilac fell from his hand upon the gravel
Бризки бузку впали з його руки на гравій

A furry bee came and buzzed round it for a moment
Прилетіла пухнаста бджілка і якусь мить дзижчала навколо нього

Then the bee began to scramble all over the oval stellated globe of the tiny blossoms
Тоді бджола почала повзати по всій овальній зірчастій кулі крихітних квіточок

He watched it with that strange interest in trivial things that we try to develop when things of high import make us afraid
Він дивився на це з тим дивним інтересом до дрібниць, які ми намагаємося розвивати, коли важливі речі змушують нас боятися

or when we are stirred by some new emotion for which we cannot find expression
або коли нас збуджує якась нова емоція, для якої ми не можемо знайти вираження

or when some thought that terrifies us lays sudden siege to the brain and calls on us to yield
або коли якась думка, яка нас лякає, раптово бере в облогу мозок і закликає нас поступитися

After a time the bee flew away
Через деякий час бджола полетіла

He saw it creeping into the stained trumpet of a Tyrian convolvulus
Він побачив, як вона заповзає в заплямовану сурму тірійського берізки

The flower seemed to quiver, and then swayed gently to and fro
Квітка, здавалося, тремтіла, а потім м'яко погойдувалася туди-сюди

Suddenly the painter appeared at the door of the studio
Раптом у дверях майстерні з'явився художник

he made staccato signs for them to come in

Він зробив знаки стаккато, щоб вони зайшли
They turned to each other and smiled
Вони повернулися один до одного і посміхнулися
"I am waiting," he cried
— Я чекаю, — вигукнув він
"Do come in. The light is quite perfect"
— Заходьте. Світло цілком ідеальне"
"and you can bring your drinks"
«А ви можете принести свої напої»
They rose up and sauntered down the walk together
Вони підвелися і разом пішли по доріжці
Two green-and-white butterflies fluttered past them
Повз них пурхали два зелено-білі метелики
and in the pear-tree at the corner of the garden a thrush began to sing
А на груші в кутку саду заспівав дрізд
"You are glad you have met me, Mr. Gray," said Lord Henry, looking at him
— Ви раді, що познайомилися зі мною, містере Грей, — сказав лорд Генрі, дивлячись на нього
"Yes, I am glad now"
"Так, тепер я радий"
"I wonder, shall I always be glad?"
— Цікаво, чи завжди я буду радий?
"Always! That is a dreadful word"
— Завжди! Це страшне слово»
"It makes me shudder when I hear it"
«Я здригаюся, коли чую це»
"Women are so fond of using it"
«Жінки так люблять ним користуватися»
"They spoil every romance by trying to make it last forever"
«Вони псують будь-який роман, намагаючись зробити так, щоб він тривав вічно»
"It is a meaningless word, too"
«Це теж безглузде слово»
"The only difference between a caprice and a lifelong passion is that the caprice lasts a little longer"
«Єдина відмінність між капризом і пристрастю на все життя полягає в тому, що каприз триває трохи довше»
As they entered the studio, Dorian Gray put his hand upon Lord Henry's arm

Коли вони увійшли до студії, Доріан Грей поклав руку на руку лорда Генрі

"In that case, let our friendship be a caprice," he murmured
— У такому разі нехай наша дружба буде капризом, — пробурмотів він

and his cheeks flushed at his own boldness
І щоки його почервоніли від власної сміливості

then stepped up on the platform and resumed his pose
Потім піднявся на платформу і відновив свою позу

Lord Henry flung himself into a large wicker arm-chair and watched him.
Лорд Генрі кинувся у велике плетене крісло і подивився на нього.

The sweep and dash of the brush on the canvas made the only sound that broke the stillness
Помах і шурхіт пензля по полотну видавали єдиний звук, який порушував тишу

the only other sounds was when Hallward, now and then, stepped back to look at his work from a distance
Єдині інші звуки були, коли Холлуорд час від часу відступав назад, щоб подивитися на свою роботу здалеку

In the slanting beams that streamed through the open doorway the dust danced and was golden
У косих променях, що струменіли крізь відчинені двері, пил танцював і був золотистий

The heavy scent of the roses seemed to brood over everything
Важкий аромат троянд, здавалося, навис над усім

After about a quarter of an hour Hallward stopped painting
Приблизно через чверть години Холлуорд перестав малювати

he looked for a long time at Dorian Gray
він довго дивився на Доріана Грея

and then for a long time he looked at the picture
А потім довго дивився на картину

and he bit the end of one of his huge brushes, and frowned
І він вкусив кінець однієї зі своїх величезних кистей і насупився

"It is quite finished," he cried at last
— Цілком закінчено, — вигукнув він нарешті

stooping down he wrote his name in long vermilion letters on the left-hand corner of the canvas
Нахилившись, він написав своє ім'я довгими червоними літерами в лівому кутку полотна

Lord Henry came over and examined the picture

Лорд Генрі підійшов і оглянув картину
"It was certainly a wonderful work of art"
«Це, безперечно, був чудовий витвір мистецтва»
"and it also has a wonderful likeness as well"
І він також має чудову подобу»
"My dear fellow, I congratulate you most warmly," he said
— Любий друже, я щиро вітаю тебе, — сказав він
"It is the finest portrait of modern times"
«Це найкращий портрет сучасності»
"Mr. Gray, come over and look at yourself"
— Містере Грей, підійдіть і подивіться на себе.
The lad started, as if awakened from some dream
— здригнувся хлопець, наче прокинувся від якогось сну
"Is it really finished?" he murmured, stepping down from the platform
«Невже все закінчено?» — пробурмотів він, спускаючись з перону
"it is quite finished," said the painter
— Вона цілком закінчена, — сказав художник
"And you have sat splendidly today"
«І ти сьогодні чудово сидів»
"I am awfully obliged to you"
«Я страшенно зобов'язаний тобі»
"That is entirely due to me," broke in Lord Henry, "Isn't it, Mr. Gray?"
— Це цілком моя заслуга, — втрутився лорд Генрі. — Чи не так, містере Грей?
Dorian made no answer, but passed listlessly in front of his picture and turned towards it
Доріан нічого не відповів, але мляво пройшов перед своєю картиною і обернувся до неї
When he saw it he drew back
Побачивши це, він відсахнувся
his cheeks flushed for a moment with pleasure
Щоки його на мить почервоніли від задоволення
A look of joy came into his eyes, as if he had recognized himself for the first time
В його очах з'явився вираз радості, наче він уперше впізнав себе
He stood there motionless and in wonder
Він стояв нерухомо і здивовано
he was dimly conscious that Hallward was speaking to him
він смутно усвідомлював, що Холворд розмовляє з ним

but he did not catch the meaning of his words
Але він не вловив сенсу своїх слів
The sense of his own beauty came on him like a revelation
Відчуття власної краси прийшло до нього, як одкровення
He had never felt his own beauty before
Він ніколи раніше не відчував власної краси
Basil Hallward's compliments had seemed to him to be merely the charming exaggeration of friendship
Компліменти Безіла Холлуорда здавалися йому лише чарівним перебільшенням дружби
He had listened to them, laughed at them, forgotten them
Він слухав їх, сміявся з них, забував про них
They had not influenced his nature
Вони не вплинули на його природу
Then had come Lord Henry Wotton with his strange panegyric on youth
Потім з'явився лорд Генрі Воттон з його дивним панегіриком про молодість
then came his terrible warning of youth's brevity
Потім з'явилося його страшне попередження про стислість юнацтва
That had stirred him at the time
Це сколихнуло його в той час
but now, as he stood gazing at the shadow of his own loveliness
Але тепер, коли він стояв і дивився на тінь власної вроди
the full reality of the description flashed across him
Повна реальність опису промайнула в ньому
Yes, there would be a day when his face would be wrinkled and wizen
Так, був би день, коли його обличчя було б зморшкуватим і зів'ялим
one day his his eyes will be dim and colourless
Одного разу його очі стануть тьмяними і безбарвними
the grace of his figure will be broken and deformed
Витонченість його фігури буде зламана і деформована
The scarlet would pass away from his lips
Багряниця зникала з його вуст
and the gold will leave his hair
І золото покине його волосся
The life that was to make his soul would mar his body
Життя, яке мало зробити його душу, зіпсувало б його тіло

He would become dreadful, hideous, and uncouth
Він ставав жахливим, огидним і неотесаним
As he thought of it, a sharp pang of pain struck through him like a knife
Коли він подумав про це, гострий біль пронизав його, наче ніж
it made each delicate fibre of his nature quiver
Це змушувало кожне ніжне волокно його природи тремтіти
His eyes deepened into amethyst, and across them came a mist of tears
Його очі поглибилися в аметисті, і по них виступив туман сліз
He felt as if a hand of ice had been laid upon his heart
Йому здалося, що на його серце поклали крижану руку
"Don't you like it?" cried Hallward at last, stung a little by the lad's silence
«Тобі це не подобається?» — вигукнув нарешті Холворд, трохи вражений мовчанням хлопця
but he did not understand what his silence meant
Але він не розумів, що означає його мовчання
"Of course he likes it," said Lord Henry
— Звичайно, йому це подобається, — сказав лорд Генрі
"Who wouldn't like it? It is one of the greatest things in modern art"
"Кому це не сподобається? Це одна з найбільших речей у сучасному мистецтві»
"I will give you anything you like to ask for it"
«Я дам тобі все, що ти захочеш про це»
"I must have it"
"Я мушу це мати"
"It is not my property, Harry"
"Це не моя власність, Гаррі"
"Whose property is it?"
— Чия це власність?
"it is Dorian's, of course," answered the painter
— Звичайно, це Доріан, — відповів художник
"He is a very lucky fellow"
"Він дуже щасливий хлопець"
"How sad it is!" murmured Dorian Gray
«Як сумно!» — пробурмотів Доріан Грей
his eyes were still fixed upon his own portrait
Його погляд все ще був прикутий до власного портрета
"How sad it is! I shall grow old, and horrible, and dreadful"

"Як це сумно! Я постарію, і жахливий, і страшний"
"But this picture will remain always young"
«Але ця картина залишиться завжди молодою»
"It will never be older than this particular day of June"
«Він ніколи не буде старшим за цей конкретний день червня»
"If it were only the other way!"
— Якби все було навпаки!
"If it were I who was to be always young, and the picture that was to grow old!"
«Якби це був я, який мав би бути завжди молодим, і картина, яка мала б постаріти!»
"For that I would give everything!"
— За це я віддав би все!
"Yes, there is nothing in the whole world I would not give!"
— Так, нема в цілому світі нічого, чого б я не віддав!
"I would give my soul to make it happen!"
«Я віддав би свою душу, щоб це сталося!»
"You would hardly care for such an arrangement, Basil," cried Lord Henry, laughing
— Ви навряд чи зважилися б на таку домовленість, Безіле, — вигукнув лорд Генрі, сміючись
"It would be rather hard lines on your work"
«Це було б досить жорстко для вашої роботи»
"I should object very strongly, Harry," said Hallward
— Я маю дуже рішуче заперечити, Гаррі, — сказав Холлуорд
Dorian Gray turned and looked at him
Доріан Грей обернувся і подивився на нього
"I believe you would, Basil"
«Я вірю, що ти б хотів, Безіле»
"You like your art better than your friends"
«Твоє мистецтво подобається тобі більше, ніж твоїм друзям»
"I am no more to you than a green bronze figure"
«Я для вас не більше, ніж зелена бронзова постать»
"I am hardly as much as a form to you, I dare say"
«Я навряд чи є для вас формою, насмілюсь сказати»
The painter stared in amazement
Художник здивовано витріщив очі
It was so unlike Dorian to speak like that
Це було так не схоже на Доріана так говорити
What had happened? He seemed quite angry
Що сталося. Він здавався досить сердитим

His face was flushed and his cheeks burning
Його обличчя почервоніло, а щоки горіли
"Yes," he continued, "I am less to you than your ivory Hermes or your silver Faun"
— Так, — продовжував він, — я для тебе менше, ніж твій Гермес зі слонової кістки або твій срібний Фавн.
"You will like them always"
"Вони будуть подобатися вам завжди"
"How long will you like me?"
— Доки я тобі сподобаюся?
"Till I have my first wrinkle, I suppose"
«Мабуть, поки у мене не з'явиться перша зморшка»
"I know, now, that when one loses one's good looks, whatever they may be, one loses everything"
«Тепер я знаю, що коли людина втрачає свою гарну зовнішність, якою б вона не була, вона втрачає все»
"Your picture has taught me that"
«Твоя картина навчила мене цьому»
"Lord Henry Wotton is perfectly right"
«Лорд Генрі Воттон абсолютно правий»
"Youth is the only thing worth having"
«Молодість – це єдине, що варто мати»
"When I find that I am growing old, I shall kill myself"
«Коли я побачу, що старію, я вб'ю себе»
Hallward turned pale and caught his hand
Холлуорд зблід і схопив його за руку
"Dorian! Dorian!" he cried, "don't talk like that"
— Доріане! Доріане! — гукнув він.— Не говори так.
"I have never had such a friend as you"
«У мене ніколи не було такого друга, як ти»
"and I shall never have another friend like you"
"І в мене ніколи не буде іншого друга, подібного до тебе"
"You are not jealous of material things, are you?"
— Ти ж не заздриш матеріальним речам?
"you who are finer than any of the material things!"
«Ти, що прекрасніший від усього матеріального!»
"I am jealous of everything whose beauty does not die"
«Я заздрю всьому, чия краса не вмирає»
"I am jealous of the portrait you have painted of me"
«Я заздрю портрету, який ти мене намалював»
"Why should my picture keep what I must lose?"

«Чому моя фотографія повинна зберігати те, що я повинен втратити?»
"Every moment that passes takes something from me"
«Кожна мить, що минає, забирає у мене щось»
"and every moment that passes gives something to my picture"
«І кожна мить, що минає, щось додає моїй картині»
"Oh, if it were only the other way!"
— Ой, якби все було навпаки!
"If the picture could change, and I could be always what I am now!"
«Якби картина могла змінитися, і я могла б завжди бути тим, ким є зараз!»
"Why did you paint it?"
— Навіщо ти його намалював?
"It will mock me some day—mock me horribly!"
— Колись знущатиметься з мене — знущайтеся з мене жахливо!
The hot tears welled into his eyes
Гарячі сльози навернулися йому на очі
he tore his hand away and, flinging himself on the divan
Він відірвав руку і, кинувшись на диван
he buried his face in the cushions, as though he was praying
Він сховав своє обличчя в подушки, наче молився
"This is your doing, Harry," said the painter bitterly
— Це твоя справа, Гаррі, — з гіркотою сказав художник
Lord Henry shrugged his shoulders
Лорд Генрі знизав плечима
"It is the real Dorian Gray—that is all"
«Це справжній Доріан Грей — от і все»
"It is not the real Dorian Gray"
«Це не справжній Доріан Грей»
"If it is not the real Dorian Gray, what have I to do with it?"
— Якщо це не справжній Доріан Грей, то до чого тут я?
"You should have gone away when I asked you," he muttered
— Тобі треба було піти, коли я тебе попросив, — пробурмотів він
"I stayed when you asked me," was Lord Henry's answer
— Я залишився, коли ви мене попросили, — такою була відповідь лорда Генрі
"Harry, I can't quarrel with my two best friends at once"
"Гаррі, я не можу сваритися з двома своїми найкращими друзями одночасно"
"but you both have made me hate the finest piece of work I have ever done"

«Але ви обоє змусили мене ненавидіти найкращу роботу, яку я коли-небудь робив»
"I will destroy the painting"
«Я зруйную картину»
"What is it but canvas and colour?"
— Що це, як не полотно і колір?
"I will not let this picture come across our three lives and mar them"
«Я не дозволю, щоб ця картина натрапила на наші три життя і зіпсувала їх»
Dorian Gray lifted his golden head from the pillow
Доріан Грей підняв свою золоту голівку з подушки
his face was pallid face and his eyes were tear-stained
Обличчя його було бліде, а очі були заплакані
he looked at him as he walked over to the painting-table
Він подивився на нього, коли той підійшов до столу для малювання
What was he doing there?
Що він там робив?
His fingers were straying about among the litter of tin tubes and dry brushes
Його пальці блукали серед сміття бляшаних трубочок і сухих щіток
there was something he was seeking for
Було щось, чого він шукав
Yes, it was for the long palette-knife, with its thin blade of lithe steel
Так, це був довгий мастихін з тонким лезом з літньої сталі
He had found the knife at last
Нарешті він знайшов ніж
He was going to rip up the canvas
Він збирався розірвати полотно
With a stifled sob the lad leaped from the couch
З придушеним риданням хлопець схопився з дивана
rushing over to Hallward, he tore the knife out of his hand
кинувшись до Холлуорда, він вирвав у нього з руки ніж
and he flung the knife to the end of the studio
І він кинув ніж у кінець студії
"Don't, dear Basil, don't!" he cried
«Не треба, любий Василю, не треба!» — вигукнув він
"It would be murder!"

— Це було б убивство!

the painter spoke coldly, when he had recovered from his surprise
— холодно заговорив маляр, оговтавшись від здивування

"I am glad you appreciate my work at last, Dorian"
— Я радий, що ти нарешті оцінив мою роботу, Доріане.

"I never thought you would appreciate my work"
«Я ніколи не думав, що ви оціните мою роботу»

"Appreciate your work? I am in love with it, Basil"
«Цінуєте вашу роботу? Я закоханий у неї, Василь»

"The painting is part of myself. I feel that"
«Картина – це частина мене самого. Я це відчуваю»

"Well, as soon as you are dry, you shall be varnished"
«Ну, як тільки висохнеш, тебе покриють лаком»

"and then you shall be framed, and sent home"
"А потім тебе підставлять і відправлять додому"

"Then you can do what you like with yourself"
«Тоді ти можеш робити з собою все, що тобі подобається»

And he walked across the room and rang the bell for tea
І він пройшов через кімнату і подзвонив у дзвіночок за чаєм

"You will have tea, of course, Dorian?"
— Звичайно, ти будеш пити чай, Доріане?

"And you will have tea too, Harry?"
— І ти теж вип'єш чаю, Гаррі?

"Or do you object to such simple pleasures?"
— Чи ти заперечуєш проти таких простих задоволень?

"I adore simple pleasures," said Lord Henry
— Я обожнюю прості задоволення, — сказав лорд Генрі

"They are the last refuge of the complex"
«Вони – останній притулок комплексу»

"But I don't like scenes, except on the stage"
«Але я не люблю сцен, хіба що на сцені»

"What absurd fellows you are, both of you!"
— Які ви безглузді хлопці, ви обидва!

"I wonder who it was that defined man as a rational animal"
«Цікаво, хто саме визначив людину як розумну тварину»

"It was the most premature definition ever given"
«Це було найбільш передчасне визначення, яке коли-небудь давали»

"Man is many things, but he is not rational"
«Людина багато чого, але вона не раціональна»

"I am glad he is not rational, after all"

«Я радий, що він все-таки не раціональний»

"though I wish you chaps would not squabble over the picture"

"Хоча я б хотів, щоб ви, хлопці, не сварилися через картину"

"You had much better let me have it, Basil"

— Краще б ти дав мені, Безілею.

"This silly boy doesn't really want it, and I really do"

«Цей дурний хлопчик насправді цього не хоче, а я дуже хочу»

"If you let anyone have it but me, Basil, I shall never forgive you!" cried Dorian Gray

«Якщо ти дозволиш комусь, крім мене, Безіле, я ніколи тобі цього не пробачу!» — вигукнув Доріан Грей

"and I don't allow people to call me a silly boy"

"І я не дозволяю людям називати мене дурним хлопчиком"

"You know the picture is yours, Dorian"

— Ти ж знаєш, що картина твоя, Доріане.

"I gave it to you before it existed"

«Я дав його тобі, перш ніж він існував»

"And you know you have been a little silly, Mr. Gray"

— А ви знаєте, що поводилися трохи дурненькими, містере Грей.

"and we both know that you don't really object to being reminded that you are extremely young"

І ми обоє знаємо, що ти не заперечуєш, коли тобі нагадують, що ти дуже молодий.

"I should have objected very strongly this morning, Lord Henry"

— Сьогодні вранці я мав би дуже рішуче заперечити, лорде Генрі.

"Ah! this morning! You have lived since then"

— Ах! Сьогодні вранці! З тих пір ти живеш"

There came a knock at the door

У двері постукали

the butler entered with a laden tea-tray

Дворецький увійшов з навантаженою чайною тацею

and he set the tea-tray down upon a small Japanese table

І він поставив тацю з чаєм на маленький японський столик

There was a rattle of cups and saucers

Почувся брязкіт чашок і блюдець

and there was the hissing of a fluted Georgian urn

і почулося шипіння рифленої грузинської урни

Two globe-shaped china dishes were brought in by a page boy

Два фарфорові посуди у формі кулі приніс хлопчик-паж

Dorian Gray went over and poured out the tea

Доріан Грей підійшов і налив чай
The two men sauntered languidly to the table
Двоє чоловіків мляво підійшли до столу
and they examined what was under the covers
І вони оглянули те, що було під ковдрою
"Let us go to the theatre to-night," said Lord Henry
— Ходімо сьогодні ввечері до театру, — сказав лорд Генрі
"There is sure to be a play on, somewhere"
«Десь обов'язково буде п'єса»
"I have promised to dine at White's, but it is only with an old friend"
«Я обіцяв пообідати у Уайта, але тільки зі старим другом»
"so I can send him a message to say that I am ill"
«щоб я міг надіслати йому повідомлення, щоб сказати, що я хворий»
"or I can say that I am prevented from coming in consequence of a subsequent engagement"
"або я можу сказати, що мені не дозволяють приїхати через подальші заручини"
"I think that would be a rather nice excuse"
"Я думаю, що це було б досить гарним виправданням"
"it would have all the surprise of candour"
«Це було б несподіванкою відвертості»
"It is such a bore putting on one's dress-clothes," muttered Hallward
— Це така нудьга – вдягати сукню, — пробурмотів Холворд
"And, when one has their dress-clothes on, they are so horrid"
«І коли людина одягає свій одяг, вона така жахлива»
"Yes," answered Lord Henry dreamily
— Так, — мрійливо відповів лорд Генрі
"the costume of the nineteenth century is detestable.
"Костюм дев'ятнадцятого століття огидний.
"the fashion is so sombre, so depressing"
«Мода така похмура, така депресивна»
"Sin is the only real colour-element left in modern life"
«Гріх – це єдиний реальний кольоровий елемент, що залишився в сучасному житті»
"You really must not say things like that before Dorian, Harry"
— Ти справді не повинен говорити таких речей перед Доріаном, Гаррі.
"Before which Dorian must I not say such things?"

— Перед яким Доріаном я не повинен такого говорити?
"The Dorian who is pouring out tea for us?"
— Доріан, що наливає нам чай?
"or the Dorian in the picture?"
— Чи Доріан на картині?
"please don't say such things before one or the other"
«Будь ласка, не кажіть таких речей ні перед одним, ні перед другим»
"I would like to come to the theatre with you, Lord Henry," said the lad
— Я хотів би піти з вами до театру, лорде Генрі, — сказав хлопець
"Then you shall come; and you will come, too, dear Basil, won't you?"
Тоді ти прийдеш; І ти теж прийдеш, любий Василю, чи не так?
"I can't come with you to the theatre, really.
"Я не можу піти з тобою в театр, справді.
"I would rather, but I have a lot of work to do"
«Я б скоріше, але у мене багато роботи»
"Well, then, you and I will go alone, Mr. Gray"
— Ну, тоді ми з вами підемо самі, містере Грей.
"I should like that awfully"
"Мені це страшенно сподобається"
The painter bit his lip and walked over, cup in hand, to the picture
Художник закусив губу і підійшов з чашкою в руці до картини
"I shall stay with the real Dorian," he said, sadly
— Я залишуся зі справжнім Доріаном, — сумно сказав він
"Is it the real Dorian?" cried the original of the portrait, strolling across to him
«Це справжній Доріан?» — вигукнув оригінал портрета, підходячи до нього
"Am I really like that?"
— Невже я такий?
"Yes; you are just like that"
— Авжеж. Ти просто такий"
"How wonderful, dear Basil!"
— Як чудово, любий Василю!
"At least; you are like the portrait in appearance"
— Принаймні; Ти схожий на портрет на вигляд»
But your picture will never alter," sighed Hallward
Але твоя картина ніколи не зміниться, — зітхнув Холлуорд
"What a fuss people make about fidelity!" exclaimed Lord Henry

«Який галас здіймають люди з приводу вірності!» — вигукнув лорд Генрі
"Why, even in love fidelity is purely a question for physiology"
«Чому, навіть у любові вірність – це суто питання фізіології»
"It has nothing to do with our own will"
«Це не має нічого спільного з нашою власною волею»
"Young men want to be faithful, and are not"
«Молоді чоловіки хочуть бути вірними, але не хочуть»
"old men want to be faithless, and cannot"
«Старі люди хочуть бути невірними, але не можуть»
"that is all one can say"
«Це все, що можна сказати»
"Don't go to the theatre tonight, Dorian," said Hallward
— Не йди сьогодні ввечері до театру, Доріане, — сказав Холворд
"Stop and dine with me"
«Зупиніться і повечеряйте зі мною»
"I can't dine with you tonight, dear Basil"
"Я не можу пообідати з тобою сьогодні ввечері, дорогий Безіл"
"Why?"
— Чому?
"Because I have promised Lord Henry Wotton to go with him"
"Тому що я пообіцяв лорду Генрі Воттону піти з ним"
"He won't like you the better for keeping your promises"
«Ти йому не сподобаєшся більше за те, що виконуєш свої обіцянки»
"He always breaks his own promises"
«Він завжди порушує власні обіцянки»
"I beg you not to go"
«Я благаю вас не йти»
Dorian Gray laughed and shook his head
Доріан Грей засміявся і похитав головою
"I entreat you"
«Благаю тебе»
The lad hesitated, and looked over at Lord Henry
Хлопець завагався і глянув на лорда Генрі
Lord Henry was watching them from the tea-table with an amused smile
Лорд Генрі спостерігав за ними з чайного столика з веселою посмішкою
"I must go, Basil," he answered
— Я мушу йти, Василю, — відповів він

"Very well," said Hallward, and he went over and laid down his cup on the tray

— Дуже добре, — сказав Холлуорд, підійшов і поклав чашку на тацю

"It is rather late, and, as you have to dress, you had better lose no time"

«Вже досить пізно, і, оскільки вам потрібно одягнутися, вам краще не гаяти часу»

"Good-bye, Harry"

"До побачення, Гаррі"

"Good-bye, Dorian"

"До побачення, Доріане"

"Come and see me soon"

«Приходь до мене скоріше»

"Come to-morrow"

«Приходьте завтра»

"Certainly"

"Безперечно"

"You won't forget?"

— Ти не забудеш?

"No, of course not," cried Dorian"

— Ні, звичайно, ні, — вигукнув Доріан.

"And ... Harry!"

"І ... Гаррі!»

"Yes, Basil?"

— Так, Василю?

"Remember what I asked you, when we were in the garden this morning"

«Пам'ятаєш, про що я тебе питав, коли ми сьогодні вранці були в саду»

"I have forgotten it"

«Я забув»

"I trust you"

"Я довіряю тобі"

"I wish I could trust myself," said Lord Henry, laughing

— Я хотів би довіряти собі, — сказав лорд Генрі, сміючись

"Come, Mr. Gray, my hansom is outside"

— Ходімо, містере Грей, мій гансом надворі.

"and I can drop you at your own place"

"І я можу залишити тебе у тебе"

"Good-bye, Basil"

«До побачення, Василю»
"It has been a most interesting afternoon"
«Це був найцікавіший день»
As the door closed behind them, the painter flung himself down on a sofa
Коли двері за ними зачинилися, художник кинувся на диван
and a look of pain came into his face
І вираз болю з'явився на його обличчі

Chapter Three
Розділ третій

At half-past twelve next day Lord Henry Wotton went out
О пів на дванадцяту наступного дня лорд Генрі Воттон вийшов на вулицю

he strolled from Curzon Street over to the Albany
він прогулювався від Керзон-стріт до Олбані

and he went to call on his uncle, Lord Fermor
І він пішов до свого дядька, лорда Фермора

Lord Fermor was a genial if somewhat rough-mannered old bachelor
Лорд Фермор був геніальним, хоча й дещо грубим старим холостяком

the outside world called him selfish
Зовнішній світ називав його егоїстом

because the outside world derived no particular benefit from him
Тому що зовнішній світ не отримував від нього ніякої особливої користі

but he was considered generous by Society
але суспільство вважало його щедрим

because he fed the people who amused him
Тому що він годував людей, які його розважали

His father had been our ambassador at Madrid
Його батько був нашим послом у Мадриді

when Isabella was young, and Prim was unsought of
коли Ізабелла була молодою, а Прим був незатребуваний

but he retired from the diplomatic service
Але пішов у відставку з дипломатичної служби

he resigned in a capricious moment of annoyance
Він подав у відставку в примхливу хвилину роздратування

he had not been offered the Embassy at Paris
йому не запропонували посольство в Парижі

a diplomatic post to which he considered that he was fully entitled
дипломатична посада, на яку, на його думку, він мав повне право

he felt entitled by reason of his birth and his indolence
Він вважав себе правим через своє народження і лінощі

the good English of his dispatches
добра англійська мова його депеш

and his inordinate passion for pleasure
і його непомірна пристрасть до насолод

The son had been his father's secretary

Син був секретарем батька
but he had resigned along with his chief
Але він подав у відставку разом зі своїм начальником
at the time people thought this was rather foolish
У той час люди думали, що це досить нерозумно
and later he set himself to the serious study of the great aristocratic art
А пізніше він зайнявся серйозним вивченням великого аристократичного мистецтва
the great aristocratic art of doing absolutely nothing
Велике аристократичне мистецтво абсолютно нічого не робити
He had two large town houses
У нього було два великих міських будинки
but he preferred to live in chambers, as it was less trouble
Але він вважав за краще жити в покоях, так як це було менше клопоту
and he took most of his meals at his club
І більшу частину їжі він приймав у своєму клубі
He paid some attention to the management of his collieries in the Midland counties
Він приділяв певну увагу управлінню своїми шахтами в графствах Мідленд
but he excused himself for this slight shortcoming
Але він вибачився за цей незначний недолік
"there is one advantage of having coal"
«Є одна перевага наявності вугілля»
"it enables a gentleman to afford the decency of burning wood on his own hearth"
«Це дає можливість джентльмену дозволити собі пристойність спалювати дрова на власному вогнищі»
In politics he was a Tory, except when the Tories were in office
У політиці він був торі, за винятком тих часів, коли торі були при владі
during these times he abused them for being a pack of Radicals
У ці часи він знущався над ними за те, що вони були зграєю радикалів
He was a hero to his valet, who bullied him
Він був героєм для свого камердинера, який знущався з нього
and he was a terror to most of his relations, whom he bullied
І він був жахом для більшості своїх родичів, над якими знущався
Only England could have produced him

Тільки Англія могла його народити
and he always said that the country was going to the dogs
І він завжди говорив, що країна йде до собак
His principles were out of date
Його принципи застаріли
but there was a good deal to be said for his prejudices
Але про його забобони можна було багато сказати
When Lord Henry entered the room, he found his uncle sitting in a rough shooting-coat
Коли лорд Генрі увійшов до кімнати, то побачив, що його дядько сидить у грубому стрілецькому пальті
his uncle was smoking a cheroot and grumbling over what was written in The Times
Його дядько курив черут і бурчав над тим, що було написано в «Таймс»
"Well, Harry," said the old gentleman, "what brings you out so early?"
— Ну, Гаррі, — сказав старий джентльмен, — що тебе так рано виводить?
"I thought you dandies never got up till two, and were not visible till five"
«Я думала, що ви, денді, ніколи не вставали до другої, і не були помітні до п'ятої»
"Pure family affection, I assure you, Uncle George"
«Чиста сімейна прихильність, запевняю вас, дядьку Джорджу»
"I want to get something out of you"
"Я хочу щось від тебе отримати"
"Money, I suppose," said Lord Fermor, making a wry face
— Гадаю, гроші, — сказав лорд Фермор, зробивши криве обличчя
"Well, sit down and tell me all about it"
— Ну, сідай і розкажи мені про все це.
"Young people, nowadays, imagine that money is everything"
«Сучасна молодь уявляє, що гроші – це все»
"Yes," murmured Lord Henry, settling his button-hole in his coat
— Так, — пробурмотів лорд Генрі, влаштовуючи петлицю в пальті
"and when they grow older they know it"
«І коли вони подорослішають, вони це зрозуміють»
"But I don't want money"
«Але я не хочу грошей»

"It is only people who pay their bills who want money"
«Грошей хочуть лише люди, які оплачують свої рахунки»
"and, as you know Uncle George, I never pay my bills"
— І, як ви знаєте, дядьку Джордже, я ніколи не плачу за рахунками.
"Credit is the capital of a younger son"
«Кредит – це капітал молодшого сина»
"credit is something he can live charmingly upon"
«Кредит — це те, на що він може чарівно жити»
"Besides, I always deal with Dartmoor's tradesmen"
«Крім того, я завжди маю справу з торговцями Дартмура»
"and consequently they never bother me"
І тому вони мене ніколи не турбують»
"What I want is information," he went on
"Я хочу отримати інформацію", - продовжив він
"not useful information, of course, but useless information"
"Не корисна інформація, звичайно, але марна інформація"
"Well, I can tell you anything that is in an English blue book, Harry"
— Ну, я можу сказати тобі все, що є в англійській синій книжці, Гаррі.
"although those fellows nowadays write a lot of nonsense"
"Хоча ті хлопці зараз пишуть багато дурниць"
"When I was in diplomacy things were much better"
«Коли я займався дипломатією, справи йшли набагато краще»
"But I hear they let them in now by examination"
— Але я чув, що зараз їх впустили під час огляду.
"What can you expect?"
— Чого можна сподіватися?
"Examinations, sir, are pure humbug from beginning to end"
— Іспити,, — це чиста нісенітниця від початку до кінця.
"If a man is a gentleman, he knows quite enough"
«Якщо чоловік джентльмен, він знає достатньо»
"and if he is not a gentleman, whatever he knows is bad for him"
«А якщо він не джентльмен, то все, що він знає, для нього погано»
"Mr. Dorian Gray does not belong to blue books, Uncle George," said Lord Henry languidly
— Містер Доріан Грей не належить до синіх книжок, дядьку Джордже, — мляво мовив лорд Генрі
"Mr. Dorian Gray? Who is he?" asked Lord Fermor, knitting his

"bushy white eyebrows"
— Містере Доріан Грей? Хто він?» — спитав лорд Фермор, зводячи свої густі білі брови.

"That is what I have come to learn, Uncle George"
— Це те, чого я навчився, дядьку Джордже.

"Or rather, I know who he is"
"Точніше, я знаю, хто він"

"He is the last Lord Kelso's grandson"
«Він останній онук лорда Келсо»

"His mother was a Devereux, Lady Margaret Devereux"
«Його матір'ю була Деверо, леді Маргарет Деверо»

"I want you to tell me about his mother"
«Я хочу, щоб ти розповіла мені про його матір»

"What was she like? Whom did she marry?"
"Якою вона була? За кого вона вийшла заміж?

"You have known nearly everybody in your time, so you might have known her"
«Ви знали майже всіх свого часу, тому, можливо, знали її»

"I am very much interested in Mr. Gray at present"
"Зараз мене дуже цікавить містер Грей"

"I have only just met him"
"Я тільки що познайомився з ним"

"Kelso's grandson!" echoed the old gentleman
«Онук Келсо!» — повторив старий джентльмен

"Kelso's grandson! ... Of course.... I knew his mother intimately"
— Онук Келсо! ... Звичайно.... Я близько знав його матір»

"I believe I was at her christening"
«Здається, я був на її хрестинах»

"She was an extraordinarily beautiful girl, Margaret Devereux"
«Вона була надзвичайно красивою дівчиною, Маргарет Деверо»

"she made all the men frantic by running away with a penniless young fellow
"Вона довела всіх чоловіків до сказу, втікши з молодим хлопцем без гроша в кишені

"a mere nobody, sir, a subaltern in a foot regiment, or something of that kind"
— Ніхто, пане, підлеглий у пішому полку чи щось подібне.

"Certainly. I remember the whole thing as if it happened yesterday"
— Звичайно. Я пам'ятаю все це так, ніби це сталося вчора»

"The poor chap was killed in a duel at Spa a few months after the marriage"

«Бідолашний хлопець був убитий на дуелі в Спа через кілька місяців після одруження»
"There was an ugly story about it"
«Про це була потворна історія»
"They said Kelso hired some rascally adventurer, some Belgian brute"
«Вони сказали, що Келсо найняв якогось пройдисвіта-авантюриста, якогось бельгійського звіра»
"he was paid to insult his son-in-law in public"
«Йому заплатили за те, що він публічно образив зятя»
"and that the fellow spitted his man as if he had been a pigeon"
"І що хлопець плюнув свого чоловіка, наче голуба"
"The thing was hushed up"
«Справу зам'яли»
"but, egad, Kelso ate his chop alone at the club for some time afterwards"
"Але, егад, Келсо деякий час їв свою відбивну на самоті в клубі"
"He brought his daughter back with him, I was told"
«Він привіз із собою доньку, мені сказали»
"and she never spoke to him again"
І вона більше ніколи з ним не розмовляла.
"Oh, yes; it was a bad thing that happened"
— О, так! Це було погано, що сталося»
"The girl died, too, died within a year"
«Дівчинка теж померла, померла протягом року»
"So she left a son, did she?"
— То вона покинула сина, правда?
"I had forgotten that"
«Я про це забув»
"What sort of boy is he?"
— Який він хлопець?
"If he is like his mother, he must be a good-looking chap"
«Якщо він схожий на свою матір, то мусить бути гарним хлопцем»
"He is very good-looking," assented Lord Henry"
— Він дуже гарний, — погодився лорд Генрі.
"I hope he will fall into proper hands," continued the old man
— Сподіваюся, він потрапить у належні руки, — вів далі старий
"He should have a pot of money waiting for him if Kelso did the right thing by him"
«На нього чекає горщик з грошима, якщо Келсо вчинив

правильно»

"His mother had money, too"

«У його матері теж були гроші»

"All the Selby property came to her, through her grandfather"

«Все майно Селбі дісталося їй через її діда»

"Her grandfather hated Kelso, thought him a mean dog"

«Її дідусь ненавидів Келсо, вважав його злим собакою»

"He was a mean dog, too"

«Він теж був злим собакою»

"he came to Madrid once when I was there"

«Він приїхав до Мадрида одного разу, коли я там був»

"Egad, I was ashamed of him"

«Егад, мені було соромно за нього»

"The Queen used to ask me about the English noble who was always quarrelling with the cabmen about their fares"

«Королева розпитувала мене про англійського вельможу, який завжди сперечався з візниками про їхні тарифи»

"They made quite a story of it"

«Вони зробили з цього цілу історію»

"I didn't dare show my face at Court for a month"

«Я місяць не наважувався показати своє обличчя в суді»

"I hope he treated his grandson better than he did the jarvies"

"Сподіваюся, він ставився до свого онука краще, ніж до ярві"

"I don't know," answered Lord Henry

— Не знаю, — відповів лорд Генрі

"I fancy that the boy will be well off"

«Я думаю, що хлопчик буде забезпечений»

"He is not of age yet"

"Він ще не досяг повноліття"

"He has Selby, I know"

"У нього є Селбі, я знаю"

"He told me so. And ... his mother was very beautiful?"

"Він мені так сказав. І... Його мати була дуже гарна?»

"Margaret Devereux was one of the loveliest creatures I ever saw, Harry"

"Маргарет Деверо була однією з найпрекрасніших істот, яких я коли-небудь бачив, Гаррі"

"What on earth induced her to behave as she did, I never could understand"

«Що змусило її так поводитися, я ніколи не міг зрозуміти»

"She could have married anybody she chose"

«Вона могла вийти заміж за будь-кого, кого забажає»
"Carlington was mad after her"
«Карлінгтон розлютився на неї»
"She was romantic, though"
«Хоча вона була романтичною»
"All the women of that family were romantic"
«Всі жінки в цій сім'ї були романтичними»
"The men were a poor lot, but, egad! the women were wonderful"
— Чоловіки були бідні, але, егад! Жінки були чудові»
"Carlington went on his knees to her"
"Карлінгтон став до неї на коліна"
he told me so himself"
Він сам мені так сказав"
She laughed at him
Вона сміялася з нього
"and there wasn't a girl in London at the time who wasn't after him"
"І не було в той час у Лондоні дівчини, яка б не переслідувала його"
"And by the way, Harry, talking about silly marriages;"
— І, до речі, Гаррі, говорячи про дурні шлюби.
"what is this humbug your father tells me about Dartmoor wanting to marry an American?"
— Що це за хамбуг, який твій батько розповідає мені про те, що Дартмур хоче вийти заміж за американця?
"Ain't English girls good enough for him?"
— Хіба англійські дівчата йому не підходять?
"It is rather fashionable to marry Americans just now, Uncle George"
"Зараз досить модно виходити заміж за американців, дядьку Джорджу"
"I'll back English women against the world, Harry," said Lord Fermor
— Я підтримаю англійських жінок проти світу, Гаррі, — сказав лорд Фермор
and he struck the table with his fist
І вдарив кулаком по столу
"The betting is on the Americans"
«Ставка на американців»
"They don't last, I am told," muttered his uncle
— Вони не тривають, кажуть мені, — пробурмотів дядько

"A long engagement exhausts them"
«Тривалі заручини виснажують їх»
"but they are splendid at a steeplechase"
«Але вони чудові в бігу з перешкодами»
"They take things in their stride"
«Вони беруть все на свій розсуд»
"I don't think Dartmoor has a chance"
"Я не думаю, що у Дартмура є шанси"
"Who are her people?" grumbled the old gentleman
«Хто її люди?» — буркнув старий пан
"Has she got any?"
— А в неї є?
Lord Henry shook his head
Лорд Генрі похитав головою
"American girls are as clever at concealing their parents, as English women are at concealing their past"
«Американські дівчата так само спритно приховують своїх батьків, як англійські жінки приховують своє минуле»
and he got to his feet, as if he was getting ready to go
І він звівся на ноги, наче збирався йти
"They are pork-packers, I suppose?"
— Мабуть, вони пакувальники свинини?
"I hope so, Uncle George, for Dartmoor's sake"
— Сподіваюся, що так, дядьку Джордже, заради Дартмура.
"I am told that pork-packing is the most lucrative profession in America, after politics"
«Мені кажуть, що пакувальник свинини – це найприбутковіша професія в Америці після політики»
"Is she pretty?"
— Вона гарненька?
"She behaves as if she was beautiful"
«Вона поводиться так, ніби вона красива»
"Most American women do"
«Більшість американських жінок так і роблять»
"It is the secret of their charm"
«У цьому секрет їхньої чарівності»
"Why can't these American women stay in their own country?"
«Чому ці американські жінки не можуть залишитися у своїй країні?»
"They are always telling us that it is the paradise for women"
«Нам завжди кажуть, що це рай для жінок»

"It is a paradise for women"

«Це рай для жінок»

"That is the reason why, like Eve, they are so excessively anxious to get out of it," said Lord Henry

"Ось чому вони, подібно до Єви, так сильно прагнуть вибратися з неї", — сказав лорд Генрі

"Good-bye, Uncle George. I shall be late for lunch, if I stop any longer"

— До побачення, дядьку Джордже. Я запізнюся на обід, якщо зупинюся довше»

"Thanks for giving me the information I wanted"

"Дякую, що надали мені інформацію, яку я хотів"

"I always like to know everything about my new friends"

«Мені завжди подобається знати все про моїх нових друзів»

"and I like to know nothing about my old friends"

«І мені подобається нічого не знати про моїх старих друзів»

"Where are you lunching, Harry?"

— Де ти обідаєш, Гаррі?

"I shall be lunching at Aunt Agatha's"

«Я буду обідати в тітки Агати»

"and I have invited Mr. Gray"

"І я запросив містера Грея"

"He is her latest protégé"

«Він її останній протеже»

"Humph! tell your Aunt Agatha, Harry, not to bother me any more with her charity appeals"

— Гм! скажи своїй тітці Агаті, Гаррі, щоб вона більше не турбувала мене своїми милосердними закликами"

"I am sick of her charity meals"

«Мені набридли її благодійні страви»

"the good woman thinks I have nothing to do but to write cheques for her silly fads"

«Добра жінка думає, що мені нічого не залишається, як виписувати чеки за її дурні примхи»

"All right, Uncle George, I'll tell her"

— Гаразд, дядьку Джордже, я скажу їй.

"but telling her won't have any effect"

"Але сказати їй нічого не дасть"

"Philanthropic people lose all sense of humanity"

«Філантропічні люди втрачають будь-яке почуття людяності»

"It is their distinguishing characteristic"

«Це їхня відмінна риса»
The old gentleman growled approvingly
— схвально гаркнув старий джентльмен
and he rang the bell for his servant
І він задзвонив у дзвін для свого слуги
Lord Henry passed up the low arcade into Burlington Street
Лорд Генрі пройшов низькою аркадою на Берлінгтон-стріт
and he turned his steps in the direction of Berkeley Square
і він повернув свої кроки в напрямку площі Берклі
So that was the story of Dorian Gray's parentage
Такою була історія походження Доріана Грея
Crudely as it had been told to him, it had yet stirred him by its suggestion of a strange, almost modern romance
Як би грубо йому не сказали, вона все ж таки сколихнула його своїм натяком на дивний, майже сучасний роман
A beautiful woman risking everything for a mad passion
Красива жінка, яка ризикує всім заради шаленої пристрасті
A few wild weeks of happiness cut short by a hideous, treacherous crime
Кілька диких тижнів щастя, перерваних жахливим, підступним злочином
Months of voiceless agony, and then a child born in pain
Місяці безголосої агонії, а потім дитина, народжена з болем
The mother snatched away by death
Матір, вирвану смертю
the boy left to solitude
Хлопчик пішов на самоті
and the tyranny of an old and loveless man
і тиранія старого і позбавленого любові
Yes; it was an interesting background
Так; Це був цікавий бекграунд
It posed the lad, made him more perfect, as it were
Це поставило хлопця, зробило його більш досконалим, так би мовити
Behind every exquisite thing that existed, there was something tragic
За кожною вишуканою річчю, яка існувала, стояло щось трагічне
Worlds had to be in travail, so that the meanest flower might blow....
Світи мусили бути в муках, щоб здулася найпідліша квітка...
And how charming he had been at dinner the night before

І яким чарівним він був за вечерею напередодні ввечері
with startled eyes and lips parted in frightened pleasure he had sat opposite to him at the club
З переляканими очима і губами, розсунутими від переляканого задоволення, він сидів навпроти нього в клубі
the red candle shades staining to a richer rose the wakening wonder of his face
Червоні відтінки свічки забарвлюються в багатшу троянду, пробуджююче диво його обличчя
Talking to him was like playing upon an exquisite violin
Розмовляти з ним було схоже на гру на вишуканій скрипці
He answered to every touch and thrill of the bow
Він відповідав на кожен дотик і трепет лука
There was something terribly enthralling in the exercise of influence
Було щось страшенно захоплююче у здійсненні впливу
No other activity was like it
Жодна інша діяльність не була подібною
To project one's soul into some gracious form
Проектувати свою душу в якусь милостиву форму
to let one's soul tarry there for a moment
Щоб душа затрималася там на мить
to hear one's own intellectual views echoed back to one with all the added music of passion and youth
Почути власні інтелектуальні погляди, що відлунюють одним цілим з усією доданою музикою пристрасті та молодості
to convey one's temperament into another as though it were a subtle fluid or a strange perfume
передавати свій темперамент іншому, наче це тонкий флюїд або дивний парфум
there was a real joy in that
У цьому була справжня радість
perhaps the most satisfying joy left to us in an age so limited and vulgar as our own
Мабуть, найприємніша радість, що залишилася нам в таку обмежену і вульгарну епоху, як наша власна
an age grossly carnal in its pleasures
Епоха грубо плотська у своїх насолодах
an age grossly common in its aims
епоха, дуже поширена у своїх цілях
He was a marvellous type, too, this lad

Він теж був дивовижним типом, цей хлопець
this lad he had met by such curious chance in Basil's studio
цього хлопця він зустрів за такою цікавою випадковістю в майстерні Василя
he could be fashioned into a marvellous type of person
З нього можна було зробити дивовижну людину
Grace was his, and the white purity of boyhood
Благодать була його, а біла чистота хлоп'ячого віку
and he had beauty like the old Greek marbles
і він мав красу, як давньогрецькі мармури
There was nothing that one could not do with him
Не було нічого, чого б з ним не можна було зробити
He could be made a Titan or a toy
Його можна зробити титаном або іграшкою
What a pity it was that such beauty was destined to fade!
Як шкода, що такій красі судилося зів'янути!
And as for Basil, from a psychological point of view, how interesting he was!
А що стосується Василя, то з психологічної точки зору, яким цікавим він був!
The new manner in art and the fresh mode of looking at life
Нова манера в мистецтві і свіжий погляд на життя
he was so impressionable by a mere visible presence
Він був настільки вразливий від простої видимої присутності
and that visible presence is unconscious of its own influence
і ця видима присутність не усвідомлює свого власного впливу
the silent spirit that dwelt in dim woodland
Мовчазний дух, що жив у тьмяному лісі
the silent spirit that walked unseen in open field
Мовчазний дух, що ходив непомітно в чистому полі
suddenly she shows herself, Dryadlike and not afraid
раптом вона показує себе, Дріада і не страшна
because she only reveals herself in the souls that look for her
Тому що вона відкриває себе лише в душах, які її шукають
the mere shapes and patterns of things becoming refined
Самі лише форми та візерунки речей стають витонченими
shapes and patterns gaining a kind of symbolical value
форми і візерунки, що набувають своєрідного символічного значення
as though the forms were themselves patterns of some other and more perfect form

неначе ці форми самі по собі є зразками якоїсь іншої, більш досконалої форми

and it is their shadows that make their patterns real
І саме їхні тіні роблять їхні візерунки реальними

how strange it all was!
Як дивно все було!

He remembered something like it in history
Щось подібне він пам'ятав в історії

Was it not Plato, that artist in thought, who had first analyzed it?
Хіба не Платон, той художник думки, першим проаналізував її?

Was it not Buonarotti who had carved it in the coloured marbles of a sonnet-sequence?
Хіба не Буонаротті вирізьбив його в кольорових кульках сонетної послідовності?

But in our own century it was strange
Але в нашому столітті це було дивно

Yes; he knew who it would be to Dorian Gray
Так; він знав, хто це буде для Доріана Грея

he would try to be to Dorian Gray what Dorian was to the painter
він намагався бути для Доріана Грея тим, чим Доріан був для художника

He would seek to dominate him, how he had already half done so
Він прагнув домінувати над ним, як він уже наполовину це зробив

He would make that wonderful spirit his own
Він зробить цей чудовий дух своїм власним

There was something fascinating in this son of love and death
Було щось захоплююче в цьому сині любові і смерті

Suddenly he stopped and glanced up at the houses
Раптом він зупинився і глянув на будинки

He found that he had passed his aunt's some distance
Він виявив, що пройшов деяку відстань до тітки

smiling to himself, he turned back to his aunt's house
Усміхнувшись сам до себе, він повернувся до тітчиної хати

When he entered the somewhat sombre hall, the butler told him that they had gone in to lunch
Коли він увійшов до дещо похмурої зали, дворецький сказав йому, що вони зайшли на обід

He gave one of the footmen his hat and stick and passed into the dining-room
Він дав одному з лакеїв капелюха і палицю і пройшов до їдальні

"Late as usual, Harry," cried his aunt, shaking her head at him
— Пізно, як завжди, Гаррі, — вигукнула тітка, хитаючи на нього головою

He invented a facile excuse and took the seat next to her
Він вигадав легке виправдання і сів поруч з нею

then he looked round to see who was there
Потім він озирнувся, щоб побачити, хто там

Dorian bowed to him shyly from the end of the table
Доріан сором'язливо вклонився йому з кінця столу

a flush of pleasure escaped into his cheek
Рум'янець задоволення вирвався йому в щоку

Opposite was the Duchess of Harley, a lady of admirable good-nature and good temper
Навпроти стояла герцогиня Харлейська, дама чудової добродушності та доброї вдачі

she was much liked by everyone who knew her
Вона дуже подобалася всім, хто її знав

had she not been a duchess contemporary historians might have described her as stout
Якби вона не була герцогинею, сучасні історики могли б охарактеризувати її як кремезну

Next to her sat, on her right, Sir Thomas Burdon
Поруч з нею, праворуч від неї, сидів Томас Бердон

he was a Radical member of Parliament
він був депутатом-радикалом

he followed his leader in public life
Він наслідував свого лідера в суспільному житті

and in private life he followed the best cooks
А в особистому житті слідував кращим кухарям

he dined with Tories and thought with the Liberals
він обідав з торі і думав з лібералами

all of this was in accordance with a wise and well-known rule
Все це відбувалося за мудрим і відомим правилом

The post on her left was occupied by Mr. Erskine of Treadley
Пост ліворуч від неї зайняв містер Ерскін з Тредлі

an old gentleman of considerable charm and culture
Старий джентльмен неабиякого шарму і культури

he had fallen, however, into bad habits of silence
Однак у нього з'явилася погана звичка мовчати

"everything I had to say I said before I was thirty"
«Все, що я мав сказати, я сказав до тридцяти»

His own neighbour was Mrs. Vandeleur, one of his aunt's oldest friends
Його власною сусідкою була місіс Ванделер, одна з найстаріших подруг його тітки
she was a perfect saint amongst women
Вона була досконалою святою серед жінок
but she was so dreadfully dowdy that she reminded one of a badly bound hymn-book
Але вона була така жахливо непристойна, що нагадувала один з них погано переплетений збірник гімнів
Fortunately for him she had on the other side Lord Faudel
На щастя для нього, вона мала по той бік лорда Фоделя
Lord Faudel was a most intelligent middle-aged mediocrity
Лорд Фодель був найрозумнішою посередністю середнього віку
as bald as a ministerial statement in the House of Commons
лиса, як міністерська заява в Палаті громад
she was conversing with him in that intensely earnest manner
Вона розмовляла з ним так щиро
this is the one unpardonable error, as he remarked once himself
Це єдина непростима помилка, як він сам одного разу зауважив
but all really good people fall into the trap
Але всі дійсно хороші люди потрапляють в пастку
and no one ever quite escape escapes that trap
І ніхто ніколи не вирветься з цієї пастки
"We are talking about poor Dartmoor, Lord Henry," cried the duchess
— Ми говоримо про бідолашного Дартмура, лорде Генрі, — вигукнула герцогиня
she nodded pleasantly to him across the table
Вона приємно кивнула йому через стіл
"Do you think he will really marry this fascinating young person?"
— Як ти думаєш, він справді одружиться з цією чарівною молодою особою?
"I believe she has made up her mind to propose to him, Duchess"
"Я вважаю, що вона вирішила зробити йому пропозицію, герцогиня"
"How dreadful!" exclaimed Lady Agatha
«Який жах!» — вигукнула леді Агата
"Really, someone should interfere"
«Справді, хтось має втрутитися»
"I am told, on excellent authority, that her father keeps an

American dry-goods store," said Sir Thomas Burdon
"Мені сказали, що її батько тримає американський магазин сухих продуктів", - сказав Томас Бердон
"My uncle has already suggested pork-packing, Sir Thomas"
— Мій дядько вже запропонував упакувати свинину, Томас.
"Dry-goods! What are American dry-goods?" asked the duchess
"Сухопродукти! Що таке американські сухі продукти?", - запитала герцогиня
and she raised her large hands in wonder and accentuating the verb
І вона здивовано підняла свої великі руки, наголошуючи на дієслові
"American novels," answered Lord Henry, helping himself to some quail
— Американські романи, — відповів лорд Генрі, пригощаючи себе перепілкою
The duchess looked puzzled
Герцогиня виглядала спантеличеною
"Don't mind him, my dear," whispered Lady Agatha
— Не зважай на нього, моя люба, — прошепотіла леді Агата
"He never means anything that he says"
«Він ніколи не має на увазі нічого, що говорить»
"When America was discovered," said the Radical member, and he began to give some wearisome facts
"Коли Америку відкрили", - сказав член радикалів і почав наводити деякі виснажливі факти
Like all people who try to exhaust a subject, he exhausted his listeners
Як і всі люди, які намагаються вичерпати тему, він виснажував своїх слухачів
The duchess sighed and exercised her privilege of interruption
Герцогиня зітхнула і скористалася своїм привілеєм перервати
"I wish to goodness it never had been discovered at all!" she exclaimed
«Я б хотіла, щоб його взагалі не виявили!» — вигукнула вона
"Really, our girls have no chance nowadays"
«Справді, наші дівчата сьогодні не мають шансів»
"It is most unfair"
«Це дуже несправедливо»
"Perhaps, after all, America never has been discovered," said Mr. Erskine
"Можливо, все-таки Америка ніколи не була відкрита", - сказав

пан Ерскін

"I myself would say that it had merely been detected"

«Я б сам сказав, що його просто виявили»

"Oh! but I have seen specimens of the inhabitants" answered the duchess vaguely

— Ой! але я бачив зразки мешканців, — невиразно відповіла герцогиня

"I must confess that most of them are extremely pretty"

«Мушу зізнатися, що більшість із них надзвичайно гарні»

"And they dress well, too"

"І вони теж добре одягаються"

"They get all their dresses in Paris"

«У Парижі всі сукні отримують»

"I wish I could afford to do the same"

«Я хотів би дозволити собі зробити те саме»

"They say that when good Americans die they go to Paris," chuckled Sir Thomas

— Кажуть, що коли помирають добрі американці, вони їдуть до Парижа, — посміхнувся Томас

he himself had a large wardrobe of Humour's cast-off clothes

У нього самого був великий гардероб з відкинутим одягом Гумору

"Really! And where do bad Americans go to when they die?" inquired the duchess

— Справді! І куди йдуть погані американці, коли помирають?", - поцікавилася герцогиня

"They go to America," murmured Lord Henry

— Вони їдуть до Америки, — пробурмотів лорд Генрі

Sir Thomas frowned

Томас насупився

"I am afraid that your nephew is prejudiced against that great country," he said to Lady Agatha

— Боюся, що твій племінник упереджено ставиться до цієї великої країни, — сказав він леді Агаті

"I have travelled all over America in cars provided by the directors"

«Я об'їздив усю Америку на автомобілях, наданих режисерами»

"in such matters they are extremely civil"

«У таких питаннях вони надзвичайно ввічливі»

"I assure you that it is an education to visit it"

«Запевняю вас, що відвідати його – це освіта»

"But must we really see Chicago in order to be educated?" asked

Mr. Erskine plaintively
«Але чи справді ми повинні побачити Чикаго, щоб бути освіченими?» — жалібно запитав містер Ерскін

"I don't feel up to the journey"
«Я не відчуваю себе готовим до подорожі»

Sir Thomas waved his hand
Томас махнув рукою

"Mr. Erskine of Treadley has the world on his shelves"
«Містер Ерскін з Тредлі має весь світ на своїх полицях»

"We practical men like to see things, not to read about them"
«Ми, практичні люди, любимо бачити речі, а не читати про них»

"The Americans are an extremely interesting people"
«Американці – надзвичайно цікавий народ»

"They are absolutely reasonable"
«Вони абсолютно розумні»

"I think that is their distinguishing characteristic"
"Я думаю, що це їхня відмінна риса"

"Yes, Mr. Erskine, an absolutely reasonable people"
— Так, містере Ерскін, абсолютно розумний народ.

"I assure you there is no nonsense about the Americans"
"Запевняю вас, що нісенітниць про американців немає"

"How dreadful!" cried Lord Henry
«Який жах!» — вигукнув лорд Генрі

"I can stand brute force, but brute reason is quite unbearable"
«Я можу терпіти грубу силу, але грубий розум досить нестерпний»

"There is something unfair about its use"
«Є щось несправедливе в його використанні»

"It is hitting below the intellect"
«Б'є нижче інтелекту»

"I do not understand you," said Sir Thomas, growing rather red
— Я вас не розумію, — сказав Томас, трохи почервонівши

"I do, Lord Henry," murmured Mr. Erskine, with a smile
— Так, лорде Генрі, – з усмішкою пробурмотів містер Ерскін

"Paradoxes are all very well in their way...." rejoined the baronet
«Парадокси всі дуже добре по-своєму...» повернувся до баронета

"Was that a paradox?" asked Mr. Erskine
«Це був парадокс?» — запитав містер Ерскін

"I did not think it was a paradox. Perhaps it was"
"Я не думав, що це парадокс. Можливо, так і було"

"Well, the way of paradoxes is the way of truth"

«Що ж, шлях парадоксів – це шлях істини»

"To test reality we must see it on the tight rope"

«Щоб перевірити реальність, ми повинні побачити її на натягнутому канаті»

"When the verities become acrobats, we can judge them"

«Коли істини стають акробатами, ми можемо їх судити»

"Dear me!" said Lady Agatha, "how you men argue!"

— Люба я, — сказала леді Агата, — як ви, чоловіки, сперечаєтеся!

"I am sure I never can make out what you are talking about"

«Я впевнений, що ніколи не зможу зрозуміти, про що ви говорите»

"Oh! Harry, I am quite vexed with you"

— Ой! Гаррі, я дуже роздратований тобою»

"Why do you try to persuade our nice Mr. Dorian Gray to give up the East End?"

— Чому ви намагаєтеся переконати нашого милого містера Доріана Грея відмовитися від Іст-Енду?

"I assure you he would be quite invaluable"

"Запевняю вас, він був би зовсім неоціненним"

"They would love his playing the piano"

«Їм би сподобалося, що він грає на фортепіано»

"I want him to play to me," cried Lord Henry, smiling

— Я хочу, щоб він грав зі мною, — вигукнув лорд Генрі, усміхаючись

and he looked down the table and caught a bright answering glance

Він подивився вниз на стіл і зловив яскравий погляд у відповідь

"But they are so unhappy in Whitechapel," continued Lady Agatha

— Але ж вони такі нещасні в Уайтчепелі, — продовжувала леді Агата

"I can sympathize with everything except suffering," said Lord Henry, shrugging his shoulders

— Я можу співчувати всьому, крім страждань, — сказав лорд Генрі, знизуючи плечима

"I cannot sympathize with that"

«Я не можу цьому співчувати»

"It is too ugly, too horrible, too distressing"

«Це занадто потворно, занадто жахливо, занадто прикро»

"There is something terribly morbid in the modern sympathy with pain"

«Є щось страшенно хворобливе в сучасному співчутті до болю»

"One should sympathize with the colour, the beauty, the joy of life"

«Треба співчувати кольору, красі, радості життя»

"The less said about life's sores, the better"

«Чим менше сказано про життєві болячки, тим краще»

"Still, the East End is a very important problem," remarked Sir Thomas with a grave shake of the head

— І все-таки Іст-Енд — це дуже важлива проблема, — серйозно похитавши головою Томас

"Quite so," answered the young lord

— Саме так, — відповів молодий пан

"It is the problem of slavery, and we try to solve it by amusing the slaves"

«Це проблема рабства, і ми намагаємося її вирішити, розважаючи рабів»

The politician looked at him keenly

Політик пильно подивився на нього

"What change do you propose, then?" he asked

«Які ж зміни ви пропонуєте?» — запитав він

Lord Henry laughed

Лорд Генрі засміявся

"I don't desire to change anything in England except the weather," he answered

— Я не хочу нічого змінювати в Англії, крім погоди, — відповів він

"I am quite content with philosophic contemplation"

«Я цілком задовольняюся філософськими роздумами»

"But, the nineteenth century has gone bankrupt through an over-expenditure of sympathy"

«Але дев'ятнадцяте століття збанкрутувало через надмірну витрату співчуття»

"so I would suggest that we should appeal to science to put us straight"

"Тому я б запропонував нам звернутися до науки, щоб вона виправила нас"

"The advantage of the emotions is that they lead us astray"

«Перевага емоцій у тому, що вони збивають нас зі шляху»

"and the advantage of science is that it is not emotional"

«А перевага науки в тому, що вона не емоційна»

"But we have such grave responsibilities," ventured Mrs. Vandeleur timidly

— Але ж у нас такі серйозні обов'язки, — несміливо промовила місіс Ванделер

"Terribly grave," echoed Lady Agatha

— Страшенно тяжко, — повторила леді Агата

Lord Henry looked over at Mr. Erskine

Лорд Генрі глянув на містера Ерскіна

"Humanity takes itself too seriously"

«Людство ставиться до себе надто серйозно»

"It is the world's original sin"

«Це первородний гріх світу»

"If the caveman had known how to laugh, history would have been different"

«Якби печерна людина вміла сміятися, історія була б іншою»

"You are really very comforting," warbled the duchess

— Ти справді дуже втішаєш, — пробурмотіла герцогиня

"I have always felt rather guilty when I came to see your dear aunt"

«Я завжди відчував себе досить винним, коли приходив до твоєї дорогої тітки»

"because I take no interest at all in the East End"

"тому що я зовсім не цікавлюся Іст-Ендом"

"For the future I shall be able to look her in the face without a blush"

«На майбутнє я зможу дивитися їй в обличчя без рум'янцю»

"A blush is very becoming, Duchess," remarked Lord Henry

— Рум'янець дуже привабливий, герцогине, — зауважив лорд Генрі

"Only when one is young," she answered

— Тільки коли людина молода, — відповіла вона

"When an old woman like myself blushes, it is a very bad sign"

«Коли така стара жінка, як я, червоніє, це дуже поганий знак»

"Ah! Lord Henry, I wish you would tell me how to become young again"

— Ах! Лорд Генрі, я хотів би, щоб ви сказали мені, як знову стати молодим"

He thought for a moment

Він на мить замислився

"Can you remember any great error that you committed in your early days, Duchess?" he asked

«Чи можете ви пригадати якусь велику помилку, яку ви зробили в перші дні, герцогине?» — запитав він

and he looked at her across the table

І він подивився на неї через стіл

"I have made a great many errors, I fear," she cried
— Боюся, я наробила дуже багато помилок, — вигукнула вона
"Then commit them over again," he said gravely
— Тоді зроби їх знову, — поважно сказав він
"To get back one's youth, one has merely to repeat one's follies"
«Щоб повернути собі молодість, треба просто повторити свої дурниці»
"A delightful theory!" she exclaimed
«Чудова теорія!» — вигукнула вона
"I must put your theory into practice"
«Я мушу застосувати вашу теорію на практиці»
"A dangerous theory!" came from Sir Thomas's tight lips
«Небезпечна теорія!» — пролунало зі стиснутих вуст сера Томаса
Lady Agatha shook her head, but could not help being amused
Леді Агата похитала головою, але не втрималася від веселощів
Mr. Erskine listened
Містер Ерскін слухав
"Yes," he continued, "that is one of the great secrets of life"
"Так, — продовжував він, — це одна з найбільших таємниць життя"
"Nowadays most people die of a sort of creeping common sense"
«У наш час більшість людей помирає від якогось повзучого здорового глузду»
"and they discover when it is too late that the only things one never regrets are one's mistakes"
І коли стає занадто пізно, вони виявляють, що єдине, про що людина ніколи не шкодує, – це свої помилки»
A laugh ran round the table
Сміх пробіг по столу
He played with the idea and grew wilful; tossed it into the air and transformed it
Він погрався з ідеєю і став свавільним; підкинув його в повітря і перетворив
he let the thought escape and recaptured it; made it iridescent with fancy and winged it with paradox
Він випустив цю думку і повернув її; зробив його райдужним від фантазії і окрилив його парадоксом
The praise of folly, as he went on, soared into a philosophy
Вихваляння глупоти, коли він продовжував, переросло у філософію
and philosophy herself became young
Та й сама філософія стала молодою

one might fancy her wearing her wine-stained robe and wreath of ivy

Можна уявити, що вона одягнена в забруднений вином халат і вінок з плюща

and catching the mad music of pleasure, she danced like a Bacchante over the hills of life

і, ловлячи шалену музику насолоди, вона танцювала, як вакханка, над пагорбами життя

and she mocked the slow Silenus for being sober

і вона насміхалася з повільного Силена за те, що він тверезий

Facts fled before her like frightened forest things

Факти тікали перед нею, як перелякані лісові істоти

Her white feet trod the huge press at which wise Omar sits

Її білі ноги топтали величезний прес, біля якого сидить мудрий Омар

till the seething grape-juice rose round her bare limbs in waves of purple bubbles

Аж поки вируючий виноградний сік не піднявся навколо її голих кінцівок хвилями фіолетових бульбашок

or she crawled in red foam over the vat's black, dripping, sloping sides

Або вона повзла червоною піною по чорних, стікаючих, похилих боках чана

It was an extraordinary improvisation

Це була надзвичайна імпровізація

He felt that the eyes of Dorian Gray were fixed on him

Він відчував, що погляд Доріана Грея прикутий до нього

the consciousness that amongst his audience there was one whose temperament he wished to fascinate

усвідомлення того, що серед його слухачів є той, чий темперамент він хотів зачарувати

his consciousness seemed to give his wit keenness and to lend colour to his imagination

Його свідомість, здавалося, надавала гостроти дотепності і надавала фарб його уяві

He was brilliant, fantastic, irresponsible

Він був геніальним, фантастичним, безвідповідальним

He charmed his listeners out of themselves

Він зачаровував своїх слухачів з них самих

and they followed his pipe, laughing

І вони пішли за його люлькою, сміючись

Dorian Gray never took his gaze off him
Доріан Грей не зводив з нього погляду
but he sat like one under a spell
Але він сидів, як під закляттям
smiles chasing each other over his lips
Посмішки ганяються один за одним на його губах
and wonder growing grave in his darkening eyes
І диво, що росте в його темних очах
At last, liveried in the costume of the age, reality entered the room in the shape of a servant
Нарешті, одягнена в костюм епохи, реальність увійшла в кімнату в образі слуги
he came to tell the duchess that her carriage was waiting
Він приїхав, щоб сказати герцогині, що її карета чекає
She wrung her hands in mock despair
Вона заламувала руки в насмішкуватому розпачі
"How annoying!" she cried
«Як прикро!» — вигукнула вона
"I must go, I have to call for my husband at the club"
«Я мушу йти, я маю покликати чоловіка до клубу»
"I will take him to some absurd meeting at Willis's Rooms"
"Я візьму його на якусь абсурдну зустріч у Willis's Rooms"
"and there he is going to be in the chair"
"І ось він буде в кріслі"
"If I am late he is sure to be furious"
«Якщо я запізнюся, він обов'язково розлютиться»
"and I couldn't have a scene in this bonnet"
"І я не міг би влаштувати сцену в цьому капелюсі"
"It is far too fragile"
«Він занадто крихкий»
"A harsh word would ruin it"
«Різке слово зіпсує його»
"No, I must go, dear Agatha"
— Ні, я мушу йти, люба Агато.
"Good-bye, Lord Henry, you are quite delightful and dreadfully demoralizing"
— До побачення, лорде Генрі, ви дуже приємні й страшенно деморалізуєте.
"I am sure I don't know what to say about your views"
«Я впевнений, що не знаю, що сказати про ваші погляди»
"You must come and dine with us some night"

«Ти мусиш прийти і пообідати з нами якось увечері»

"Tuesday? Are you disengaged Tuesday?"

"Вівторок? Ви у вівторок відсторонені?»

"For you I would throw over anybody, Duchess," said Lord Henry with a bow

— Заради вас я б перекинув будь-кого, герцогине, — сказав лорд Генрі з поклоном

"Ah! that is very nice, and very wrong of you," she cried

— Ах! Це дуже приємно і дуже неправильно з вашого боку", - плакала вона

"so I can count on you coming," and she swept out of the room

— Тож я можу розраховувати на те, що ти прийдеш, — і вона вийшла з кімнати

Lady Agatha and the other ladies followed her

Леді Агата та інші дами пішли за нею

Lord Henry had sat down again

Лорд Генрі знову сів

Mr. Erskine moved round and took a chair close to Lord Henry

Містер Ерскін поворухнувся і сів на стілець ближче до лорда Генрі

and he placed his hand upon his arm

І він поклав свою руку на рамено своє

"You talk as well as a book," he said

— Ти говориш так само добре, як книжка, — сказав він

"why don't you write a book?"

— Чому б тобі не написати книжку?

"I am too fond of reading books to care to write them, Mr. Erskine"

— Я надто люблю читати книжки, щоб писати їх, містере Ерскін.

"I should like to write a novel certainly"

«Я хотів би написати роман напевно»

"a novel that would be as lovely as a Persian carpet, and as unreal"

«роман, який був би прекрасним, як перський килим, і таким же нереальним»

"But there is no literary public in England for anything except newspapers, primers, and encyclopaedias"

«Але в Англії немає літературної публіки ні для чого, крім газет, букварів та енциклопедій»

"Of all people in the world the English have the least sense of the beauty of literature"

«З усіх людей у світі англійці найменше відчувають красу літератури»

"I fear you are right," answered Mr. Erskine

— Боюся, що ви маєте рацію, — відповів містер Ерскін

"I myself used to have literary ambitions, but I gave them up long ago"

«У мене самого колись були літературні амбіції, але я давно від них відмовився»

"And now, my dear young friend, if you will allow me to call you so"

— А тепер, любий мій юний друже, якщо ти дозволиш мені так тебе називати.

"may I ask if you really meant all that you said to us at lunch?"

— Дозвольте запитати, чи справді ви мали на увазі все, що сказали нам за обідом?

"I quite forget what I said," smiled Lord Henry

— Я зовсім забув, що сказав, — усміхнувся лорд Генрі

"Was it all very bad?"

— Невже все було дуже погано?

"Very bad indeed," Mr. Erskine confirmed

— Справді дуже погано, — підтвердив містер Ерскін

"In fact, I consider you extremely dangerous"

«Насправді я вважаю вас надзвичайно небезпечним»

"God forbid anything happens to our good duchess"

"Не дай Боже, щоб щось трапилося з нашою доброю герцогинею"

"we would all look on you as being primarily responsible"

«Ми всі дивимося на вас як на головну відповідальність»

"But I should like to talk to you about life"

«Але я хотів би поговорити з тобою про життя»

"The generation into which I was born was tedious"

«Покоління, в якому я народився, було нудним»

"Some day, when you are tired of London, come down to Treadley"

«Коли-небудь, коли вам набридне Лондон, спустіться в Тредлі»

"and expound to me your philosophy of pleasure over some Burgundy"

"І розкажи мені про свою філософію насолоди над якоюсь бургундською"

"I happen to have the pleasure of possessing a very admirable bottle"

«Я маю задоволення мати дуже чудову пляшку»

"I would be charmed; a visit to Treadley would be a great privilege"

"Я був би зачарований; візит до Тредлі був би великим

привілеєм»

"Treadly has a perfect host, and a perfect library"

«У Treadly ідеальний господар і ідеальна бібліотека»

"You will complete the library," answered the old gentleman with a courteous bow

— Ви доповните бібліотеку, — відповів старий джентльмен з чемним поклоном

"And now I must bid good-bye to your excellent aunt"

— А тепер я мушу попрощатися з твоєю чудовою тіткою.

"I am due at the Athenaeum"

«Я маю бути в Атенеумі»

"It is the hour when we sleep there"

«Це година, коли ми там спимо»

"All of you, Mr. Erskine?"

— Ви всі, містере Ерскін?

"Forty of us, in forty arm-chairs"

«Нас сорок у сорока кріслах»

"We are practising for an English Academy of Letters"

«Ми готуємося до Англійської академії літератури»

Lord Henry laughed and rose

Лорд Генрі засміявся і підвівся

"I am going to the park," he cried

— Я йду до парку, — вигукнув він

As he was passing out of the door, Dorian Gray touched him on the arm

Коли він виходив за двері, Доріан Грей торкнувся його руки

"Let me come with you," he murmured

— Дозвольте мені піти з вами, — пробурмотів він

"But I thought you had promised Basil Hallward to go and see him," answered Lord Henry

— Але я думав, що ви пообіцяли Безілу Холлуорду поїхати до нього, — відповів лорд Генрі

"I would rather come with you; yes, I feel I must"

— Краще б я пішов з тобою; Так, я відчуваю, що повинен"

"please do let me me come with you"

«Будь ласка, дозвольте мені піти з вами»

"And you will promise to talk to me all the time?"

— І ти пообіцяєш зі мною весь час розмовляти?

"No one talks so wonderfully as you do."

«Ніхто не розмовляє так чудово, як ти».

"Ah! I have talked quite enough for to-day," said Lord Henry,

smiling
— Ах! На сьогоднішній день я наговорив цілком достатньо, — сказав лорд Генрі, усміхаючись
"All I want now is to look at life"
«Все, що я хочу зараз, це подивитися на життя»
"You may come and look at life with me, if you care to"
«Ти можеш прийти і подивитися на життя разом зі мною, якщо тобі це цікаво»

Chapter Four
Розділ четвертий

One afternoon, a month later, Dorian Gray was reclining in a luxurious arm-chair
Одного дня, через місяць, Доріан Грей лежав у розкішному кріслі

he was in the little library of Lord Henry's house in Mayfair
він перебував у маленькій бібліотеці будинку лорда Генрі в Мейфері

It was, in its way, a very charming room
Це була, в своєму роді, дуже чарівна кімната

the room had high panelled wainscoting of olive-stained oak
Кімната мала високі панельні панелі, обшиті оливковою морилкою

cream-coloured frieze and ceiling of raised plasterwork
Фриз кремового кольору і стеля з фальш-штукатурки

and long-fringed Persian rugs hung about the room
і перські килими з довгою бахромою розвішані по кімнаті

On a tiny satinwood table stood a statuette by Clodion
На крихітному столику з атласного дерева стояла статуетка Клодіона

and beside the statue lay a copy of Les Cent Nouvelles
а поруч зі статуєю лежала копія Les Cent Nouvelles

the book was bound for Margaret of Valois by Clovis Eve
книга була переплетена для Маргарити Валуа Хлодвігом Євою

and it was powdered with the gilt daisies that Queen had selected
і він був припорошений позолоченими ромашками, які вибрала королева

Some large blue china jars and parrot-tulips were arranged on the mantelshelf
На камінній полиці стояло кілька великих блакитних порцелянових баночок і папуг-тюльпанів

and through the small leaded panes of the window streamed apricot-coloured light
І крізь маленькі свинцеві шибки вікна струменіло світло абрикосового кольору

the apricot-coloured light of a summer day in London
абрикосове світло літнього дня в Лондоні

Lord Henry had not yet come in
Лорд Генрі ще не зайшов

He was always late on principle
Він завжди принципово спізнювався

his principle being that punctuality is the thief of time
Його принцип полягає в тому, що пунктуальність - злодій часу
So the lad was looking rather sulky
Тож хлопець виглядав досить похмурим
he had found an elaborately illustrated edition of Manon Lescaut
він знайшов ретельно ілюстроване видання Манон Леско
with listless fingers he turned over the pages
Млявими пальцями він перегортав сторінки
The formal monotonous ticking of the Louis Quatorze clock annoyed him
Формальне монотонне цокання годинника Луї Кватора дратувало його
Once or twice he thought of going away
Раз чи двічі він думав піти геть
At last he heard a step outside, and the door opened
Нарешті він почув крок знадвору, і двері відчинилися
"How late you are, Harry!" he murmured
"Як ти спізнився, Гаррі!" – пробурмотів він
"I am afraid it is not Harry, Mr. Gray," answered a shrill voice
— Боюся, що це не Гаррі, містере Грей, — відповів пронизливий голос
He glanced quickly round and rose to his feet
Він швидко озирнувся і підвівся на ноги
"I beg your pardon. I thought—"
"Прошу вибачення. Я подумав...
"You thought it was my husband"
«Ви думали, що це мій чоловік»
"It is only his wife"
«Це тільки його дружина»
"You must let me introduce myself"
«Дозвольте мені представитися»
"I know you quite well by your photographs"
"Я добре знаю вас за вашими фотографіями"
"I think my husband has got seventeen of them"
«Я думаю, що у мого чоловіка їх сімнадцять»
"Not seventeen, Lady Henry?"
— Не сімнадцять, леді Генрі?
"Well, eighteen, then"
— Ну, тоді вісімнадцять.
"And I saw you with him the other night at the opera"
— А я бачив тебе з ним днями в опері.

She laughed nervously as she spoke
Вона нервово сміялася, коли говорила
and she watched him with her vague forget-me-not eyes
І вона дивилася на нього своїми невиразними незабудковими очима
She was a curious woman
Вона була цікавою жінкою
her dresses always looked as if they had been designed in a rage
Її сукні завжди виглядали так, наче їх розробляли в люті
and she looked as if she had put put her dresses on in a tempest
І вона виглядала так, наче вдягла сукні під час бурі
She was usually in love with somebody
Вона, як правило, була закохана в когось
and, as her passion was never returned, she had kept all her illusions
І, оскільки її пристрасть ніколи не поверталася, вона зберегла всі свої ілюзії
She tried to look picturesque, but only succeeded in being untidy
Вона намагалася виглядати мальовничо, але їй вдавалося лише бути неохайною
Her name was Victoria, and she had a perfect mania for going to church
Її звали Вікторія, і вона мала ідеальну манію ходити до церкви
"That was at Lohengrin, Lady Henry, I think?"
— Це було в Лоенгріні, леді Генрі, здається?
"Yes; it was at dear Lohengrin"
— Авжеж. це було у дорогого Лоенгріна"
"I like Wagner's music better than anybody's"
«Музика Вагнера мені подобається більше, ніж будь-кому»
"It is so loud that one can talk the whole time"
«Це так голосно, що можна весь час говорити»
"and there is no danger other people hear what one says"
«І немає ніякої небезпеки, що інші люди почують те, що хтось говорить»
"That is a great advantage, don't you think so, Mr. Gray?"
— Це велика перевага, чи не так, містере Грей?
The same nervous staccato laugh broke from her thin lips
Той самий нервовий сміх стакато вирвався з її тонких губ
and her fingers began to play with a long tortoise-shell paper-knife
І її пальці почали гратися довгим ножем для паперу з черепахового панцира

Dorian smiled and shook his head
Доріан усміхнувся і похитав головою
"I am afraid I don't think so, Lady Henry"
— Боюся, що я так не думаю, леді Генрі.
"I never talk during music, at least not during good music"
«Я ніколи не розмовляю під час музики, принаймні під час хорошої музики»
"If one hears bad music, it is one's duty to drown it in conversation"
«Якщо хтось чує погану музику, його обов'язок – втопити її в розмові»
"Ah! that is one of Harry's views, isn't it, Mr. Gray?"
— Ах! Це одна з думок Гаррі, чи не так, містере Грей?
"I always hear Harry's views from his friends"
"Я завжди чую думку Гаррі від його друзів"
"It is the only way I get to know of his views"
«Тільки так я дізнаюся про його погляди»
"But you must not think I don't like good music"
«Але ви не повинні думати, що я не люблю хорошу музику»
"I adore good music, but I am afraid of it"
«Я обожнюю хорошу музику, але боюся її»
"good music makes me too romantic"
«Хороша музика робить мене занадто романтичною»
"I have simply worshipped pianists"
«Я просто поклонявся піаністам»
"two at a time, sometimes, Harry tells me"
"По двоє, іноді, каже мені Гаррі"
"I don't know what it is about them"
"Я не знаю, що це про них"
"Perhaps it is that they are foreigners"
«Можливо, справа в тому, що вони іноземці»
"They all are, ain't they?"
— Вони всі, чи не так?
Even those that are born in England become foreigners after a time, don't they?"
Навіть ті, хто народився в Англії, через деякий час стають іноземцями, чи не так?»
"It is so clever of them, and such a compliment to art"
«Це так розумно з їхнього боку, і такий комплімент мистецтву»
"Makes it quite cosmopolitan, doesn't it?"
— Робить його досить космополітичним, чи не так?
"You have never been to any of my parties, have you, Mr. Gray?"

— Ви ніколи не були на моїх вечірках, чи не так, містере Грей?
"You must come to one of my parties"
«Ти мусиш прийти на одну з моїх вечірок»
"I can't afford orchids, but I spare no expense in foreigners"
«Я не можу дозволити собі орхідеї, але не шкодую грошей на іноземців»
"They make one's rooms look so picturesque"
«Вони роблять кімнати такими мальовничими»
"but here is Harry!"
— А ось і Гаррі!
"Harry, I came in to look for you, to ask you something"
"Гаррі, я зайшов тебе шукати, щось запитати"
"I forget what it was that I wanted to ask you"
«Я забуваю, що саме я хотіла запитати у тебе»
"but instead I found Mr. Gray here"
— Але замість цього я знайшов тут містера Грея.
"We have had such a pleasant chat about music"
«Ми так приємно поговорили про музику»
"We have quite the same ideas"
«У нас абсолютно однакові ідеї»
"No; I think our ideas are quite different"
— Ні. Я думаю, що наші ідеї зовсім інші»
"But he has been most pleasant"
«Але він був найприємнішим»
"I am so glad I've seen him"
"Я така рада, що побачила його"
"I am charmed, my love, quite charmed," said Lord Henry
— Я зачарований, коханий, дуже зачарований, — сказав лорд Генрі
and he elevated his dark, crescent-shaped eyebrows
І він підняв свої темні брови у формі півмісяця
he looked at them both with an amused smile
Він подивився на них обох з веселою усмішкою
"So sorry I am late, Dorian"
— Дуже шкода, що я запізнився, Доріане.
"I went to look after a piece of old brocade in Wardour Street"
«Я пішов доглядати за шматком старої парчі на Вордур-стріт»
"and I had to bargain for hours for it"
"І мені доводилося годинами виторгуватися за це"
"Nowadays people know the price of everything and the value of nothing"

«У наш час люди знають ціну всьому і ціну нічому»

"I am afraid I must be going," exclaimed Lady Henry
— Боюся, що я йду, — вигукнула леді Генрі

and she broke an awkward silence with her silly sudden laugh
І вона порушила незручну мовчанку своїм безглуздим раптовим сміхом

"I have promised to drive with the duchess"
"Я обіцяв їздити з герцогинею"

"Good-bye, Mr. Gray. Good-bye, Harry"
— До побачення, містере Грей. До побачення, Гаррі"

"You are dining out, I suppose? So am I"
— Ви, мабуть, вечеряєте поза домом? Я теж"

"Perhaps I shall see you at Lady Thornbury's"
— Може, я побачу вас у леді Торнбері.

"I dare say, my dear," said Lord Henry, shutting the door behind her
— Насмілюсь сказати, люба моя, — сказав лорд Генрі, зачиняючи за нею двері

she looked like a bird of paradise that had been out all night in the rain
Вона була схожа на райського птаха, який цілу ніч гуляв під дощем

and so she flitted out of the room, leaving a faint odour of frangipani
І ось вона вилетіла з кімнати, залишивши ледь вловимий запах франжипані

Then he lit a cigarette and flung himself down on the sofa
Потім він запалив цигарку і кинувся на диван

he had a few puffs of his cigarette
Він зробив кілька затяжок сигаретою

"Never marry a woman with straw-coloured hair, Dorian"
«Ніколи не одружуйся з жінкою з солом'яним волоссям, Доріане»

"Why, Harry?"
— Чому, Гаррі?

"Because they are so sentimental"
"Тому що вони такі сентиментальні"

"But I like sentimental people"
«Але мені подобаються сентиментальні люди»

"Never marry at all, Dorian"
"Ніколи не одружуйся, Доріане"

"Men marry because they are tired"
«Чоловіки одружуються, тому що втомилися»
"women marry because they are curious"
«Жінки виходять заміж, тому що їм цікаво»
"both are disappointed by marriage"
«Обоє розчаровані шлюбом»
"I don't think I am likely to marry, Harry"
"Я не думаю, що вийду заміж, Гаррі"
"I am too much in love"
"Я занадто сильно закоханий"
"That is one of your aphorisms"
«Це один з ваших афоризмів»
"I am putting it into practice, as I do everything that you say"
«Я застосовую це на практиці, оскільки роблю все, що ви говорите»
"Who are you in love with?" asked Lord Henry after a pause
«У кого ти закоханий?» — запитав лорд Генрі після паузи
"I'm in love with an actress," said Dorian Gray, blushing
— Я закоханий в актрису, — сказав Доріан Грей, червоніючи
Lord Henry shrugged his shoulders
Лорд Генрі знизав плечима
"That is a rather commonplace début"
«Це досить банальний дебют»
"You would not say so if you saw her, Harry"
— Ти б так не сказав, якби побачив її, Гаррі.
"Who is she?"
— Хто вона?
"Her name is Sibyl Vane"
«Її звуть Сібіл Вейн»
"Never heard of her"
"Ніколи про неї не чув"
"No one has.
"Ніхто цього не зробив.
"People will someday, however"
«Але люди колись це зроблять»
"She is a genius"
"Вона геній"
"My dear boy, no woman is a genius"
«Любий мій хлопчику, жодна жінка не є генієм»
"Women are a decorative sex"
«Жінки – декоративна стать»

"They never have anything to say, but they say it charmingly"
«Їм ніколи нема чого сказати, але вони говорять це чарівно»
"Women represent the triumph of matter over mind"
«Жінки уособлюють торжество матерії над розумом»
"just as men represent the triumph of mind over morals"
«Так само, як люди уособлюють торжество розуму над мораллю»
"Harry, how can you?"
— Гаррі, як ти можеш?
"My dear Dorian, it is quite true"
— Любий мій Доріане, це правда.
"I am analysing women at present, so I ought to know"
«Я зараз аналізую жінок, тому маю знати»
"The subject is not so abstruse as I thought it was"
«Тема не така вже й незрозуміла, як я думав»
"I find that, ultimately, there are only two kinds of women"
«Я вважаю, що, зрештою, існує лише два типи жінок»
"there is the plain kind of woman, and the coloured kind"
«Є проста жінка і кольорова»
"The plain women are very useful"
«Прості жінки дуже корисні»
"If you want to gain a reputation for respectability, take them to supper"
«Хочеш здобути репутацію респектабельної людини, візьми їх на вечерю»
"The other women are very charming"
«Інші жінки дуже чарівні»
"They commit one mistake, however"
«Але вони припускаються однієї помилки»
"They paint in order to try and look young"
«Малюють, щоб спробувати виглядати молодо»
"Our grandmothers painted in order to try and talk brilliantly"
«Наші бабусі малювали для того, щоб спробувати блискуче розмовляти»
"Rouge and esprit used to go together"
«Руж і еспріт йшли разом»
"That is all over now"
"Тепер це все скінчено"
"As long as a woman can look ten years younger than her own daughter, she is perfectly satisfied"
«Поки жінка може виглядати на десять років молодшою за власну доньку, вона цілком задоволена»

"As for conversation, there are only five women in London worth talking to"
«Що стосується розмови, то в Лондоні є лише п'ять жінок, з якими варто поговорити»
"and two of these women can't be admitted into decent society"
"І дві з цих жінок не можуть бути допущені в пристойне суспільство"
"However, tell me about your genius"
«Але розкажи мені про свою геніальність»
"How long have you known her?"
— Як давно ви її знаєте?
"Ah! Harry, your views terrify me"
— Ах! Гаррі, твої погляди мене жахають"
"Never mind that. How long have you known her?"
"Не звертайте на це уваги. Як давно ви її знаєте?
"About three weeks"
"Близько трьох тижнів"
"And where did you come across her?"
— А де ти її натрапив?
"I will tell you, Harry, but you mustn't be unsympathetic about it"
— Я скажу тобі, Гаррі, але ти не повинен бути несимпатичним.
"After all, it never would have happened if I had not met you"
«Адже цього б ніколи не сталося, якби я не зустрів тебе»
"You filled me with a wild desire to know everything about life"
«Ти наповнив мене диким бажанням знати все про життя»
"For days after I met you, something seemed to throb in my veins"
«Протягом кількох днів після того, як я зустрів тебе, у моїх жилах ніби щось пульсувало»
"As I lounged in the park, or strolled down Piccadilly"
«Коли я відпочивав у парку, або прогулювався по Пікаділлі»
"I used to look at every one who passed me and wonder"
«Я дивилася на кожного, хто проходив повз мене, і дивувалася»
"with a mad curiosity I wondered what sort of lives they led"
«З шаленою цікавістю я дивувався, яке життя вони ведуть»
"Some of them fascinated me"
«Деякі з них мене зачарували»
"Others filled me with terror"
«Інші наповнювали мене жахом»
"There was an exquisite poison in the air"
«У повітрі витала вишукана отрута»
"I had a passion for sensations"

«У мене була пристрасть до відчуттів»
"Well, one evening about seven o'clock, I determined to go out in search of some adventure"
«Ну, одного вечора близько сьомої години я вирішив вирушити на пошуки якоїсь пригоди»
"I felt that this grey monstrous London of ours must have something in store for me"
«Я відчував, що цей наш сірий жахливий Лондон, мабуть, щось приготував для мене»
London, with its myriads of people, sordid sinners, and splendid sins"
Лондон з його міріадами людей, огидних грішників і чудових гріхів»
"to borrow one of your observations"
«Запозичити одне з ваших спостережень»
"I fancied a thousand things"
«Я вигадав тисячу речей»
"The mere danger gave me a sense of delight"
«Сама небезпека викликала в мене почуття захвату»
"I remembered what you had said to me on that wonderful evening when we first dined together"
"Я пам'ятаю, що ви сказали мені того чудового вечора, коли ми вперше вечеряли разом"
"you spoke about the search for beauty being the real secret of life"
«Ви говорили про те, що пошук краси є справжньою таємницею життя»
"I don't know what I expected"
"Я не знаю, чого я очікував"
"but I went out and wandered eastward"
«Але я вийшов і побрів на схід»
"I soon lost my way in a labyrinth of grimy streets and black grassless squares"
«Невдовзі я заблукав у лабіринті брудних вулиць і чорних площ без трави»
"About half-past eight I passed by an absurd little theatre"
«Десь о пів на восьму я проходив повз абсурдний маленький театр»
"one of those theatres with great flaring gas-jets and gaudy play-bills"
«Один з тих театрів з чудовими газовими струменями і яскравими афішами»

"A man in the most amazing waistcoat I ever beheld in my life, was standing at the entrance"

«Біля входу стояв чоловік у найдивовижнішому жилеті, який я коли-небудь бачив у своєму житті»

"he was smoking a vile cigar"

«Він курив мерзенну сигару»

"He had greasy ringlets, and an enormous diamond blazed in the centre of a soiled shirt"

«У нього були засмальцьовані локони, а посередині забрудненої сорочки палахкотів величезний діамант»

"'Have a theatre box, my Lord?' he said, when he saw me"

"У вас є театральна скринька, мій Господи?" — сказав він, побачивши мене"

"and he took off his hat with an air of gorgeous servility"

"І він зняв капелюха з виглядом чудового підлабузництва"

"There was something about him, Harry, that amused me"

— Було в ньому, Гаррі, щось таке, що мене забавляло.

"He was such a monster"

"Він був таким чудовиськом"

"You will laugh at me, I know"

«Ти будеш сміятися наді мною, я знаю»

"but I really went in and paid a whole guinea for the stage-box"

"Але я справді зайшов і заплатив цілу гінею за сценічну ложу"

"To the present day I can't make out why I did so"

«До сьогоднішнього дня я не можу зрозуміти, чому я так зробив»

"and yet I would have missed the greatest romance of my life if I hadn't"

"І все ж я б пропустив найбільшу романтику у своєму житті, якби не був"

"I see you are laughing. It is horrid of you!"

— Бачу, ти смієшся. Це жахливо з твого боку!»

"I am not laughing, Dorian; at least I am not laughing at you"

— Я не сміюся, Доріане; принаймні я не сміюся з тебе"

"But you should not say the greatest romance of your life"

«Але не варто говорити про найбільшу романтику у своєму житті»

"You should say the first romance of your life"

«Ви повинні сказати перший роман у своєму житті»

"You will always be loved"

«Тебе завжди будуть любити»

"and you will always be in love with love"

«І ти завжди будеш закохана в любов»

"A grande passion is the privilege of people who have nothing to do"

«Грандіозна пристрасть – це привілей людей, яким нема чого робити»

"That is the one use of the idle classes of a country"

«Це єдине використання бездіяльних класів країни»

"Don't be afraid, there are exquisite things in store for you"

«Не бійся, на тебе чекають вишукані речі»

"This is merely the beginning"

«Це лише початок»

"Do you think my nature so shallow?" cried Dorian Gray angrily

«Невже ти думаєш, що моя натура така поверхнева?» — сердито вигукнув Доріан Грей

"No; I think your nature so deep"

— Ні. Я думаю, що твоя природа така глибока»

"How do you mean?"

— Як ти маєш на увазі?

"My dear boy, the people who love only once in their lives are really the shallow people"

«Любий мій хлопчику, люди, які люблять лише раз у житті, насправді є неглибокими людьми»

"What they call loyalty and fidelity, I call lethargy of custom and lack of imagination"

«Те, що вони називають вірністю і вірністю, я називаю млявістю звичаїв і відсутністю уяви»

"Faithfulness is to the emotional life what consistency is to the life of the intellect"

«Вірність – це те саме, що послідовність для життя інтелекту»

"that is to say, simply a confession of failure"

«Тобто просто визнання невдачі»

"Faithfulness! I must analyse it someday"

"Вірність! Я мушу колись це проаналізувати»

"The passion for property is in it"

«У ньому пристрасть до власності»

"There are many things that we would throw away"

«Є багато речей, які ми б викинули»

"we would throw them away if we were not afraid that others might pick them up"

«Ми б їх викинули, якби не боялися, що їх можуть забрати інші»

"But I don't want to interrupt you"

"Але я не хочу вас перебивати"
"Go on with your story"
«Продовжуй свою розповідь»

"Well, I found myself seated in a horrid little private box"
«Ну, я опинився в жахливій маленькій приватній коробці»

"a vulgar drop-scene was staring me in the face"
«Вульгарна дроп-сцена дивилася мені в обличчя»

"I looked out from behind the curtain and surveyed the house"
«Я визирнув з-за фіранки і оглянув будинок»

"It was a tawdry affair"
«Це була непристойна справа»

"all Cupids and cornucopias, like a third-rate wedding-cake"
«всі Купідони і роги достатку, як третьосортний весільний торт»

"The gallery and pit were fairly full"
«Галерея і яма були досить заповнені»

"but the two rows of dingy stalls were quite empty"
«Але два ряди брудних кіосків були зовсім порожніми»

"and there was hardly a person in what I suppose they called the dress-circle"
"І навряд чи була людина в тому, що, мабуть, вони називали сукнею-колом"

"Women went about with oranges and ginger-beer"
«Жінки ходили з апельсинами та імбирним пивом»

"and there was a terrible consumption of nuts going on"
«І відбувалося жахливе споживання горіхів»

"It must have been just like the palmy days of the British drama"
«Мабуть, це було так само, як у бліді дні британської драми»

"Just like that, I should fancy, and very depressing"
"Просто так, я б хотів, і дуже депресивно"

"I began to wonder what on earth I should do when I caught sight of the play-bill"
«Я почав думати, що мені робити, коли побачив афішу»

"What do you think the play was, Harry?"
— Як ти гадаєш, що це за п'єса, Гаррі?

"I would think; The Idiot Boy, or Dumb but Innocent"
"Я б подумав; Хлопчик-ідіот, або Тупий, але невинний»

"Our fathers used to like that sort of piece, I believe"
«Я вважаю, що наші батьки любили такі твори»

"The longer I live, Dorian, the more keenly I feel it"
«Чим довше я живу, Доріане, тим гостріше це відчуваю»

**"whatever was good enough for our fathers is not good enough for

- 112 -

us"
«Усе, що було добре для батьків наших, недостатньо добре для нас»

"In art, as in politics, les grandpères ont toujours tort"
«У мистецтві, як і в політиці, les grandpères ont toujours tort»

"This play was good enough for us, Harry"
"Ця п'єса була досить хорошою для нас, Гаррі"

"It was Romeo and Juliet"
"Це були Ромео і Джульєтта"

"I must admit that I was rather annoyed at the idea at first"
«Мушу зізнатися, що спочатку мене дуже дратувала ця ідея»

"I couldn't bear seeing Shakespeare done in such a wretched hole of a place"
«Я не міг стерпіти, коли бачив Шекспіра в такій жалюгідній дірі»

"Still, I felt interested, in a sort of way"
«І все-таки мені було цікаво, певним чином»

"At any rate, I determined to wait for the first act"
«У всякому разі, я вирішив дочекатися першого акту»

"There was a dreadful orchestra"
«Був страшний оркестр»

"the orchestra was presided over by a young man sat at a cracked piano"
«Оркестром керував молодий чоловік, який сидів за тріснутим фортепіано»

"the piano nearly drove me away"
«Піаніно ледь не прогнало мене»

"but at last the drop-scene was drawn up and the play began"
«Але нарешті була складена дроп-сцена і п'єса почалася»

"Romeo was a stout elderly gentleman, with corked eyebrows"
«Ромео був кремезним літнім джентльменом, з коркованими бровами»

"a husky tragedy voice, and a figure like a beer-barrel"
«Хрипкий трагічний голос і постать, схожа на пивну бочку»

"Mercutio was almost as bad"
«Меркуціо був майже таким же поганим»

"He was played by the low-comedian"
«Його зіграв комік»

"he introduced gags of his own"
«Він ввів власні приколи»

"and he was on most friendly terms with the pit"
"І він був у найдружніших стосунках з ямою"

"They were both as grotesque as the scenery"
«Вони обидва були такими ж гротескними, як і декорації»
"and the scenery looked as if it had come out of a country-booth"
«І краєвид виглядав так, наче вийшов із сільського будки»
"But Juliet! Harry, imagine a girl, hardly seventeen years of age"
— Але ж, Джульєтта! Гаррі, уяви собі дівчину, якій ледве виповнилося сімнадцять років"
"a little, flowerlike face, a small Greek head with plaited coils of dark-brown hair"
«маленьке, схоже на квіточку личко, маленька грецька голівка з заплетеними клубочками темно-каштанового волосся»
"eyes that were violet wells of passion"
«Очі, що були фіолетовими криницями пристрасті»
"lips that were like the petals of a rose"
«Губи, що були, як пелюстки троянди»
"She was the loveliest thing I have ever seen in my life"
«Вона була найпрекраснішою річчю, яку я коли-небудь бачив у своєму житті»
"You said to me once that pathos left you unmoved"
«Ти сказав мені одного разу, що пафос залишив тебе незворушним»
"but you said that beauty, mere beauty, could fill your eyes with tears"
— Але ж ти сказала, що краса, проста краса, може наповнити твої очі сльозами.
"I tell you, Harry, I could hardly see this girl for the mist of tears that came across me"
— Кажу тобі, Гаррі, я ледве бачив цю дівчину через туман сліз, що натрапив на мене.
"And her voice—I never heard such a voice"
— А її голосу — такого голосу я ніколи не чув.
"her voice was very low at first"
«Спочатку її голос був дуже низьким»
"she had deep mellow notes that seemed to fall singly upon one's ear"
«У неї були глибокі м'які ноти, які, здавалося, поодиноко падали на вухо»
"Then it became a little louder, and sounded like a flute or a distant choir boy"
«Потім стало трохи голосніше, і зазвучало, як флейта або далекий хорист»

"then came the garden-scene, and her voice evolved more"
«Потім з'явилася сцена в саду, і її голос ще більше еволюціонував»
"her voice had all the tremulous ecstasy that one hears just before dawn when nightingales are singing"
«У її голосі був весь той трепетний екстаз, який можна почути перед світанком, коли співають солов'ї»
"There were moments, later on, when it had the wild passion of violins"
«Пізніше були моменти, коли в ньому була дика пристрасть скрипок»
"You know how a voice can stir one"
«Ти знаєш, як голос може збудити»
"Your voice and the voice of Sibyl Vane are two things that I shall never forget"
«Твій голос і голос Сібіл Вейн — це дві речі, які я ніколи не забуду»
"When I close my eyes, I hear them"
«Коли я заплющую очі, я їх чую»
"and each of them says something different"
І кожен з них говорить щось своє»
"I don't know which to follow"
"Я не знаю, за ким іти"
"Why should I not love her?"
— Чому б мені її не полюбити?
"Harry, I do love her"
"Гаррі, я її люблю"
"She is everything to me in life"
«Вона для мене все в житті»
"Night after night I go to see her play"
«Ніч за ніччю я йду подивитися, як вона грає»
"One evening she is Rosalind, and the next evening she is Imogen"
«Одного вечора вона — Розалінда, а наступного вечора — Імоджен»
"I have seen her die in the gloom of an Italian tomb, sucking the poison from her lover's lips"
«Я бачив, як вона вмирала в темряві італійської гробниці, висмоктуючи отруту з губ свого коханого»
"I have watched her wandering through the forest of Arden"
«Я бачив, як вона блукає лісом Арден»
"I have seen her disguised as a pretty boy in hose and doublet and

dainty cap"
«Я бачив її переодягненою в гарненького хлопчика в рукаві, дублеті та вишуканому ковпачку»
"She has been mad, and has come into the presence of a guilty king"
«Вона збожеволіла і прийшла до винного царя»
"and she has given him rue to wear and bitter herbs to taste of"
«І дала йому руту на носіння і гіркі трави на смак»
"She has been innocent"
«Вона була невинною»
"and the black hands of jealousy have crushed her reedlike throat"
«І чорні руки ревнощів розчавили їй очеретяне горло»
"I have seen her in every age and in every costume"
«Я бачив її в будь-якому віці і в кожному костюмі»
"Ordinary women never appeal to one's imagination"
«Звичайні жінки ніколи не звертаються до своєї уяви»
"They are limited to their century"
«Вони обмежені своїм століттям»
"No glamour ever transfigures them"
«Жоден гламур ніколи не змінює їх»
"One knows their minds as easily as one knows their bonnets"
«Людина знає свій розум так само легко, як і свої капелюшки»
"One can always find them"
«Їх завжди можна знайти»
"There is no mystery in any of them"
«У жодному з них немає таємниці»
"They ride in the park in the morning and chatter at tea-parties in the afternoon"
«Вранці вони катаються в парку, а вдень базікають на чаюванні»
"They have their stereotyped smile and their fashionable manner"
«У них є своя стереотипна посмішка і своя модна манера»
"They are quite obvious"
"Вони цілком очевидні"
"But an actress! How different an actress is!"
— Але ж актриса! Яка ж інша актриса!»
"Harry! why didn't you tell me that the only thing worth loving is an actress?"
— Гаррі! Чому ви не сказали мені, що єдине, що варто любити, – це актриса?»
"Because I have loved so many of them, Dorian"
— Бо я так багато з них любив, Доріане.

"Oh, yes, horrid people with dyed hair and painted faces"
«Ах, так, жахливі люди з фарбованим волоссям і намальованими обличчями»
"Don't run down dyed hair and painted faces"
«Не стікайте по фарбованому волоссю і нафарбованим обличчям»
"There is an extraordinary charm in them, sometimes," said Lord Henry
— Іноді в них є надзвичайна чарівність, — сказав лорд Генрі
"I wish now I had not told you about Sibyl Vane"
— Шкода, що не розповів тобі про Сібіл Вейн.
"You could not have helped telling me, Dorian"
— Ти не міг не сказати мені, Доріане.
"All through your life you will tell me everything you do"
«Все життя ти будеш розповідати мені все, що робиш»
"Yes, Harry, I believe that is true"
"Так, Гаррі, я вірю, що це правда"
"I cannot help telling you things"
«Я не можу не сказати вам дещо»
"You have a curious influence over me"
«Ти маєш на мене дивний вплив»
"If I ever did a crime, I would come and confess it to you"
«Якби я коли-небудь вчинив злочин, я б прийшов і зізнався вам у цьому»
"You would understand me"
"Ви б мене зрозуміли"
"People like you, the wilful sunbeams of life, don't commit crimes, Dorian"
"Такі, як ти, свавільні сонячні промені життя, не чиніть злочинів, Доріане"
"But I am much obliged for the compliment, all the same"
"Але я все одно дуже вдячний за комплімент"
"And now tell me like a good boy, what are your actual relations with Sibyl Vane?"
— А тепер скажи мені, як хорошому хлопчику, які твої справжні стосунки з Сібіл Вейн?
he lit a cigarette in preparation for the story
Він запалив сигарету, готуючись до розповіді
Dorian Gray leaped to his feet, with flushed cheeks and burning eyes
Доріан Грей схопився на ноги з розчервонілими щоками і

палаючими очима
"Harry! Sibyl Vane is sacred!"
— Гаррі! Сибіла Вейн священна!»
"It is only the sacred things that are worth touching, Dorian," said Lord Henry
— Тільки до святих речей варто торкатися, Доріане, — сказав лорд Генрі
there was a strange touch of pathos in his voice
У його голосі відчувався дивний відтінок пафосу
"But why should you be annoyed?"
— Але чому ти маєш дратуватися?
"I suppose she will belong to you someday"
«Гадаю, колись вона належатиме тобі»
"When one is in love, one always begins by deceiving one's self"
«Коли людина закохана, вона завжди починає з обману себе»
"and one always ends by deceiving others"
«І один завжди закінчує тим, що обманює інших»
"That is what the world calls a romance"
«Це те, що світ називає романом»
"You know her, at any rate, I suppose?"
— У всякому разі, ви її знаєте?
"Of course I know her"
"Звичайно, я її знаю"
"I met her on the first night that I was at the theatre"
«Я познайомився з нею в першу ніч, коли був у театрі»
"the horrid old man came round to the box after the performance was over"
«Жахливий старий підійшов до ложі після закінчення вистави»
"he offered to take me behind the scenes and introduce me to her"
«Він запропонував провести мене за лаштунки і познайомити з нею»
"I was furious with him, and told him that Juliet had been dead for hundreds of years"
«Я розлютився на нього і сказав йому, що Джульєтта мертва вже сотні років»
"I told him that her body was lying in a marble tomb in Verona"
«Я сказав йому, що її тіло лежить у мармуровій гробниці у Вероні»
"there was a blank look of amazement over his face"
«На його обличчі був порожній вираз подиву»
"he must have been under the impression that I had taken too

much champagne, or something"

"У нього, мабуть, склалося враження, що я випив занадто багато шампанського, чи щось таке"

"I am not surprised"

"Я не здивований"

"Then he asked me if I wrote for any of the newspapers"

«Потім він запитав мене, чи пишу я для якоїсь газети»

"I told him I never even read them"

«Я сказала йому, що навіть ніколи їх не читала»

"He seemed terribly disappointed at that"

«Він здавався страшенно розчарованим цим»

"and he confided to me that all the dramatic critics were in a conspiracy against him"

«І він зізнався мені, що всі драматичні критики були в змові проти нього»

"and he told me that every critic could be bought"

«І він сказав мені, що будь-якого критика можна купити»

"I should not wonder if he was quite right there"

"Я не повинен дивуватися, що він був цілком правий"

"But, on the other hand, judging from their appearance, most of them cannot be at all expensive"

Але, з іншого боку, судячи з їх зовнішнього вигляду, більшість з них зовсім не можуть бути дорогими»

"Well, he seemed to think they were beyond his means," laughed Dorian

— Ну, він, здається, думав, що вони йому не по кишені, — засміявся Доріан

"By this time, however, the lights were being put out in the theatre, and I had to go"

«Але в цей час у театрі вже погасили світло, і мені треба було йти»

"He wanted me to try some cigars that he strongly recommended, but I declined"

«Він хотів, щоб я спробував кілька сигар, які він настійно рекомендував, але я відмовився»

"The next night, of course, I arrived at the place again"

«Наступної ночі, звичайно, я знову приїхав на місце»

"When he saw me, he made me a low bow"

«Побачивши мене, він низько вклонився мені»

"and he assured me that I was a munificent patron of art"

«І він запевнив мене, що я щедрий меценат»

"He was a most offensive brute, though he had an extraordinary passion for Shakespeare"

«Він був найобразливішим звіром, хоча мав надзвичайну пристрасть до Шекспіра»

"He told me once, with an air of pride, that his five bankruptcies were entirely due to The Bard"

«Одного разу він сказав мені з гордістю, що його п'ять банкрутств були повністю пов'язані з The Bard»

"and he insisted on calling him that"

І він наполягав на тому, щоб його так називати.

"He seemed to think it a distinction"

«Здавалося, він вважав це відмінністю»

"It was a distinction, my dear Dorian—a great distinction"

— Це була відзнака, мій любий Доріане, велика відзнака.

"Most people become bankrupt through having invested too heavily in the prose of life"

«Більшість людей стають банкрутами через те, що вклали занадто багато грошей у прозу життя»

"To have ruined one's self over poetry is an honour"

«Занапастити себе над поезією – це честь»

"But when did you first speak to Miss Sibyl Vane?"

— Але коли ви вперше заговорили з міс Сібіл Вейн?

"The third night"

"Третя ніч"

"She had been playing Rosalind"

«Вона грала Розалінду»

"I could not help going round"

«Я не міг не обійти»

"I had thrown her some flowers, and she had looked at me"

«Я кинув їй квіти, а вона подивилася на мене»

"at least, I fancied that she had looked at me"

"Принаймні, мені здалося, що вона подивилася на мене"

"The old man was persistent"

«Старий був наполегливий»

"He seemed determined to take me behind the stage, so I consented"

«Здавалося, він вирішив забрати мене за сцену, тому я погодився»

"It was curious my not wanting to know her, wasn't it?"

— Цікаво, що я не хочу її знати, чи не так?

"No; I don't think so"

— Ні. Я так не вважаю"

"My dear Harry, why?"

— Любий Гаррі, чому?

"I will tell you some other time"

«Я розповім вам іншим разом»

"Now I want to know about the girl"

"Тепер я хочу дізнатися про дівчину"

"Sibyl? Oh, she was so shy and so gentle"

— Сибіла? О, вона була така сором'язлива і така ніжна"

"There is something of a child about her"

«У ній є щось від дитини»

"Her eyes opened wide in exquisite wonder when I told her what I thought of her performance"

«Її очі широко розплющилися від вишуканого подиву, коли я сказав їй, що думаю про її виступ»

"and she seemed quite unconscious of her power"

"І вона, здавалося, зовсім не усвідомлювала своєї сили"

"I think we were both rather nervous"

«Я думаю, що ми обоє досить нервували»

"The old man stood grinning at the doorway of the dusty greenroom"

«Старий стояв, усміхаючись, біля дверей запиленої зеленої кімнати»

"he made elaborate speeches about us both"

«Він виголошував вишукані промови про нас обох»

"and we stood looking at each other like children"

«І ми стояли і дивилися один на одного, як діти»

"He insisted on calling me My Lord"

«Він наполягав на тому, щоб називати мене Моїм Господом»

"so I had to assure Sibyl that I was not anything of the kind"

— Тож я мусив запевнити Сібілу, що я не такий.

"She said quite simply to me, 'You look more like a prince'"

"Вона сказала мені досить просто: "Ти більше схожий на принца"

'I must call you Prince Charming'

«Я мушу назвати тебе чарівним принцом»

"Upon my word, Dorian, Miss Sibyl knows how to pay compliments"

— На моє слово, Доріане, міс Сібіл вміє робити компліменти.

"You don't understand her, Harry"

— Ти її не розумієш, Гаррі.

"She regarded me merely as a person in a play"

«Вона дивилася на мене лише як на людину в п'єсі»
"She knows nothing of life"
«Вона нічого не знає про життя»
"She lives with her mother, a faded tired woman"
«Вона живе з матір'ю, зів'ялою втомленою жінкою»
"her mother played Lady Capulet in a sort of magenta dressing-wrapper on the first night"
«Її мати в першу ніч грала леді Капулетті в якійсь пурпуровій обгортці»
"and she looks as if she had seen better days"
«І вона виглядає так, ніби бачила кращі дні»
"I know that look. It depresses me," murmured Lord Henry, examining his rings
"Я знаю цей погляд. Мене це пригнічує, — пробурмотів лорд Генрі, розглядаючи свої персні
"The man wanted to tell me her history"
«Чоловік хотів розповісти мені свою історію»
"but I said it did not interest me"
"Але я сказала, що мене це не цікавить"
"You were quite right"
"Ви мали рацію"
"There is always something infinitely mean about other people's tragedies"
«У чужих трагедіях завжди є щось нескінченно підле»
"Sibyl is the only thing I care about"
«Сибіла – це єдине, що мене хвилює»
"What is it to me where she came from?"
— Що це для мене, звідки вона взялася?
"From her little head to her little feet, she is absolutely and entirely divine"
«Від своєї маленької голівки до маленьких ніжок вона абсолютно і повністю божественна»
"Every night of my life I go to see her act"
«Кожну ніч свого життя я ходжу подивитися, як вона виступає»
"and every night she is more marvellous"
«І з кожною ніччю вона все прекрасніша»
"That is the reason, I suppose, that you never dine with me now"
— Гадаю, саме тому ти ніколи не обідаєш зі мною.
"I thought you must have some curious romance on hand"
«Я думала, що у тебе, мабуть, є якийсь цікавий роман»
"and you do have a curious romance, but it is not quite what I

expected"
"І у вас є цікавий роман, але він не зовсім такий, як я очікував"
"My dear Harry, we have lunch together every day"
"Мій любий Гаррі, ми щодня обідаємо разом"
"and if we don't have lunch together then we sup together"
«А якщо ми не обідаємо разом, то вечеряємо разом»
"and I have been to the opera with you several times," said Dorian
— А я вже кілька разів був з тобою в опері, — сказав Доріан
and he opened his blue eyes in wonder
І він здивовано розплющив свої блакитні очі
"You always come dreadfully late"
«Ти завжди приходиш жахливо пізно»
"Well, I can't help going to see Sibyl play," he cried
— Ну, я не можу не піти подивитися, як грає Сібіл, — вигукнув він
"even if it is only for a single act of the play"
«Навіть якщо це лише один акт п'єси»
"I get hungry for her presence"
«Я відчуваю голод до її присутності»
"I think of the wonderful soul that is hidden away in that little ivory body"
«Я думаю про чудову душу, яка захована в цьому маленькому тілі зі слонової кістки»
"and the thought fills me with awe"
«І ця думка наповнює мене благоговінням»
"You can dine with me tonight, Dorian, can't you?"
— Ти можеш пообідати зі мною сьогодні ввечері, Доріане, чи не так?
He shook his head
Він похитав головою
"Tonight she is Imogen," he answered, "and tomorrow night she will be Juliet"
— Сьогодні ввечері вона — Імоджен, — відповів він, — а завтра ввечері вона буде Джульєттою.
"When is she Sibyl Vane?"
— Коли вона Сібіл Вейн?
"Never"
"Ніколи"
"I congratulate you"
"Вітаю тебе"
"How horrid you are!"

— Який ти жахливий!

"She is all the great heroines of the world in one"
«Вона всі великі героїні світу в одному»

"She is more than an individual"
«Вона більше, ніж особистість»

"You laugh, but I tell you she has genius"
«Ти смієшся, але я кажу тобі, що вона геніальна»

"I love her, and I must make her love me"
«Я люблю її, і я повинен змусити її полюбити мене»

"You, who know all the secrets of life"
«Ти, хто знає всі таємниці життя»

"tell me how to charm Sibyl Vane to love me!"
— Скажи мені, як зачарувати Сібіл Вейн, щоб вона мене полюбила!

"I want to make Romeo jealous.
"Я хочу змусити Ромео ревнувати.

"I want the dead lovers of the world to hear our laughter and grow sad"
«Я хочу, щоб померлі закохані світу почули наш сміх і засумували»

"I want a breath of our passion to stir their dust into consciousness"
«Я хочу, щоб ковток нашої пристрасті збудив їхній пил у свідомості»

"I want to wake their ashes into pain"
«Я хочу розбудити їхній прах у болю»

"My God, Harry, how I worship her!"
— Боже мій, Гаррі, як я їй поклоняюся!

He was walking up and down the room as he spoke
Він ходив по кімнаті, коли говорив

Hectic spots of red burned on his cheeks
На його щоках горіли червоні плями

He was terribly excited
Він був страшенно схвильований

Lord Henry watched him with a subtle sense of pleasure
Лорд Генрі спостерігав за ним з тонким почуттям задоволення

How different he was now from the shy frightened boy he had met in Basil Hallward's studio!
Як же він відрізнявся тепер від сором'язливого переляканого хлопчика, якого зустрів у майстерні Безіла Холлуорда!

His nature had developed like a flower
Його натура розвивалася, як квітка

a flower that had borne blossoms of scarlet flame
Квітка, що розпустила червоне полум'я
Out of its secret hiding-place had crept his soul
З його потаємної схованки вилізла його душа
and desire had come to meet it on the way
І з'явилося бажання зустріти його на шляху
"And what do you propose to do?" said Lord Henry at last
— А що ви пропонуєте зробити? — спитав нарешті лорд Генрі
"I want you and Basil to come with me some night and see her act"
«Я хочу, щоб ви з Василем пішли зі мною якось увечері і побачили, як вона грає»
"I have not the slightest fear of the result"
«У мене немає ні найменшого страху перед результатом»
"You are certain to acknowledge her genius"
«Ви обов'язково визнаєте її геніальність»
"Then we must get her out of that horrible man's hands"
«Тоді ми повинні вирвати її з рук цього жахливого чоловіка»
"She is bound to him for three years"
«Вона прив'язана до нього на три роки»
"I shall have to pay him something, of course"
«Звичайно, мені доведеться йому щось заплатити»
"When all that is settled, I shall take a West End theatre"
«Коли все це буде вирішено, я візьму театр у Вест-Енді»
"and there I will bring her out properly"
"І там я виведу її як слід"
"She will make the world as mad as she has made me"
«Вона зробить світ таким же божевільним, як і мене»
"That would be impossible, my dear boy"
«Це було б неможливо, мій любий хлопчику»
"Yes, she will"
"Так, вона буде"
She has not merely art, consummate art-instinct, in her
У ній є не просто мистецтво, неперевершений художній інстинкт
but she has personality also
Але у неї є і особистість
"and you have often told me that it is personalities, not principles, that move the age"
«І ви часто говорили мені, що саме особистості, а не принципи, рухають віком»
"Well, what night shall we go?"
— Ну, якої ночі ми підемо?

"Let me see. Today is Tuesday"
— Дай подивитися. Сьогодні вівторок"
"Let us fix tomorrow"
«Давайте завтра виправимо»
She plays Juliet tomorrow."
Завтра вона грає Джульєтту».
"All right. The Bristol at eight o'clock; and I will get dear Basil"
— Гаразд. Брістоль о восьмій годині; І я отримаю дорогого Василя"
"Not eight, Harry, please. Half-past six"
— Не вісім, Гаррі, будь ласка. Пів на шосту"
"We must be there before the curtain rises"
«Ми повинні бути там, поки не піднялася завіса»
"You must see her in the first act, where she meets Romeo"
«Ви повинні побачити її в першому акті, де вона зустрічає Ромео»
"Half-past six! What an hour!"
— Пів на шосту! Оце так година!»
"It will be like having a meat-tea, or reading an English novel"
«Це буде все одно, що випити чаю з м'ясом або прочитати англійський роман»
"It must be at seven. No gentleman dines before seven"
"Це має бути о сьомій. Жоден джентльмен не обідає раніше сьомої»
"Shall you see dear Basil between this and then?"
— Побачиш любого Василя між цим і тоді?
"Or shall I write to him?"
— Чи написати йому?
"Basil Hallward! I have not laid eyes on him for a week"
— Безіл Холлуорд! Я вже тиждень не дивлюся на нього"
"It is rather horrid of me"
"Це досить жахливо з мого боку"
"he has sent me my portrait in the most wonderful frame"
"Він надіслав мені мій портрет у найпрекраснішій рамці"
"the frame he specially designed by himself"
«Каркас він спеціально сконструював сам»
"I am still a little jealous of the picture"
"Я все ще трохи заздрю картині"
my portrait is now whole month younger than I am"
мій портрет тепер на цілий місяць молодший за мене»
"but I must admit that I delight in my portrait"

«Але мушу зізнатися, що я в захваті від свого портрета»
"Perhaps you had better write to him"
«Можливо, вам краще написати йому»
"I don't want to be with him alone"
"Я не хочу бути з ним наодинці"
"He says things that annoy me"
«Він говорить те, що мене дратує»
"He gives me good advice"
«Він дає мені добру пораду»
Lord Henry smiled
Лорд Генрі посміхнувся
"People are very fond of giving away what they need most themselves"
«Люди дуже люблять віддавати те, що їм найбільше потрібно»
"It is what I call the depth of generosity"
«Це те, що я називаю глибиною щедрості»
"Oh, Basil is the best of fellows"
«О, Василь – найкращий з молодців»
"but he seems to me to be just a bit of a Philistine"
«Але мені здається, що він трохи філістимлянин»
"Since I have known you, Harry, I have discovered that"
— Відколи я знаю тебе, Гаррі, я це зрозумів.
"Basil, my dear boy, puts everything that is charming in him into his work"
«Василь, мій любий хлопчику, вкладає в свою роботу все, що в ньому чарівного»
"The consequence is that he has nothing left for life"
«Наслідком цього є те, що у нього нічого не залишилося на все життя»
"all he is left with is his prejudices, his principles, and his common sense"
«Все, що йому залишається, — це його упередження, його принципи та його здоровий глузд»
"The only artists I have ever known who are personally delightful are bad artists"
«Єдині художники, яких я коли-небудь знав, які особисто захоплюються, — це погані художники»
"Good artists exist simply in what they make"
«Хороші художники існують просто в тому, що вони роблять»
"and consequently they are perfectly uninteresting in what they are"

"І, отже, вони абсолютно нецікаві в тому, що вони є"

"A great poet, a really great poet, is the most unpoetic of all creatures"

«Великий поет, справді великий поет – найнепоетичніший з усіх створінь»

"But inferior poets are absolutely fascinating"

«Але нижчі поети абсолютно захоплюючі»

"The worse their rhymes are, the more picturesque they look"

«Чим гірші їхні рими, тим мальовничіше вони виглядають»

"The mere fact of having published a book of second-rate sonnets makes a man quite irresistible"

«Сам факт видання книги другосортних сонетів робить людину досить чарівною»

"He lives the poetry that he cannot write"

«Він живе поезією, яку не може написати»

"The others write the poetry that they dare not realize"

«Інші пишуть вірші, які не наважуються втілити в життя»

"I wonder is that really so, Harry?" said Dorian Gray

— Цікаво, чи це справді так, Гаррі, — сказав Доріан Грей

and he put some perfume on his handkerchief out of a large, gold-topped bottle

І він наніс трохи парфумів на хустку з великої пляшки із золотим верхом

"It must be, if you say it"

"Так має бути, якщо ви це скажете"

"And now I am off"

"А тепер я пішов"

"Imogen is waiting for me"

"Імоджен чекає на мене"

"Don't forget about tomorrow. Good-bye"

"Не забувайте про завтрашній день. До побачення"

As he left the room, Lord Henry's heavy eyelids drooped, and he began to think

Коли він вийшов з кімнати, важкі повіки лорда Генрі опустилися, і він почав думати

Certainly few people had ever interested him so much as Dorian Gray

Звичайно, мало хто коли-небудь цікавив його так сильно, як Доріан Грей

the lad madly adored someone else

Хлопець шалено обожнював когось іншого

and yet it caused him not the slightest pang of annoyance or jealousy
І все ж це не викликало в нього ні найменшого роздратування чи ревнощів

He was pleased by the development
Він залишився задоволений розробкою

It made him a more interesting study
Це зробило його більш цікавим дослідженням

He had been always enthralled by the methods of natural science
Він завжди захоплювався методами природознавства

but the ordinary subject-matter of that science had seemed to him trivial and of no import
Але звичайний предмет цієї науки здавався йому дріб'язковим і не мав ніякого значення

And so he had begun by vivisecting himself, as he had ended by vivisecting others
І тому він почав з вівісекції себе, як він закінчив вівісекцією інших

Human life—that appeared to him the one thing worth investigating
Людське життя — це здавалося йому єдиною річчю, яку варто досліджувати

Compared to it there was nothing else of any value
У порівнянні з ним не було нічого, що мало б якусь цінність

one can watch life in its curious crucible of pain and pleasure
Можна спостерігати за життям у його цікавому горнилі болю та насолоди

but one cannot wear over one's face a mask of glass
Але не можна надягати на обличчя скляну маску

nor could one keep the sulphurous fumes from troubling the brain
Також не можна було вберегти сірчисті пари від занепокоєння мозку

it made the imagination turbid with monstrous fancies and misshapen dreams
Це змушувало уяву каламутіти від жахливих фантазій і спотворених мрій

There were poisons so subtle that to know their properties one had to sicken of them
Існували отрути настільки тонкі, що для того, щоб дізнатися про їх властивості, треба було нудити від них

There were maladies so strange that one had to pass through them
Були такі дивні недуги, що через них треба було пройти

else there was no way of understanding the nature of the maladies
інакше не можна було зрозуміти природу недуг
And, yet, what a great reward one received!
І все ж, яку велику нагороду отримав!
How wonderful the whole world became to one!
Яким прекрасним став цілий світ для одного!
To note the curious hard logic of passion, and the emotional coloured life of the intellect
Відзначити цікаву жорстку логіку пристрасті і емоційно забарвлене життя інтелекту
to observe where they met, and where they separated
спостерігати, де вони зустрілися, а де розійшлися
at what point they were in unison, and at what point they were at discord
В який момент вони були в унісон, а в який – в Discord
there was a delight in that!
Це було в захваті!
hat matter what the cost was?
Неважливо, скільки коштувало?
One could never pay too high a price for any sensation
Ніколи не можна платити занадто високу ціну за будь-яку сенсацію
He was conscious, and the thought brought a gleam of pleasure into his brown agate eyes
Він був у свідомості, і ця думка принесла блиск задоволення в його карі агатові очі
through certain musical words of his, Dorian Gray's soul had turned to this white girl
Через деякі його музичні слова душа Доріана Грея звернулася до цієї білої дівчини
words said with musical utterance bowed Dorian in worship before her
слова, сказані музичним звучанням, схилили Доріана перед нею в поклонінні
To a large extent the lad was his own creation
Значною мірою хлопець був його власним творінням
He had made him premature, that was part of it
Він зробив його недоношеним, це було частиною цього
Ordinary people waited till life disclosed to them its secrets
Прості люди чекали, поки життя відкриє їм свої таємниці
but to the few, to the elect, the mysteries of life are revealed before

the veil has been drawn away
Але небагатьом, обраним, таємниці життя відкриваються ще до того, як завіса буде знята
Sometimes this was the effect of art
Іноді це був ефект мистецтва
mainly the art of literature deals directly with the passions and the intellect
Головним чином літературне мистецтво має справу безпосередньо з пристрастями та інтелектом
But now and then a complex personality takes the place of art
Але час від часу на зміну мистецтву приходить складна особистість
life too has its elaborate masterpieces
У житті теж є свої хитромудрі шедеври
just as poetry has, or sculpture, or painting have their masterpieces
Так само, як і поезія, або скульптура, або живопис мають свої шедеври
Yes, the lad was premature
Так, хлопець був передчасним
He was gathering his harvest while it was yet spring
Він збирав свій урожай, коли була ще весна
The pulse and passion of youth were in him
Пульс і пристрасть юності були в ньому
but he was becoming self-conscious
Але він починав соромитися себе
It was delightful to watch him
Було приємно спостерігати за ним
his beautiful face and soul were things to wonder at
Його прекрасне обличчя і душа викликали подив
It was no matter how it all ended, or was destined to end
Неважливо, чим це все закінчиться, чи судилося закінчитися
He was like one of those gracious figures in a pageant or a play
Він був схожий на одну з тих милостивих постатей на виставі чи виставі
their joys seem to be remote from one
Їхні радощі здаються далекими від одного
but their sorrows stir one's sense of beauty
Але їхні печалі збуджують почуття прекрасного
and their wounds are like red roses
І рани їхні, як червоні троянди
Soul and body, body and soul—how mysterious they were!

Душа і тіло, тіло і душа — якими загадковими вони були!
There was animalism in the soul
В душі було тваринництво
and the body had its moments of spirituality
І тіло мало свої моменти духовності
The senses could refine, and the intellect could degrade
Чуття можуть вдосконалюватися, а інтелект деградувати
Who could say where the fleshly impulse ceased, or the psychical impulse began?
Хто міг би сказати, де припинився плотський порив або почався душевний?
How shallow were the arbitrary definitions of ordinary psychologists!
Якими ж поверхневими були довільні визначення звичайних психологів!
And yet how difficult to decide between the claims of the various schools!
І все ж, як важко вибрати між претензіями різних шкіл!
Was the soul a shadow seated in the house of sin?
Чи була душа тінню в домі гріха?
Or was the body really in the soul, as Giordano Bruno thought?
Або тіло дійсно було в душі, як вважав Джордано Бруно?
The separation of spirit from matter was a mystery
Відокремлення духу від матерії було таємницею
and the union of spirit with matter was a mystery also
І з'єднання духу з матерією також було таємницею
He began to wonder whether we could ever make an absolute psychology
Він почав замислюватися, чи зможемо ми коли-небудь створити абсолютну психологію
a psychology so absolute a science that each little spring of life would be revealed to us
Психологія настільки абсолютна наука, що кожна маленька весьма життя відкрилася б нам
As psychology was, we always misunderstood ourselves and rarely understood others
Як і психологія, ми завжди неправильно розуміли себе і рідко розуміли інших
Experience was of no ethical value
Досвід не мав етичної цінності
Experience was merely the name men gave to their mistakes

Досвід був лише ім'ям, яке люди давали своїм помилкам

Moralists had, as a rule, regarded experience as a mode of warning

Моралісти, як правило, розглядали досвід як спосіб попередження

they had claimed experience had certain ethical efficacy in the formation of character

Вони стверджували, що досвід має певну етичну ефективність у формуванні характеру

they had praised experience as something that taught us what to follow

Вони вихваляли цей досвід як щось, що навчило нас, чого наслідувати

and experience showed us what to avoid

І досвід показав нам, чого слід уникати

But there was no motive power in experience

Але в досвіді не було рушійної сили

It was as little of an active cause as conscience itself

Це була така ж активна справа, як і сама совість

All that experience really demonstrated was that our future would be the same as our past

Все, що цей досвід дійсно продемонстрував, це те, що наше майбутнє буде таким же, як і наше минуле

and it demonstrated that the sin we had done once with loathing we would do many times with joy

І це показало, що гріх, який ми колись вчинили з ненавистю, ми будемо робити багато разів з радістю

It was clear to him that the experimental method was the only method for the task

Йому було ясно, що експериментальний метод є єдиним методом для вирішення поставленого завдання

it was the only method by which one could arrive at any scientific analysis of the passions

Це був єдиний метод, за допомогою якого можна було прийти до будь-якого наукового аналізу пристрастей

and certainly Dorian Gray was a subject made to for his curiosities

і, безперечно, Доріан Грей був об'єктом для його цікавості

he seemed to promise rich and fruitful results

Здавалося, що він обіцяє багаті та плідні результати

His sudden mad love for Sibyl Vane was a psychological phenomenon of no small interest

Його раптове божевільне кохання до Сібіл Вейн було

психологічним феноменом, що представляв неабиякий інтерес
There was no doubt that curiosity had much to do with it
Не було сумніву, що цікавість має до цього багато спільного
curiosity and the desire for new experiences
допитливість і прагнення до нових вражень
yet it was not a simple, but rather a very complex passion
Але це була не проста, а скоріше дуже складна пристрасть
What there was in his passion of the purely sensuous instinct of boyhood had been transformed
Те, що було в його пристрасті чисто чуттєвого інстинкту хлоп'ячості, перетворилося
his boyhood had been transformed by the workings of the imagination
Його дитинство було змінено роботою уяви
it had changed into something that seemed to the lad himself to be remote from sense
Вона перетворилася на щось, що самому хлопцеві здавалося далеким від глузду
because of that very reason it was all the more dangerous
Саме з цієї причини це було ще небезпечніше
It was the passions about whose origin we deceived ourselves that tyrannized most strongly over us
Саме пристрасті, про походження яких ми себе обманювали, тиранили нас найсильніше
Our weakest motives were those of whose nature we were conscious
Найслабшими мотивами були ті, природу яких ми усвідомлювали
It often happened that when we thought we were experimenting on others
Часто траплялося, що коли ми думали, що експериментуємо над іншими
really we were experimenting on ourselves
Насправді ми експериментували над собою
While Lord Henry sat dreaming on these things, a knock came to the door
Поки лорд Генрі сидів і мріяв про це, у двері постукали
his valet entered and reminded him it was time to dress for dinner
Увійшов камердинер і нагадав йому, що пора одягатися на вечерю
He got up and looked out into the street

Він підвівся і подивився на вулицю

The sunset had smitten into scarlet gold the upper windows of the houses opposite

Захід сонця вразив червоним золотом верхні вікна будинків навпроти

The panes glowed like plates of heated metal

Шибки світилися, як пластини з нагрітого металу

The sky above was like a faded rose

Небо вгорі було схоже на зів'ялу троянду

He thought of his friend's young fiery-coloured life and wondered how it was all going to end

Він думав про молоде вогняне життя свого друга і думав, чим усе закінчиться

When he arrived home, about half-past twelve o'clock, he saw a telegram lying on the hall table

Прийшовши додому, десь о пів на дванадцяту, він побачив телеграму, що лежала на столі в передпокої

He opened it and found it was from Dorian Gray

Він відкрив її і виявив, що вона належить Доріану Грею

the telegram told him that Dorian was engaged to be married to Sibyl Vane

телеграма повідомляла йому, що Доріан заручений, щоб одружитися з Сибілою Вейн

Chapter Five
Розділ п'ятий

she buried her face in the lap of the faded, tired-looking woman
Вона сховала своє обличчя на колінах зів'ялої, втомленої жінки

"Mother, Mother, I am so happy!" whispered the girl
«Мамо, мамо, я така щаслива!» — прошепотіла дівчинка

she was sitting in the one arm-chair that their dingy sitting-room contained
Вона сиділа в одному кріслі, яке містилося в їхній темній вітальні

her back was turned to the shrill intrusive light
Вона була повернута спиною до пронизливого нав'язливого світла

"I am so happy!" she repeated, "and you must be happy, too!"
— Я така щаслива, — повторювала вона, — і ти, мабуть, теж щаслива!

Mrs. Vane winced and put her thin, bismuth-whitened hands on her daughter's head
Місіс Вейн поморщилася і поклала свої тонкі, побілілі вісмутом руки на голову дочки

"Happy!" she echoed, "I am only happy, Sibyl, when I see you on stage"
— Щаслива, — повторила вона, — я щаслива тільки тоді, коли бачу тебе на сцені.

"You must not think of anything but your acting"
«Ви не повинні думати ні про що, крім своєї акторської гри»

"Mr. Isaacs has been very good to us, and we owe him money"
«Містер Айзекс дуже добре ставився до нас, і ми винні йому гроші»

The girl looked up and pouted
Дівчина підвела очі і надулася

"Money, Mother?" she cried, "what does money matter?"
— Гроші, мамо?— скрикнула вона.— Яке значення мають гроші?

"Love is more than money"
«Любов – це більше, ніж гроші»

"Mr. Isaacs has advanced us fifty pounds to pay off our debts"
"Містер Айзекс авансував нам п'ятдесят фунтів стерлінгів, щоб погасити наші борги"

"and we can get a proper outfit for James"
"І ми можемо придбати належне вбрання для Джеймса"

"You must not forget that, Sibyl"
— Ти не повинна забувати про це, Сібіл.

"Fifty pounds is a very large sum"
«П'ятдесят фунтів – це дуже велика сума»
"Mr. Isaacs has been most considerate"
«Містер Айзекс був дуже уважним»
the girl, raised to her feet and went over to the window
Дівчинка піднялася на ноги і підійшла до вікна
"He is not a gentleman, Mother, and I hate the way he talks to me"
— Він не джентльмен, мамо, і я ненавиджу, як він зі мною розмовляє.
"I don't know how we could manage without him," answered the elder woman querulously
— Не знаю, як би ми без нього обійшлися, — запитально відповіла старша жінка
Sibyl Vane tossed her head and laughed
Сібіл Вейн закинула головою і засміялася
"We don't want him anymore, Mother"
«Ми більше не хочемо його, мамо»
"Prince Charming rules life for us now." Then she paused
«Чарівний принц тепер керує життям для нас». Потім вона зробила паузу
A rose shook in her blood and shadowed her cheeks
Троянда тремтіла в її крові і затінювала щоки
Quick breath parted the petals of her lips. They trembled.
Швидкий подих розсунув пелюстки її губ. Вони тремтіли.
Some southern wind of passion swept over her and stirred the dainty folds of her dress
Якийсь південний вітер пристрасті проніс ся над нею і заворушив вишукані складки її сукні
"I love him," she said simply
— Я люблю його, — просто сказала вона
"Foolish child! foolish child!" was the parrot-phrase flung in answer
— Дурна дитина! Дурна дитина!» — такою була фраза-папуга, кинута у відповідь
The waving of crooked, false-jewelled fingers gave grotesqueness to the words
Помахи кривих, фальшивих коштовностей пальців надавали гротескності словам
The girl laughed again
Дівчина знову засміялася
The joy of a caged bird was in her voice

Радість пташки в клітці була в її голосі
Her eyes caught the melody and echoed it in radiance
Її очі вловлювали мелодію і відлунювали її в сяйві
then her eyes closed for a moment, as though to hide their secret
Потім її очі на мить заплющилися, ніби хотіли приховати свою таємницю
When her eyes opened, the mist of a dream had passed across them
Коли її очі розплющилися, туман сну пройшов по них
Thin-lipped wisdom spoke at her from the worn chair, hinted at prudence
Тонкогуба мудрість говорила на неї з потертого крісла, натякала на розсудливість
quoted from that book of cowardice
цитата з книги боягузтва
the author apes the name of common sense
Автор мавпує ім'я здорового глузду
She did not listen. She was free in her prison of passion
Вона не слухала. Вона була вільна у своїй в'язниці пристрасті
Her prince, Prince Charming, was with her
З нею був її принц, прекрасний принц
She had called on memory to remake him
Вона закликала пам'ять переробити його
She had sent her soul to search for him, and it had brought him back
Вона послала свою душу шукати його, і це повернуло його назад
His kiss burned again upon her mouth
Його поцілунок знову запалав її вуста
Her eyelids were warm with his breath
Її повіки були теплі від його дихання
Then wisdom altered its method and spoke of espial and discovery
Тоді мудрість змінила свій метод і заговорила про шпигунство і відкриття
This young man might be rich
Цей юнак може бути багатим
If so, marriage should be thought of
Якщо так, то слід подумати про шлюб
Against the shell of her ear broke the waves of worldly cunning
Об раковину її вуха розбивалися хвилі мирської хитрості
The arrows of craftsmanship shot by her
Стріли майстерності, випущені нею
She saw the thin lips moving, and smiled

Вона побачила, як ворушаться тонкі губи, і посміхнулася

Suddenly she felt the need to speak

Раптом вона відчула потребу говорити

The wordy silence troubled her

Багатослівна тиша стривожила її

"Mother, Mother," she cried, "why does he love me so much?"

— Мамо, мамо, — скрикнула вона, — чому він мене так любить?

"I know why I love him"

«Я знаю, за що люблю його»

"I love him because he is like what love itself should be"

«Я люблю його, тому що він такий, яким має бути сама любов»

"But what does he see in me?"

— Але що він бачить у мені?

"I am not worthy of him"

«Я недостойний його»

"And yet—why, I cannot tell—though I feel so much beneath him"

— І все-таки — чому, я не можу сказати — хоча я так почуваюся під ним.

"I don't feel humble"

«Я не почуваюся смиренним»

"I feel proud, terribly proud"

«Я відчуваю гордість, страшенно гордість»

"Mother, did you love my father as I love Prince Charming?"

— Мамо, ти любила мого батька так, як я люблю чарівного принца?

The elder woman grew pale beneath the coarse powder that daubed her cheeks

Старша жінка зблідла під грубим порошком, що обмазував її щоки

and her dry lips twitched with a spasm of pain

І її сухі губи сіпнулися від спазму болю

Sybil rushed to her, flung her arms round her neck, and kissed her

Сибіла кинулася до неї, обняла її за шию і поцілувала

"Forgive me, Mother"

«Прости мене, мамо»

"I know it pains you to talk about our father"

«Я знаю, що тобі боляче говорити про нашого батька»

"But it only pains you because you loved him so much"

«Але тобі боляче тільки від того, що ти його так любила»

"Don't look so sad"

"Не дивись так сумно"

"I am as happy today as you were twenty years ago"
«Сьогодні я такий же щасливий, як і ти двадцять років тому»
"Ah! let me be happy forever!"
— Ах! Дай мені бути щасливим вічно!»
"My child, you are far too young to think of falling in love"
«Дитино моя, ти занадто мала, щоб думати про те, щоб закохатися»
"Besides, what do you know of this young man?"
— Крім того, що ви знаєте про цього юнака?
"You don't even know his name"
«Ви навіть не знаєте його імені»
"The whole thing is most inconvenient"
"Все це дуже незручно"
"and really, why did you have to fall in love when James is going away to Australia"
"І справді, навіщо вам було закохуватися, коли Джеймс їде в Австралію?"
"and I have so much to think of"
"І мені є про що подумати"
"I must say that you should have shown more consideration"
«Мушу сказати, що вам слід було проявити більше уваги»
"However, as I said before, if he is rich ..."
«Однак, як я вже говорив раніше, якщо він багатий ...»
"Ah! Mother, Mother, let me be happy!"
— Ах! Мамо, мамо, дай мені бути щасливою!»
Mrs. Vane glanced at her with and clasped her in her arms
Місіс Вейн глянула на неї і обійняла її
one of those false theatrical gestures that so often become a mode of second nature to a stage-player
Один з тих фальшивих театральних жестів, які так часто стають модусом другої натури для сценічного гравця
At this moment, the door opened and a young lad with rough brown hair came into the room
У цей момент двері відчинилися і до кімнати зайшов молодий хлопець з грубим каштановим волоссям
He was thick-set of figure, and his hands and feet were large and somewhat clumsy in movement
Він був товстої статури, а руки й ноги були великі й дещо незграбні в рухах
He was not so finely bred as his sister
Він не був так гарно вихований, як його сестра

One would hardly have guessed the close relationship that existed between them
Навряд чи можна було б здогадатися про тісний зв'язок, який існував між ними

Mrs. Vane fixed her eyes on him and intensified her smile
Місіс Вейн не зводила з нього очей і посилювала свою усмішку

She mentally elevated her son to the dignity of an audience
Вона подумки піднесла сина до гідності публіки

She felt sure that the tableau was interesting
Вона була впевнена, що картина цікава

"You might keep some of your kisses for me, Sibyl, I think," said the lad with a good-natured grumble
— Гадаю, ти збережеш для мене кілька своїх поцілунків, Сібіл, — добродушно буркнув хлопець

"Ah! but you don't like being kissed, Jim," she cried
— Ах! але ти не любиш, коли тебе цілують, Джіме, — плакала вона

"You are a dreadful old bear"
«Ти страшний старий ведмідь»

And she ran across the room and hugged him
А вона побігла через кімнату і обійняла його

James Vane looked into his sister's face with tenderness
Джеймс Вейн з ніжністю подивився в обличчя сестри

"I want you to come out with me for a walk, Sibyl"
«Я хочу, щоб ти вийшла зі мною на прогулянку, Сібіл»

"I don't suppose I shall ever see this horrid London again"
«Я не думаю, що коли-небудь знову побачу цей жахливий Лондон»

"I am sure I don't want to"
"Я впевнений, що не хочу"

"My son, don't say such dreadful things," murmured Mrs Vane
— Сину мій, не кажи таких жахливих речей, — пробурмотіла місіс Вейн

and she took up a tawdry theatrical dress, with a sigh
І вона взяла в руки похмуре театральне плаття, зітхнувши

and she began to patch up the dress
І вона почала латати сукню

She felt a little disappointed that he had not joined the group
Вона була трохи розчарована, що він не приєднався до групи

It would have increased the theatrical picturesqueness of the situation

Це підвищило б театральну мальовничість обстановки

"Why not, Mother? I mean it"

— А чом би й ні, мамо? Я маю на увазі"

"You pain me, my son"

«Ти боляче мені, сину мій»

"I trust you will return from Australia in a position of affluence"

«Я вірю, що ви повернетеся з Австралії в заможному становищі»

"I believe there is no society of any kind in the Colonies"

«Я вважаю, що в колоніях немає ніякого суспільства»

"nothing that I would call society"

«нічого, що я назвав би суспільством»

"so when you have made your fortune, you must come back and assert yourself in London"

"Тому, коли ви заробили свої статки, ви повинні повернутися і самоствердитися в Лондоні"

"Society!" muttered the lad

«Товариство!» — пробурмотів хлопець

"I don't want to know anything about that"

"Я не хочу нічого про це знати"

"I should like to make some money to take you and Sibyl off the stage"

«Я хотів би заробити трохи грошей, щоб забрати тебе і Сібіл зі сцени»

"I hate it"

"Я ненавиджу це"

"Oh, Jim!" said Sibyl, laughing, "how unkind of you!"

— Ой, Джіме, — сказала Сібіл, сміючись, — який ти недобрий!

"But are you really going for a walk with me? That will be nice!"

— Але невже ти йдеш зі мною гуляти? Це буде приємно!»

"I was afraid you were going to say good-bye to some of your friends"

«Я боявся, що ти попрощаєшся з кимось зі своїх друзів»

"Tom Hardy, who gave you that hideous pipe"

«Том Харді, який подарував тобі цю огидну люльку»

"Ned Langton, who makes fun of you for smoking from that pipe"

«Нед Ленгтон, який насміхається з вас за те, що ви курите з цієї люльки»

"It is very sweet of you to let me have your last afternoon"

«Це дуже мило з твого боку, що ти дозволив мені провести свій останній день»

"Where shall we go? Let us go to the park"

"Куди ми підемо? Ходімо в парк"
"I am too shabby," he answered, frowning
— Я надто пошарпаний, — відповів він, насупившись.
"Only fancy people go to the park"
«У парк ходять тільки вигадливі люди»
"Nonsense, Jim," she whispered, stroking the sleeve of his coat
— Дурниці, Джіме, — прошепотіла вона, погладжуючи рукав його пальта
He hesitated for a moment
Якусь мить він вагався
"Very well," he said at last, "but don't be too long dressing"
— Гаразд, — сказав він нарешті, — але не забаріться з одяганням.
She danced out of the door
Вона танцювала за дверима
One could hear her singing as she ran upstairs
Було чути, як вона співає, коли біжить нагору
Her little feet pattered overhead
Її маленькі ніжки стукали над головою
He walked up and down the room two or three times
Він двічі чи тричі ходив по кімнаті
Then he turned to the still figure in the chair
Потім він обернувся до нерухомої постаті в кріслі
"Mother, are my things ready?" he asked
«Мамо, мої речі готові?» — запитав він
"Quite ready, James," she answered, keeping her eyes on her work
— Цілком готовий, Джеймсе, — відповіла вона, не зводячи очей зі своєї роботи
For some months past she had felt ill at ease when she was alone with this rough stern son of hers
Кілька місяців тому вона почувалася незатишно, коли залишалася наодинці з цим своїм грубим суворим сином
Her shallow secret nature was troubled when their eyes met
Її неглибока таємна натура була стривожена, коли їхні погляди зустрілися
She used to wonder if he suspected anything
Раніше вона думала, чи не підозрює він щось
The silence, for he made no other observation, became intolerable to her
Мовчання, бо він не робив жодних інших спостережень, стало для неї нестерпним
She began to complain

Вона почала скаржитися

Women defend themselves by attacking, just as they attack by sudden and strange surrenders

Жінки захищаються, нападаючи, так само, як вони атакують раптовими і дивними здаваннями

"I hope you will be contented, James, with your sea-faring life," she said

— Сподіваюся, ти будеш задоволений, Джеймсе, своїм морським життям, — сказала вона

"You must remember that it is your own choice"

«Ви повинні пам'ятати, що це ваш власний вибір»

You could have entered a solicitor's office"

Ви могли б зайти в офіс адвоката»

"Solicitors are a very respectable class"

«Солісітори – дуже поважний клас»

"and in the countryside they often dine with the best families"

«А в сільській місцевості часто обідають найкращими сім'ями»

"I hate offices, and I hate clerks," he replied

«Я ненавиджу офіси, і я ненавиджу клерків», — відповів він

"But you are quite right"

— Але ж ви маєте рацію.

"I have chosen my own life"

«Я вибрав своє життя»

"All I say is, watch over Sibyl"

«Все, що я кажу, це пильнуй Сибілу»

"Don't let her come to any harm"

«Не дозволяйте їй заподіяти шкоду»

"Mother, you must watch over her"

«Мамо, ти мусиш пильнувати її»

"James, you really talk very strangely"

"Джеймс, ти справді дуже дивно розмовляєш"

"Of course I watch over Sibyl"

«Звичайно, я пильную Сибілу»

"I hear a gentleman comes every night to the theatre and goes behind to talk to her"

«Я чую, що щовечора до театру приходить джентльмен і йде позаду, щоб поговорити з нею»

"Is that right? What about that?"

"Це правильно? Що з цього приводу?

"You are speaking about things you don't understand, James"

«Ти говориш про речі, яких не розумієш, Джеймсе»

"In the profession we are accustomed to receive a great deal of most gratifying attention"

«У професії ми звикли отримувати багато найприємнішої уваги»

"I myself used to receive many bouquets at one time"

«Я сама колись отримувала багато букетів»

"That was when acting was really understood"

«Саме тоді акторська гра була по-справжньому зрозуміла»

"As for Sibyl, I do not know at present whether her attachment is serious or not"

"Що стосується Сибіли, то я зараз не знаю, серйозна її прихильність чи ні"

"But there is no doubt that the young man in question is a perfect gentleman"

«Але немає сумніву, що юнак, про якого йде мова, є ідеальним джентльменом»

"He is always most polite to me"

«Він завжди найввічливіший зі мною»

"Besides, he has the appearance of being rich"

«Крім того, він має вигляд багатого»

"and the flowers he sends are lovely"

«І квіти, які він посилає, прекрасні»

"You don't know his name, though," said the lad harshly

— Але ти не знаєш, як його звуть, — суворо сказав хлопець

"No," answered his mother with a placid expression in her face

— Ні, — відповіла мати з умиротвореним виразом обличчя

"He has not yet revealed his real name"

"Він ще не розкрив своє справжнє ім'я"

"I think it is quite romantic of him"

"Я думаю, що це досить романтично з його боку"

"He is probably a member of the aristocracy"

«Він, мабуть, представник аристократії»

James Vane bit his lip

Джеймс Вейн прикусив губу

"Watch over Sibyl, Mother," he cried, "watch over her"

— Пильнуй Сибілу, мамо, — вигукнув він, — пильнуй її.

"My son, you distress me very much"

«Сину мій, ти мене дуже засмучуєш»

"Sibyl is always under my special care"

«Сібіл завжди під моєю особливою опікою»

"Of course, if this gentleman is wealthy, there is no reason why she should not contract an alliance with him"

"Звичайно, якщо цей джентльмен багатий, немає причин, чому б їй не укласти з ним союз"

"I trust he is one of the aristocracy"
«Я вірю, що він належить до аристократії»

"He has all the appearance of it, I must say"
"Він має весь вигляд, мушу сказати"

"It might be a most brilliant marriage for Sibyl"
«Можливо, це найблискучіший шлюб для Сібіл»

"They would make a charming couple"
«З них вийшла б чарівна пара»

"His good looks are really quite remarkable; everybody notices them"
"Його гарна зовнішність справді чудова; Їх помічають усі»

The lad muttered something to himself and drummed on the window-pane with his coarse fingers
Хлопець щось пробурмотів собі під ніс і грубими пальцями барабанив по шибці

He had just turned round to say something when the door opened and Sibyl ran in
Він тільки-но обернувся, щоб щось сказати, як двері відчинилися і вбігла Сібіл

"How serious you both are!" she cried. "What is the matter?"
«Які ви обоє серйозні!» — вигукнула вона. — У чому ж справа?

"Nothing," he answered. "I suppose one must be serious sometimes"
— Нічого, — відповів він. «Я вважаю, що іноді треба бути серйозним»

Good-bye, Mother; I will have my dinner at five o'clock"
До побачення, мамо; Я повечеряю о п'ятій годині"

"Everything is packed, except my shirts, so you need not trouble"
«Все запаковано, крім моїх сорочок, тому вам не потрібно турбуватися»

"Good-bye, my son," she answered with a bow of strained stateliness
— До побачення, сину мій, — відповіла вона, вклонившись натягнутій статечності

She was extremely annoyed at the tone he had adopted with her
Вона була надзвичайно роздратована тоном, який він прийняв з нею

and there was something in his look that had made her feel afraid.
І в його погляді було щось таке, що змушувало її боятися.

"Kiss me, Mother," said the girl
— Поцілуй мене, мамо, — сказала дівчинка
Her flowerlike lips touched the withered cheek and warmed its frost
Її квітчасті губи торкалися зів'ялої щоки і зігрівали її мороз
"My child! my child!" cried Mrs. Vane
— Дитино моя! дитино моя!» — вигукнула місіс Вейн
and she looked up to the ceiling in search of an imaginary gallery
І вона підняла очі до стелі в пошуках уявної галереї
"Come, Sibyl," said her brother impatiently
— Ходімо, Сібіл, — нетерпляче сказав її брат
He hated his mother's affectations
Він ненавидів почуття матері
They went out into the flickering, wind-blown sunlight and strolled down the dreary Euston Road.
Вони вийшли на мерехтливе сонячне світло, що продувається вітром, і прогулювалися похмурою Юстон-роуд.
The passersby glanced in wonder at the sullen heavy youth
Перехожі здивовано глянули на похмурого важкого юнака
the youth who, in coarse, ill-fitting clothes, was in the company of such a graceful, refined-looking girl
Юнак, який у грубому, погано сидить одязі перебував у товаристві такої граціозної, вишуканої на вигляд дівчини
He was like a common gardener walking with a rose
Він був схожий на звичайного садівника, що гуляє з трояндою
Jim frowned from time to time when he caught the inquisitive glance of some stranger
Джим час від часу хмурився, коли ловив на собі допитливий погляд якогось незнайомця
He had that dislike of being stared at,
Він не любив, коли на нього витріщалися,
the feeling which comes on geniuses late in life and never leaves the commonplace
Почуття, яке приходить до геніїв у пізньому віці і ніколи не покидає буденності
Sibyl, however, was quite unconscious of the effect she was producing
Однак Сібіл зовсім не усвідомлювала, який ефект вона справляє
Her love was trembling in laughter on her lips
Її кохання тремтіло від сміху на вустах
She was thinking of Prince Charming

Вона думала про чарівного принца
so that she might think of him all the more, she did not talk of him
Щоб вона ще більше думала про нього, вона не говорила про нього
but instead she prattled on about the ship in which Jim was going to sail
але замість цього вона розповіла про корабель, на якому збирався плисти Джім
she spoke about the gold he was certain to find
Вона розповіла про золото, яке він обов'язково знайде
she inquired about the wonderful heiress whose life he was to save from the wicked, red-shirted bushrangers
Вона розпитала про чудову спадкоємицю, чиє життя він мав врятувати від злих бушрейнджерів у червоних сорочках
because he was not to remain a sailor, or a supercargo, or whatever he was going to be
Тому що він не повинен був залишатися ні моряком, ні суперкарго, ні ким би він не був
Oh, no! A sailor's existence was dreadful
О, ні! Існування моряка було жахливим
Fancy being cooped up in a horrid ship, with the hoarse, humpbacked waves trying to get in
Уявіть собі, що ви замкнені в жахливому кораблі, де хрипкі, горбаті хвилі намагаються проникнути всередину
and a black wind blowing the masts down and tearing the sails into long screaming ribbons!
І чорний вітер, що здуває щогли і рве вітрила на довгі кричущі стрічки!
He was to leave the vessel at Melbourne
Він повинен був покинути судно в Мельбурні
he was to bid a polite good-bye to the captain
Він мав ввічливо попрощатися з капітаном
and then he was go off at once to the gold-fields
І тоді він одразу пішов на золоті поля
Before a week was over he was to come across a large nugget of pure gold
Не минуло й тижня, як він мав натрапити на великий самородок чистого золота
the largest nugget that had ever been discovered
Найбільший самородок, який коли-небудь був виявлений
and then he was to bring his gold nuggets down to the coast in a

wagon guarded by six mounted policemen
А потім він мав відвезти свої золоті самородки на узбережжя у фургоні, який охороняли шість кінних поліцаїв
The bushrangers were to attack them three times
Бушрейнджери повинні були атакувати їх тричі
and they were be defeated with immense slaughter
і вони зазнали поразки від величезної різанини
Or, no. He was not to go to the gold-fields at all
Або ні. Він взагалі не повинен був іти на золоті поля
They were horrid places, where men got intoxicated
Це були жахливі місця, де чоловіки сп'яніли
there men shot each other in bar-rooms, and used bad language
Там чоловіки стріляли один в одного в барах і вживали нецензурну лексику
He was to be a nice sheep-farmer
Він мав бути добрим вівчарем
one evening, as he was riding home
Одного вечора, коли він їхав додому
he was to see the beautiful heiress being carried off by a robber on a black horse
Він мав побачити, як прекрасну спадкоємицю везе розбійник на вороному коні
he was to give chase, and rescue her
Він мав кинутися в погоню і врятувати її
Of course, she would fall in love with him, and he with her
Звичайно, вона закохалася б у нього, а він у неї
and they would get married, and come home, and live in an immense house in London
І вони одружувалися, і поверталися додому, і жили у величезному будинку в Лондоні
Yes, there were delightful things in store for him
Так, на нього чекали чудові речі
But he must be very good, and not lose his temper, or spend his money foolishly
Але він повинен бути дуже хорошим, і не втрачати самовладання, і не витрачати свої гроші нерозумно
She was only a year older than he was, but she knew so much more of life
Вона була лише на рік старша за нього, але знала набагато більше про життя
He must be sure, also, to write to her by every mail

Він також повинен бути впевнений, що напише їй на кожну пошту
and he had to say his prayers each night before he went to sleep
І він мусив щовечора молитися перед сном
God was very good, and would watch over him
Бог був дуже добрий і пильнував його
She would pray for him, too
Вона також молилася за нього
and in a few years he would come back quite rich and happy
І через кілька років він повернеться досить багатим і щасливим
The lad listened sulkily to her and made no answer
Хлопець похмуро вислухав її і нічого не відповів
He was heart-sick at leaving home
У нього боліло серце, коли він йшов з дому
but it was not this alone that made him gloomy and morose
Але не тільки це зробило його похмурим і похмурим
Inexperienced though he was, he had still a strong sense of the danger of Sibyl's position
Хоч він і був недосвідчений, але все ж відчував небезпеку становища Сібіли
This young dandy who was making love to her could mean her no good
Цей молодий денді, який займався з нею любов'ю, не міг означати їй нічого доброго
He was a gentleman, and he hated him for that
Він був джентльменом і ненавидів його за це
he hated him through some curious race-instinct for which he could not account
Він ненавидів його якимось дивним расовим інстинктом, який не міг пояснити
an instinct which for that reason was all the more dominant within him
інстинкт, який з цієї причини був ще більш домінуючим у ньому
He was conscious also of the shallowness and vanity of his mother's nature
Він також усвідомлював дріб'язковість і марнославство материнської натури
and in that he saw the infinite peril for Sibyl and Sibyl's happiness
і в тому, що він бачив нескінченну небезпеку для щастя Сивіли та Сивіли
Children begin by loving their parents

Діти починають з любові до своїх батьків
as they grow older they judge them
Коли вони дорослішають, вони засуджують їх
sometimes they forgive them
Іноді вони їх прощають
His mother! He had something on his mind to ask of her
Його мати! Він мав що попросити в неї
something that he had brooded on for many months of silence
Те, над чим він розмірковував багато місяців мовчання
A chance phrase that he had heard at the theatre
Випадкова фраза, яку він почув у театрі
a whispered sneer that had reached his ears one night as he waited at the stage-door
Пошепки пролунала насмішка, яка дійшла до його вух одного вечора, коли він чекав біля дверей сцени
it had set loose a train of horrible thoughts
Це викликало шлейф жахливих думок
He remembered it as if it had been the lash of a hunting-crop across his face
Він пам'ятав її так, наче це була батіг мисливця по його обличчю
His brows knit together into a wedge-like furrow
Його брови сплітаються в клиноподібну борозну
and with a twitch of pain he bit his underlip
І з посмикуванням болю прикусив нижню губу
"You are not listening to a word I am saying, Jim," cried Sibyl
— Ти не слухаєш жодного мого слова, Джіме, — вигукнула Сібіл
"and I am making the most delightful plans for your future"
«І я буду найпрекрасніші плани на твоє майбутнє»
"Do say something"
«Скажи що-небудь»
"What do you want me to say?"
— Що ти хочеш, щоб я сказав?
"Oh! that you will be a good boy and not forget us," she answered, smiling at him
— Ой! що ти будеш хорошим хлопчиком і не забудеш нас, — відповіла вона, посміхаючись йому
He shrugged his shoulders
Він знизав плечима
"You are more likely to forget me than I am to forget you, Sibyl"
«Ти з більшою ймовірністю забудеш мене, ніж я тебе, Сібіл»
She flushed. "What do you mean, Jim?" she asked

Вона почервоніла. «Що ти маєш на увазі, Джіме?» — запитала вона

"You have a new friend, I hear"

«У тебе з'явився новий друг, я чую»

"Who is he? Why have you not told me about him? He means you no good"

"Хто він? Чому ви не розповіли мені про нього? Він тобі нічого доброго не має"

"Stop, Jim!" she exclaimed

«Стій, Джіме!» — викукнула вона

"You must not say anything against him. I love him"

"Ви не повинні нічого говорити проти нього. Я люблю його"

"Why, you don't even know his name," answered the lad

— Та ти навіть не знаєш, як його звати, — відповів хлопець

"Who is he? I have a right to know"

"Хто він? Я маю право знати»

"He is called Prince Charming"

"Його називають Чарівним Принцом"

"Don't you like the name"

"Вам не подобається назва"

"Oh! you silly boy! you should never forget it"

— Ой! Дурний ти, хлопче! Ви ніколи не повинні забувати про це»

"If you only saw him, you would think him the most wonderful person in the world"

«Якби ви тільки бачили його, ви б подумали, що він найпрекрасніша людина у світі»

"Someday you will meet him—when you come back from Australia"

«Коли-небудь ти зустрінеш його, коли повернешся з Австралії»

"You will like him so much"

"Він тобі так сподобається"

"Everybody likes him, and I ... I love him"

"Він подобається всім, а мені... Я люблю його"

"I wish you could come to the theatre tonight"

«Я б хотів, щоб ти сьогодні ввечері прийшов до театру»

"He is going to be there, and I am to play Juliet"

«Він буде там, а я зіграю Джульєтту»

"Oh! how I shall play it!"

— Ой! Як я буду грати!»

"Imagine, Jim, to be in love and play the role Juliet!"

— Уяви, Джиме, бути закоханим і зіграти роль Джульєтти!

"To have him sitting there! And I play my role for his delight!"
— Щоб він там сидів! І я граю свою роль йому на радість!»

"I am afraid I may frighten the company, frighten or enthral them"
«Я боюся, що можу налякати компанію, налякати або захопити»

"To be in love is to surpass one's self"
«Бути закоханим – значить перевершити себе»

"Poor dreadful Mr. Isaacs will be shouting 'genius' to his loafers at the bar"
"Бідолашний жахливий містер Айзекс буде кричати "геній" своїм неробам у барі"

"He has preached me as a dogma; to-night he will announce me as a revelation"
«Він проповідував мене як догму; Сьогодні ввечері він оголосить мене одкровенням"

"I feel it. And it is all his, his only, Prince Charming, my wonderful lover, my god of graces"
"Я це відчуваю. І це все його, його єдиний, Чарівний принц, мій чудовий коханець, мій бог милостей"

"But I am poor beside him"
«Але я бідний біля нього»

"Poor? What does that matter?"
"Бідний? Яке це має значення?»

"When poverty creeps in at the door, love flies in through the window"
«Коли в двері закрадається бідність, любов залітає у вікно»

"Our proverbs want rewriting"
«Наші прислів'я хочуть переписати»

"They were made in winter, and it is summer now; spring-time for me, I think"
«Вони були зроблені взимку, а зараз літо; весняна пора для мене, я думаю"

"a very dance of blossoms in blue skies"
«Танець квітів у блакитному небі»

"He is a gentleman," said the lad sullenly
— Він джентльмен, — похмуро сказав хлопець

"A prince!" she cried musically
«Принц!» — вигукнула вона музично

"What more do you want?"
— Чого ти ще хочеш?

"He wants to enslave you"
«Він хоче поневолити тебе»

"I shudder at the thought of being free"
«Я здригаюся від думки про те, що я вільний»
"I want you to beware of him"
«Я хочу, щоб ви остерігалися його»
"To see him is to worship him"
«Бачити Його – значить поклонятися Йому»
"to know him is to trust him"
«Знати Його означає довіряти Йому»
"Sibyl, you are mad about him"
«Сібіл, ти сердишся на нього»
She laughed and took his arm
Вона засміялася і взяла його за руку
"You dear old Jim, you talk as if you were a hundred"
— Ти, любий старий Джіме, говориш так, наче сто років.
"Someday you will be in love yourself"
«Коли-небудь ти сам будеш закоханий»
"Then you will know what it is"
«Тоді ти знатимеш, що це таке»
"Don't look so sulky"
"Не виглядай таким похмурим"
"Surely you should be glad to think that"
«Безперечно, ви повинні бути раді думати про це»
"though you are going away, you leave me happier than I have ever been before"
«Хоча ти йдеш, ти залишаєш мене щасливішим, ніж будь-коли раніше»
"Life has been hard for us both, terribly hard and difficult"
«Життя було важким для нас обох, страшенно важким і важким»
"But it will be different now"
«Але тепер все буде по-іншому»
"You are going to a new world, and I have found one"
«Ти йдеш у новий світ, а я його знайшла»
"Here are two chairs; let us sit down and see the smart people go by"
"Ось два стільці; Давайте сядемо і подивимося, як розумні люди проходять повз"
They took their seats amidst a crowd of watchers
Вони зайняли свої місця серед натовпу спостерігачів
The tulip-beds across the road flamed like throbbing rings of fire
Тюльпанові грядки поперек дороги палали, наче пульсуючі вогняні кільця

A white dust—tremulous cloud of orris-root it seemed—hung in the panting air
Білий пил — трепетна хмара кореня ірису, здавалося, — висіла в задиханому повітрі
The brightly coloured parasols danced and dipped like monstrous butterflies
Яскраві парасольки танцювали і занурювалися, як жахливі метелики
She made her brother talk of himself, of his hopes and his prospects
Вона змусила брата говорити про себе, про свої надії та перспективи
He spoke slowly and with effort
Він говорив повільно і з зусиллям
They passed words to each other chess players moving pieces
Вони передавали один одному слова шахістам, пересуваючи фігури
Sibyl felt oppressed. She could not communicate her joy
Сібіл почувалася пригніченою. Вона не могла передати свою радість
A faint smile curving that sullen mouth was all the echo she could win
Ледь помітна посмішка, що вигинала похмурі вуста, була єдиним відлунням, яке вона могла перемогти
After some time she became silent
Через деякий час вона замовкла
Suddenly she caught a glimpse of golden hair and laughing lips
Раптом вона побачила золотисте волосся і засміялися губи
and in an open carriage with two ladies Dorian Gray drove past
і у відкритій кареті з двома дамами повз проїжджав Доріан Грей
She started to her feet
Вона схопилася на ноги
"There he is!" she cried
«Ось він!» — вигукнула вона
"Who?" said Jim Vane
«Хто?» — спитав Джим Вейн
"Prince Charming," she answered, looking after the Victoria
— Прекрасний принц, — відповіла вона, доглядаючи за Вікторією
He jumped up and seized her roughly by the arm
Він схопився і грубо схопив її за руку

"Show him to me. Which is he? Point him out"
— Покажіть його мені. Хто він? Вкажіть на нього"
"I must see him!" he exclaimed
«Я мушу його побачити!» — вигукнув він
but at that moment the Duke of Berwick's four-in-hand came between
але в цей момент між ними з'явилася четвірка герцога Бервікського
and when it had left the space clear, the carriage had swept out of the park
І коли простір залишився вільним, карета вилетіла з парку
"He is gone," murmured Sibyl sadly
— Його немає, — сумно пробурмотіла Сібіл
"I wish you had seen him"
«Я б хотів, щоб ви його побачили»
"if he ever does you any wrong, I shall kill him"
«Якщо він коли-небудь зробить тобі щось погане, я вб'ю його»
"for as sure as there is a God in heaven"
"Бо як є Бог на небі"
She looked at him in horror
Вона з жахом подивилася на нього
He repeated his words
Він повторив свої слова
They cut the air like a dagger
Вони ріжуть повітря, як кинджал
The people round began to gape
Люди навколо почали зяяти
A lady standing close to her tittered
Дама, що стояла поруч з нею, тремтіла
"Come away, Jim; come away," she whispered
— Іди геть, Джіме; Іди геть, — прошепотіла вона
He followed her doggedly as she passed through the crowd
Він наполегливо йшов за нею, коли вона проходила крізь натовп
He felt glad at what he had said
Він зрадів сказаним
When they reached the Achilles Statue, she turned round
Коли вони дійшли до статуї Ахілла, вона обернулася
There was pity in her eyes that became laughter on her lips
В її очах був жаль, який перетворився на сміх на вустах
She shook her head at him
Вона похитала на нього головою

"You are foolish, Jim, utterly foolish"
«Ти дурний, Джіме, зовсім дурний»
"you are a bad-tempered boy, that is all"
«Ти поганий хлопець, от і все»
"How can you say such horrible things?"
— Як ти можеш говорити такі жахливі речі?
"You don't know what you are talking about"
"Ти не знаєш, про що говориш"
"You are simply jealous and unkind"
«Ти просто заздрісний і недобрий»
"Ah! I wish you would fall in love"
— Ах! Бажаю, щоб ти закохався"
"Love makes people good"
«Любов робить людей добрими»
"and what you said was wicked"
«І те, що ви сказали, було нечестивим»
"I am sixteen," he answered, "and I know who I am"
«Мені шістнадцять, — відповів він, — і я знаю, хто я».
"Mother is no help to you"
«Мама тобі не допоможе»
"She doesn't understand how to look after you"
«Вона не розуміє, як за тобою доглядати»
"I wish now that I was not going to Australia at all"
«Тепер я б хотів, щоб я взагалі не поїхав до Австралії»
"I have a great mind to chuck the whole thing up"
«У мене великий розум, щоб виправити все це»
"I would, if my articles hadn't been signed"
«Я б так і зробив, якби мої статті не були підписані»
"Oh, don't be so serious, Jim"
— Ой, не будь таким серйозним, Джіме.
"You are like one of the heroes of those silly melodramas Mother used to be so fond of acting in"
«Ти як один з героїв тих дурних мелодрам, в яких мама так любила зніматися»
"I am not going to quarrel with you"
«Я не збираюся з тобою сваритися»
"I have seen him, and oh!"
— Я бачив його, та й ох!
"to see him is perfect happiness"
«Бачити Його — це справжнє щастя»
"I know you would never harm anyone I love, would you?"

— Я знаю, що ти ніколи не заподієш шкоди тому, кого я люблю, чи не так?

"Not as long as you love him, I suppose," was the sullen answer

«Мабуть, не так довго, як ти його любиш», — була похмура відповідь

"I shall love him forever!" she cried

«Я буду любити його вічно!» — вигукнула вона

"And he? Will he love you forever?"

— А він? Чи буде він любити тебе вічно?»

"Forever, too!"

— Назавжди!

"He had better love you for ever"

«Краще б він любив тебе навіки»

She shrank from him

Вона відсахнулася від нього

Then she laughed and put her hand on his arm

Потім вона засміялася і поклала руку йому на руку

He was merely a boy

Він був просто хлопчиком

At the Marble Arch they hailed an omnibus

Біля Мармурової арки вітали омнібус

the omnibus left them close to their shabby home in the Euston Road

омнібус залишив їх неподалік від їхнього обшарпаного будинку на Юстон-роуд

It was after five o'clock

Це було після п'ятої години

Sibyl had to lie down for a couple of hours before going on stage

Сібіл довелося полежати пару годин, перш ніж вийти на сцену

Jim insisted that she should do so

Джим наполягав на тому, щоб вона це зробила

He said that he would rather part with her when their mother was not present

Він сказав, що волів би розлучитися з нею, коли не буде їхньої матері

She would be sure to make a scene, and he detested scenes of every kind

Вона обов'язково влаштувала сцену, а він ненавидів будь-які сцени

In Sybil's own room they parted

У власній кімнаті Сибіли вони розійшлися

There was jealousy in the lad's heart
У серці хлопця запала заздрість
and there was a fierce murderous hatred of the stranger
І була люта вбивча ненависть до чужинця
the stranger who, as it seemed to him, had come between them
Незнайомець, який, як йому здалося, опинився між ними
Yet, she flung her arms around his neck
Проте вона обняла його за шию
and her fingers strayed through his hair
І її пальці блукали по його волоссю
he softened and kissed her with real affection
Він пом'якшився і поцілував її зі справжньою любов'ю
There were tears in his eyes as he went downstairs
У нього були сльози на очах, коли він спускався вниз
His mother was waiting for him below
Внизу на нього чекала мати
She grumbled at his unpunctuality, as he entered
Вона буркнула на його непунктуальність, коли він увійшов
He made no answer, but sat down to his meagre meal
Він нічого не відповів, а сів за свою мізерну трапезу
The flies buzzed round the table and crawled over the stained cloth
Мухи дзижчали навколо столу і повзали по забрудненій тканині
Through the rumble of omnibuses, and the clatter of street-cabs
Крізь гуркіт омнібусів і стукіт вуличних таксі
he could hear the droning voice devouring each minute that was left to him
Він чув дзвінкий голос, що пожирав кожну хвилину, що залишалася йому
After some time, he thrust away his plate
Через деякий час він відсунув свою тарілку
and he put his head in his hands
І він узяв голову свою в руки свої
He felt that he had had a right to know
Він відчував, що має право знати
It should have been told to him before, if it was as he suspected
Це треба було сказати йому раніше, якщо це було так, як він підозрював
Leaden with fear, his mother watched him
Злякавшись, мати спостерігала за ним
Words dropped mechanically from her lips
Слова машинально зривалися з її вуст

A tattered lace handkerchief twitched in her fingers
Пошарпана мереживна хустка сіпнулася в її пальцях
When the clock struck six, he got up and went to the door
Коли годинник пробив шосту, він підвівся і пішов до дверей
Then he turned back and looked at her
Потім він повернувся і подивився на неї
Their eyes met, and in hers he saw a wild appeal for mercy
Їхні погляди зустрілися, і в ній він побачив дикий заклик до милосердя
her appeal for mercy enraged him
Її благання про милосердя розлютило його
"Mother, I have something to ask you," he said
— Мамо, я маю дещо запитати в тебе, — сказав він
Her eyes wandered vaguely about the room
Її очі невиразно блукали по кімнаті
She made no answer
Вона нічого не відповіла
"Tell me the truth. I have a right to know"
— Скажи мені правду. Я маю право знати»
"Were you married to my father?"
— Ти була одружена з моїм батьком?
She heaved a deep sigh
Вона глибоко зітхнула
It was a sigh of relief
Я зітхнув з полегшенням
the moment that night and day, for weeks and months, she had dreaded
тієї миті, тієї ночі і дня, тижнями і місяцями, вона боялася
the terrible moment had come at last
Нарешті настала страшна мить
and yet she felt no terror
І все ж вона не відчувала жаху
Indeed, in some measure it was a disappointment to her
Дійсно, в якійсь мірі це було для неї розчаруванням
The vulgar directness of the question called for a direct answer
Вульгарна прямота питання вимагала прямої відповіді
nothing had gradually led up to the situation
Ніщо поступово не призвело до ситуації
the question was crude
Питання було грубим
the situation reminded her of a bad rehearsal

Ситуація нагадала їй невдалу репетицію

"No," she answered, wondering at the harsh simplicity of life

— Ні, — відповіла вона, дивуючись суворій простоті життя

"My father was a scoundrel then!" cried the lad, clenching his fists

«Мій батько тоді був негідником!» — вигукнув хлопець, стискаючи кулаки

She shook her head

Вона похитала головою

"I knew he was not free"

«Я знала, що він не вільний»

"We loved each other very much"

"Ми дуже любили один одного"

"If he had lived, he would have made provision for us"

«Якби він жив, то подбав би про нас»

"Don't speak against him, my son"

«Не говори проти нього, сину мій»

"He was your father, and a gentleman"

«Він був твоїм батьком і джентльменом»

"Indeed, he was highly connected"

«Справді, він був дуже пов'язаний»

An oath broke from his lips

Клятва зірвалася з його вуст

"I don't care for myself," he exclaimed, "but don't let Sibyl...."

— Я не дбаю про себе, — вигукнув він, — але не дозволяй Сибілі...

"It is a gentleman, isn't it, who is in love with her?"

— Це ж джентльмен, чи не так, хто в неї закоханий?

"Highly connected, too, I suppose."

— Я гадаю, що теж дуже пов'язаний.

For a moment a hideous sense of humiliation came over the woman

На якусь мить жінку охопило жахливе почуття приниження

Her head drooped and she wiped her eyes with shaking hands

Її голова опустилася, і вона витерла очі тремтячими руками

"Sibyl has a mother," she murmured; "I had none"

— У Сивили є мати, — пробурмотіла вона. "У мене не було"

The lad was touched

Хлопець був зворушений,

He went towards her, and stooping down, he kissed her

Він підійшов до неї і, нахилившись, поцілував її

"I am sorry if I have pained you by asking about my father," he said

— Вибачте, якщо я завдав вам болю, розпитавши про мого

батька, — сказав він

"but I could not help it"

"Але я не міг нічого вдіяти"

"I must go now. Good-bye"

— Я мушу зараз іти. До побачення"

"Don't forget that you will have only one child now to look after"

«Не забувайте, що тепер у вас буде лише одна дитина, за якою потрібно доглядати»

"and believe me that if this man wrongs my sister, I will find out who he is"

«І повір мені, що якщо цей чоловік скривдить мою сестру, я дізнаюся, хто він такий»

"and I will track him down, and kill him like a dog. I swear it"

— І я вистежу його, і вб'ю його, як собаку. Присягаюся"

The exaggerated folly of the threat and the mad melodramatic words

Перебільшена безглуздість погрози і божевільні мелодраматичні слова

the passionate gesture that accompanied the threat made life seem more vivid to her

Пристрасний жест, який супроводжував загрозу, зробив життя для неї яскравішим

She was familiar with the atmosphere

Вона була знайома з атмосферою

She breathed more freely

Вона дихала вільніше

and for the first time for many months she really admired her son

І вперше за багато місяців по-справжньому захоплювалася сином

She would have liked to have continued the scene on the same emotional scale

Вона хотіла б продовжити сцену в тому ж емоційному масштабі

but trunks had to be carried down and mufflers looked for

Але стовбури доводилося зносити вниз і шукати глушники

The lodging-house drudge bustled in and out

Хата метушилася туди-сюди

There was the bargaining with the cabman

Був торг з візником

The moment was lost in vulgar details

Момент загубився у вульгарних подробицях

finally her son was driving away

Нарешті син від'їжджав

she waved the tattered lace handkerchief from the window
Вона махнула з вікна пошарпаною мереживною хустинкою
there was with a renewed feeling of disappointment
З'явилося нове почуття розчарування
She was conscious that a great opportunity had been wasted
Вона усвідомлювала, що чудову нагоду змарновано
She consoled herself by telling Sibyl how desolate she felt her life would be
Вона втішила себе, сказавши Сібіл, яким спустошеним, на її думку, буде її життя
now that she had only one child to look after
Тепер, коли у неї була лише одна дитина, за якою треба було доглядати
She remembered the phrase
Вона запам'ятала фразу
It had pleased her
Це їй сподобалося
Of the threat she said nothing
Про погрозу вона нічого не сказала
It was vividly and dramatically expressed
Це було яскраво і драматично виражено
She felt that they would all laugh at it some day
Вона відчувала, що колись вони всі будуть сміятися з цього

Chapter Six
Розділ шостий

dinner had been laid for three that evening
Того вечора вечеря була накрита на трьох

Hallward was being shown into a little private room at the Bristol
Холлуорда провели в маленьку окрему кімнату в Брістолі

"I suppose you have heard the news, Basil?" said Lord Henry
— Гадаю, ти чув цю новину, Безіле? — сказав лорд Генрі

"No, Harry," answered the artist
— Ні, Гаррі, — відповів художник

and he gave his hat and coat to the bowing waiter
І віддав свій капелюх і пальто офіціантові, що кланявся

"What is it? Nothing about politics, I hope!"
"Що це таке? Сподіваюся, нічого про політику!»

"news of politics don't interest me"
«Новини про політику мене не цікавлять»

"There is hardly a single person in the House of Commons worth painting"
«У Палаті громад навряд чи знайдеться хоч одна людина, гідна картини»

"though many of them would be the better if they were a little whitewashed"
«Хоча багатьом з них було б краще, якби їх трохи побілили»

"Dorian Gray is engaged to be married," said Lord Henry
— Доріан Грей заручений, щоб одружитися, — сказав лорд Генрі

he watched for Basil's reaction as he spoke
він спостерігав за реакцією Василя, коли той говорив

Hallward was surprised, and then he frowned
Холлуорд здивувався, а потім насупився

"Dorian engaged to be married!" he cried. "Impossible!"
"Доріан заручений, щоб одружитися!" — вигукнув він. — Неможливо!

"It is perfectly true"
«Це цілковита правда»

"To whom is he engaged?"
— З ким він заручений?

"To some little actress or other"
"Якійсь маленькій актрисі чи іншому"

"I can't believe it"
"Я не можу в це повірити"

"Dorian is far too sensible"

"Доріан занадто розсудливий"

"Dorian is far too wise not to do foolish things now and then, my dear Basil"

"Доріан надто мудрий, щоб час від часу не робити дурниць, мій любий Безіле"

"Marriage is hardly a thing that one can do now and then, Harry"

"Шлюб навряд чи можна робити час від часу, Гаррі"

"Except in America," rejoined Lord Henry languidly

— Хіба що в Америці, — мляво відповів лорд Генрі

"But I didn't say he was married"

"Але я не сказала, що він одружений"

"I said he was engaged to be married"

"Я сказала, що він заручений, щоб одружитися"

"There is a great difference"

«Є велика різниця»

"I have a distinct remembrance of being married"

«Я чітко пам'ятаю одруження»

"but I have no recollection at all of being engaged"

"Але я зовсім не пам'ятаю, щоб був заручений"

"I am inclined to think that I never was engaged"

«Я схильний думати, що ніколи не був заручений»

"But think of Dorian's birth, and position, and wealth"

"Але подумайте про народження Доріана, і про становище, і про багатство"

"It would be absurd for him to marry so much beneath him"

«Було б абсурдно, якби він одружився так нижче себе»

"If you want to make him marry this girl, tell him that, Basil"

«Якщо хочеш змусити його одружитися з цією дівчиною, скажи йому це, Василь»

"He is sure to do it, then"

«Тоді він обов'язково це зробить»

"men do thoroughly stupid thing"

«Чоловіки роблять дурниці»

"but they always do thoroughly stupid out of the noblest motives"

«Але вони завжди роблять абсолютно дурні з найблагородніших мотивів»

"I hope the girl is good, Harry"

"Сподіваюся, дівчина хороша, Гаррі"

"I don't want to see Dorian tied to some vile creature"

"Я не хочу бачити Доріана прив'язаним до якоїсь мерзенної істоти"

"a vile creature who might degrade his nature and ruin his intellect"

«мерзенне створіння, яке може принизити його природу і зруйнувати його розум»

"Oh, she is better than good—she is beautiful," murmured Lord Henry

— О, вона краща за хорошу — вона прекрасна, — пробурмотів лорд Генрі

and he sipped a glass of vermouth and orange-bitters

І він сьорбнув келих вермуту та апельсиново-гіркого

"Dorian says she is beautiful"

«Доріан каже, що вона прекрасна»

"and he is not often wrong about things of that kind"

І він не часто помиляється в таких речах»

"Your portrait of him has quickened his appreciation"

«Ваш портрет прискорив його вдячність»

"his appreciation of the personal appearance of other people"

«Його оцінка зовнішнього вигляду інших людей»

"It has had that excellent effect, amongst others"

«Це справило чудовий ефект, серед інших»

"We are to see her tonight, if that boy doesn't forget his appointment"

"Ми побачимося з нею сьогодні ввечері, якщо цей хлопчик не забуде про своє призначення"

"Are you serious?"

— Ти серйозно?

"I am quite serious, Basil, imagine if I was ever more serious"

— Я цілком серйозний, Василю, уяви, якби я був ще серйознішим.

"the thought of ever being more serious than I am now would make me miserable"

«Думка про те, що я коли-небудь буду серйознішою, ніж зараз, зробить мене нещасним»

"But do you approve of it, Harry?" asked the painter

"Але ти схвалюєш це, Гаррі?" – запитав художник

he was walking up and down the room and biting his lip

Він ходив по кімнаті і закушував губу

"You can't approve of it, possibly"

«Можливо, ви не можете цього схвалити»

"It is some silly infatuation"

«Це якась дурна закоханість»

"I never approve, or disapprove, of anything now"
«Зараз я ніколи нічого не схвалюю і не схвалюю»
"It is an absurd attitude to take towards life"
«Це абсурдне ставлення до життя»
"We are not sent into the world to air our moral prejudices"
«Ми послані у світ не для того, щоб провіщати наші моральні упередження»
"I never take any notice of what common people say"
«Я ніколи не звертаю уваги на те, що говорять прості люди»
"and I never interfere with what charming people do"
«І я ніколи не втручаюся в те, що роблять чарівні люди»
"If a personality fascinates me, it is absolutely delightful to me"
«Якщо особистість мене захоплює, вона мене просто захоплює»
"whatever mode of expression that personality selects"
«Який би спосіб вираження не вибрала ця особистість»
"Dorian Gray falls in love with a beautiful girl who acts Juliet"
«Доріан Грей закохується в прекрасну дівчину, яка грає роль Джульєтти»
"and then he proposes to marry her"
А потім пропонує одружитися з нею»
"Why not? If he wedded Messalina, he would be none the less interesting"
— А чому б і ні? Якби він одружився з Мессаліною, він був би не менш цікавим»
"You know I am not a champion of marriage"
«Ти знаєш, що я не поборник шлюбу»
"The real drawback to marriage is that it makes one unselfish"
«Справжній недолік шлюбу полягає в тому, що він робить людину безкорисливою»
"And unselfish people are colourless, they lack individuality"
«А безкорисливі люди безбарвні, їм не вистачає індивідуальності»
"Still, there are certain temperaments that marriage makes more complex"
«І все-таки є певні темпераменти, які шлюб ускладнює»
"They retain their egotism, and add to it many other egos"
«Вони зберігають свій егоїзм і додають до нього багато інших его»
"They are forced to have more than one life"
«Їх змушують мати не одне життя»
"They become more highly organized"

«Вони стають більш організованими»
"I should fancy that is the object of man's existence"
«Я б уявляв, що це є метою існування людини»
"Besides, every experience is of value"
«Крім того, кожен досвід має цінність»
"and whatever one may say against marriage, it is certainly an experience"
«І що б не говорили проти шлюбу, це, безперечно, досвід»
"I hope that Dorian Gray will make this girl his wife"
"Я сподіваюся, що Доріан Грей зробить цю дівчину своєю дружиною"
"I hope he passionately adores her for six months"
"Сподіваюся, він пристрасно обожнює її протягом шести місяців"
"and then I hope he suddenly becomes fascinated by someone else"
А потім, сподіваюся, він раптом зачарується кимось іншим.
"He would be a wonderful study"
«Він був би чудовим вивченням»
"You don't mean a single word of all that, Harry; you know you don't"
— Ти не маєш на увазі жодного слова з усього цього, Гаррі; Ти знаєш, що ні"
"If Dorian Gray's life were spoiled, no one would be sorrier than yourself"
«Якби життя Доріана Грея було зіпсоване, ніхто б не шкодував більше, ніж ти»
"You are much better than you pretend to be"
«Ти набагато кращий, ніж прикидаєшся»
Lord Henry laughed. "there is a reason we all like to think so well of others"
Лорд Генрі засміявся. «Є причина, чому ми всі любимо так добре думати про інших»
"because we are all afraid for ourselves"
«Тому що ми всі боїмося за себе»
"The basis of optimism is sheer terror"
«Основа оптимізму – суцільний терор»
"we like to think of ourselves as generous"
«Нам подобається вважати себе щедрими»
"we credit others with the virtues that are likely to benefit us"
«Ми приписуємо іншим чесноти, які, ймовірно, принесуть нам користь»

"We praise the banker so that we may overdraw our account"

«Ми хвалимо банкіра, щоб ми могли перетягнути свій рахунок»

"and we find good qualities in the highwayman"

«І ми знаходимо хороші якості в розбійнику»

"in the hope that he may spare our pockets"

«В надії, що він пощадить наші кишені»

"I mean everything that I have said"

«Я маю на увазі все, що я сказав»

"I have the greatest contempt for optimism"

«Я відчуваю найбільшу зневагу до оптимізму»

"As for a spoiled life, no life is spoiled but one whose growth is arrested"

«Що ж до зіпсованого життя, то не зіпсоване життя, крім того, ріст якого зупинений»

"If you want to mar a nature, you have merely to reform it"

«Якщо ти хочеш зіпсувати природу, ти маєш просто реформувати її»

"As for marriage, of course that would be silly"

«Що стосується шлюбу, то, звичайно, це було б нерозумно»

"but there are other and more interesting bonds between men and women"

«Але є й інші, більш цікаві зв'язки між чоловіками і жінками»

"I will certainly encourage these relationships"

«Я неодмінно буду заохочувати ці відносини»

"They have the charm of being fashionable"

«У них є чарівність бути модними»

"But here is Dorian himself"

"А ось і сам Доріан"

"He will tell you more than I can"

«Він розповість тобі більше, ніж я»

"My dear Harry, my dear Basil, you must both congratulate me!" said the lad

— Любий мій Гаррі, мій любий Безіле, ви обоє повинні привітати мене, — сказав хлопець

and he threw off his evening cape with its satin-lined wings

І скинув вечірню накидку з атласними крилами

and he shook each of his friends by the hand

І він потиснув кожного зі своїх друзів за руку

"I have never been so happy"

"Я ніколи не був таким щасливим"

"Of course, it is sudden, all really delightful things are"

"Звичайно, це раптово, все дійсно чудово"
"And yet it seems to me to be the one thing I have been looking for all my life"
«І все ж мені здається, що це єдине, що я шукав усе своє життя»
He was flushed with excitement and pleasure
Він почервонів від хвилювання і задоволення
and he looked extraordinarily handsome
І виглядав він надзвичайно красивим
"I hope you will always be very happy, Dorian," said Hallward
— Сподіваюся, ти завжди будеш дуже щасливий, Доріане, — сказав Холлуорд
"but I don't quite forgive you for not having let me know of your engagement"
"Але я не зовсім прощаю тобі те, що ти не повідомив мені про свої заручини"
"and I can't forgive you for letting Harry know first"
"І я не можу пробачити тобі того, що ти дав знати Гаррі першим"
"And I don't forgive you for being late for dinner," broke in Lord Henry
— І я не прощаю вам того, що ви запізнилися на вечерю, — втрутився лорд Генрі
he put his hand on the lad's shoulder and smiled as he spoke
Він поклав руку на плече хлопця і посміхався, коли той говорив
"Come, let us sit down and try what the new chef here is like"
«Ходімо, сядемо і подивимося, який тут новий шеф-кухар»
"and then you will tell us how it all came about"
— А потім ти розкажеш нам, як усе виникло.
"There is really not much to tell," cried Dorian
— Нема чого розповідати, — вигукнув Доріан
they took their seats at the small round table
Вони зайняли свої місця за маленьким круглим столом
"What happened was simply this:"
"Те, що сталося, було просто таким: "
"After I left you yesterday evening, Harry, I dressed
— Після того, як я покинув тебе вчора ввечері, Гаррі, я одягнувся
"I had some dinner at that little Italian restaurant"
«Я повечеряв у цьому маленькому італійському ресторанчику»
"the little Italian restaurant in Rupert Street you introduced me to"
"маленький італійський ресторанчик на вулиці Руперт, з яким ви мене познайомили"
"and I went down at eight o'clock to the theatre"

"І я спустився о восьмій годині до театру"
"Sibyl was playing the role of Rosalind"
«Сібіл грала роль Розалінди»
"Of course, the scenery was dreadful and the Orlando absurd"
«Звичайно, краєвиди були жахливими, а Орландо абсурдним»
"But Sibyl! You should have seen her!"
— Але ж, Сібіл! Ви повинні були її бачити!»
"When she came on in her boy's clothes, she was perfectly wonderful"
«Коли вона з'явилася в одязі свого хлопчика, вона була абсолютно чудовою»
"She wore a moss-coloured velvet jerkin with cinnamon sleeves"
«На ній був оксамитовий джеркін кольору моху з рукавами з корицею»
"slim, brown, cross-gartered hose"
«Тонкий, коричневий, з перехресною підв'язкою шланг»
a dainty little green cap with a hawk's feather caught in a jewel"
вишуканий зелений ковпачок з яструбиним пером, спійманим на самоцвіті»
"and a hooded cloak lined with dull red"
«І плащ з капюшоном, підбитий тьмяно-червоним»
"She had never seemed to me more exquisite"
«Вона ніколи не здавалася мені такою вишуканою»
"you have that Tanagra figurine in your studio, Basil"
«У тебе в майстерні є фігурка Танагри, Безіл»
"She had all the delicate grace of that Tanagra figurine"
«У неї була вся тонка грація тієї статуетки Танагри»
"Her hair clustered round her face like dark leaves round a pale rose"
«Її волосся скупчилося навколо обличчя, як темне листя навколо блідої троянди»
"As for her acting — well, you shall see her tonight"
— Що ж до її акторської гри, то ти побачиш її сьогодні ввечері.
"She is simply a born artist"
«Вона просто природжена художниця»
"I sat in the dingy box absolutely enthralled"
«Я сидів у брудній коробці в повному захваті»
"I forgot that I was in London and in the nineteenth century"
«Я забув, що був у Лондоні і в дев'ятнадцятому столітті»
"I was away with my love in a forest that no man had ever seen"
«Я був зі своїм коханням у лісі, якого ще ніхто не бачив»

"After the performance was over, I went behind and spoke to her"

«Після закінчення вистави я підійшов і поговорив з нею»

"we were sitting together behind the theatre"

«Ми сиділи разом за театром»

"suddenly there came into her eyes a look that I had never seen there before"

"Раптом в її очах з'явився погляд, якого я ніколи раніше там не бачив"

"My lips moved towards hers and we kissed each other"

«Мої губи рухалися до неї, і ми цілувалися один з одним»

"I can't describe to you what I felt at that moment"

«Я не можу описати, що я відчував у той момент»

"It seemed to me that all my life had been narrowed to one perfect point"

«Мені здавалося, що все моє життя звузилося до однієї ідеальної точки»

"one perfect moment of pure rose-coloured joy"

«Одна прекрасна мить чистої рожевої радості»

"She trembled all over and shook like a white narcissus"

«Вона вся тремтіла і тремтіла, як білий нарцис»

"Then she flung herself on her knees and kissed my hands"

Потім вона кинулася на коліна і поцілувала мені руки.

"I feel that I should not tell you all this, but I can't help it"

«Я відчуваю, що не повинен розповідати вам все це, але нічого не можу з собою вдіяти»

"Of course, our engagement is a dead secret"

«Звичайно, наші заручини – це мертва таємниця»

"She has not even told her own mother"

«Вона навіть рідній матері не сказала»

"I don't know what my guardians will say"

«Я не знаю, що скажуть мої опікуни»

"Lord Radley is sure to be furious, but I don't care"

"Лорд Редлі, звичайно, розлютиться, але мені все одно"

"I shall be of age in less than a year"

«Я досягну повноліття менш ніж за рік»

"and then I can do what I like"

"І тоді я зможу робити те, що мені подобається"

"I have been right, Basil, haven't I?"

— Я мав рацію, Василю, чи не так?

"to take my love out of poetry was good?"

«Витягти свою любов з поезії було добре?»

"and to find my wife in Shakespeare's plays was good?"
— А знайти свою дружину в п'єсах Шекспіра — це добре?

"Lips that Shakespeare taught to speak have whispered their secret in my ear"
«Губи, які Шекспір навчив говорити, шепотіли мені на вухо свою таємницю»

"I have had the arms of Rosalind around me"
«Я обійняла Розалінду навколо себе»

"and I have kissed Juliet on the mouth"
"І я поцілував Джульєтту в уста"

"Yes, Dorian, I suppose you were right," said Hallward slowly
— Так, Доріане, гадаю, ти мав рацію, — повільно промовив Холворд

"Have you seen her today?" asked Lord Henry
«Ви бачили її сьогодні?» — запитав лорд Генрі

Dorian Gray shook his head
Доріан Грей похитав головою

"I left her in the forest of Arden"
«Я залишив її в лісі Арден»

"I shall find her in an orchard in Verona"
«Я знайду її в саду у Вероні»

Lord Henry sipped his champagne in a meditative manner
Лорд Генрі задумливо сьорбнув шампанське

"At what particular point did you mention the word marriage, Dorian?"
— У який саме момент ти згадав слово «шлюб», Доріане?

"And what did she say in answer?"
— І що вона сказала у відповідь?

"Perhaps you forgot all about it"
«Можливо, ви зовсім забули про це»

"My dear Harry, I did not treat it as a business transaction"
"Мій любий Гаррі, я не ставився до цього як до ділової операції"

"and I did not make any formal proposal"
"і я не робив жодної офіційної пропозиції"

"I told her that I loved her"
«Я сказав їй, що люблю її»

"and she said she was not worthy to be my wife"
"І вона сказала, що недостойна бути моєю дружиною"

"Not worthy! Why, the whole world is nothing to me compared with her"
— Недостойний! Адже весь світ для мене ніщо в порівнянні з

нею»

"Women are wonderfully practical," murmured Lord Henry
— Жінки напрочуд практичні, — пробурмотів лорд Генрі
"they are much more practical than we are"
«Вони набагато практичніші, ніж ми»
"In situations of that kind we often forget to say anything about marriage"
«У таких ситуаціях ми часто забуваємо щось сказати про шлюб»
"and they always remind us about marriage"
«І вони завжди нагадують нам про шлюб»
Hallward laid his hand upon his arm
Холлуорд поклав руку йому на руку
"Don't, Harry. You have annoyed Dorian"
— Не треба, Гаррі. Ти роздратував Доріана"
"He is not like other men"
«Він не такий, як інші люди»
"He would never bring misery upon anyone"
«Він ніколи нікому не принесе нещастя»
"His nature is too fine for that"
«Його натура занадто прекрасна для цього»
Lord Henry looked across the table
Лорд Генрі глянув через стіл
"Dorian is never annoyed with me," he answered
— Доріан ніколи не дратується на мене, — відповів він
"I asked the question for the best reason possible"
«Я поставив запитання з найкращої причини»
"I asked the question for the only reason, indeed"
«Я задав це питання з єдиної причини, насправді»
"that excuses one for asking any question—simple curiosity"
«Це виправдовує будь-яке запитання — проста цікавість»
"I have a theory that it is always the women who propose to us"
«У мене є теорія, що нам завжди роблять пропозицію жінки»
"it is not not we who propose to the women"
«Не ми пропонуємо жінкам»
"Except, of course, in middle-class life"
«За винятком, звичайно, життя середнього класу»
"But then the middle classes are not modern"
«Але ж середній клас не сучасний»
Dorian Gray laughed, and tossed his head
Доріан Грей засміявся і закинув головою
"You are quite incorrigible, Harry; but I don't mind"

— Ти зовсім невиправний, Гаррі; але я не проти"

"It is impossible to be angry with you"

«На тебе неможливо злитися»

"When you see Sibyl Vane, you will feel see it"

«Коли ти побачиш Сібіл Вейн, ти відчуєш, що бачиш це»

"the man who could wrong her would be a beast"

«Той, хто міг би скривдити її, був би звіром»

"a beast without a heart"

«Звір без серця»

"how can anyone wish to shame the thing he loves?"

— Як хтось може хотіти присоромити те, що любить?

"I love Sibyl Vane"

«Я люблю Сібіл Вейн»

"I want to place her on a pedestal of gold"

«Я хочу поставити її на золотий п'єдестал»

"and I want to see the world worship the woman who is mine"

"І я хочу бачити, як світ поклоняється жінці, яка є моєю"

"What is marriage? An irrevocable vow"

«Що таке шлюб? Непохитна обітниця»

"You mock at it for that. Ah! don't mock"

"Ви знущаєтеся з нього за це. Ах! Не знущайтеся"

"It is an irrevocable vow that I want to take"

«Це непорушна обітниця, яку я хочу дати»

"Her trust makes me faithful, her belief makes me good"

«Її довіра робить мене вірним, її віра робить мене добрим»

"When I am with her, I regret all that you have taught me"

«Коли я з нею, я шкодую про все, чого ти мене навчив»

"I become different from what you have known me to be"

«Я стаю не таким, яким ви мене знали»

"I am changed"

«Я змінився»

"and the mere touch of Sibyl Vane's hand makes me forget"

«І один лише дотик руки Сібіл Вейн змушує мене забути»

"I forget you and all your theories"

«Я забуваю тебе і всі твої теорії»

"all your wrong, fascinating, poisonous, delightful theories"

«Всі ваші неправильні, захоплюючі, отруйні, чудові теорії»

while helping himself to some salad, Lord Henry inquired;

пригощаючи себе салатом, лорд Генрі поцікавився;

"And what are those theories? If I may ask"

"А що це за теорії? Якщо я можу запитати"

"Oh, your theories about life, love, and your theories about pleasure"

«О, ваші теорії про життя, любов і ваші теорії про задоволення»

"I forget all your theories, in fact, Harry"

"Я забуваю всі твої теорії, насправді, Гаррі"

he answered in his slow melodious voice

— відповів він своїм повільним мелодійним голосом

"Pleasure is the only thing worth having a theory about"

«Задоволення – це єдине, про що варто мати теорію»

"But I am afraid I cannot claim my theory as my own"

«Але я боюся, що не зможу претендувати на те, щоб моя теорія була моєю власною»

"It belongs to Nature, not to me"

«Вона належить Природі, а не мені»

"Pleasure is Nature's test, her sign of approval"

«Задоволення – це випробування Природи, її знак схвалення»

"When we are happy, we are always good"

«Коли ми щасливі, ми завжди хороші»

"but when we are good, we are not always happy"

«Але коли ми хороші, ми не завжди щасливі»

"Ah! but what do you mean by good?" cried Basil Hallward

— Ах! але що ти маєш на увазі під добром?» — вигукнув Безіл Холлуорд

"Yes," echoed Dorian, leaning back in his chair

— Так, — повторив Доріан, відкинувшись на спинку стільця

and he looked at Lord Henry over the heavy clusters of purple-lipped irises

і він подивився на лорда Генрі поверх важких грон пурпурногубих ірисів

"what do you mean by good, Harry?"

— Що ти маєш на увазі під добром, Гаррі?

he touched the thin stem of his glass with his pale, fine-pointed fingers

Він торкнувся тонкої ніжки келиха своїми блідими тонкими пальцями

"To be good is to be in harmony with one's self," he replied

«Бути добрим — це бути в гармонії з собою», — відповів він

"Discord is to be forced to be in harmony with others"

«Розбрат – це змусити бути в гармонії з іншими»

"One's own life—that is the important thing"

«Власне життя — ось що головне»

"As for the lives of one's neighbours, well..."
— А щодо життя ближніх, ну...
"if one wishes to be a prig or a Puritan"
«якщо хтось бажає бути пригом або пуританином»
"then one can flaunt one's moral views about them"
«Тоді можна виставляти напоказ свої моральні погляди на них»
"but the lives of others and their morals are not one's concern"
«Але життя інших людей та їхня мораль не є чиєюсь турботою»
"Besides, individualism has really the higher goal"
«Крім того, індивідуалізм має дійсно вищу мету»
"Modern morality consists in accepting the standard of one's age"
«Сучасна мораль полягає в прийнятті стандарту свого віку»
"but a man of culture must never accept the standards of one's age"
«Але культурна людина ніколи не повинна приймати норми свого віку»
"to accept the standard of his age is a form of the grossest immorality"
«Прийняти норми свого віку — це форма найгрубішої аморальності»
the painted was not so sure of Lord Henry's conclusion
намальований не був настільки впевнений у висновку лорда Генрі
"we can't live merely for one self"
«Ми не можемо жити лише для себе»
"surely, Harry, one pays a terrible price for doing so?"
— Авжеж, Гаррі, за це треба платити страшну ціну?
"Yes, we are overcharged for everything nowadays"
«Так, у нас сьогодні завищена плата за все»
"I should fancy that there is one real tragedy of the poor"
«Мені здається, що є одна справжня трагедія бідняків»
"they can afford nothing but self-denial"
«Вони не можуть дозволити собі нічого, крім самозречення»
"Beautiful sins are like beautiful things""
«Прекрасні гріхи подібні до красивих речей»
"they are the privilege of the rich"
«Вони — привілей багатих»
"One has to pay in other ways but money"
«Платити треба по-іншому, крім грошей»
"What sort of ways, dear Basil?"
— Якими шляхами, любий Василю?
"Oh! I should fancy one has to pay in remorse, in suffering, in ..."
— Ой! Я б уявляв, що треба розплачуватися докорами сумління,

стражданнями, ..."

"well, one has to pay in the consciousness of degradation"
«Що ж, у свідомості деградації треба платити»

Lord Henry shrugged his shoulders
Лорд Генрі знизав плечима

"My dear fellow, medieval art is charming"
«Дорогий друже, середньовічне мистецтво чарівне»

"but medieval emotions are out of date"
«Але середньовічні емоції застаріли»

"One can use them in fiction, of course"
«Звичайно, їх можна використовувати в художній літературі»

"But then, the things used in fiction can no longer be used in facts"
«Але тоді те, що використовується в художній літературі, вже не може бути використано у фактах»

"Believe me, no civilized man ever regrets a pleasure"
«Повірте, жодна цивілізована людина ніколи не шкодує про задоволення»

"and no uncivilized man ever knows what a pleasure is"
«І жодна нецивілізована людина ніколи не знає, що таке насолода»

"I know what pleasure is," cried Dorian Gray
— Я знаю, що таке насолода, — вигукнув Доріан Грей

"pleasure is to adore someone"
«Задоволення – це обожнювати когось»

he answered while toying with some fruits;
— відповів він, бавлячись якимись фруктами;

"That is certainly better than being adored"
«Це, звичайно, краще, ніж коли тебе обожнюють»

"Being adored is a nuisance"
«Бути обожнюваним – це неприємно»

"Women treat us just as humanity treats its gods"
«Жінки ставляться до нас так само, як людство ставиться до своїх богів»

"They worship us, and are always bothering us to do something for them"
«Вони поклоняються нам і завжди турбують нас про те, щоб ми щось для них зробили»

the lad murmured gravely in reply;
Хлопець поважно пробурмотів у відповідь;

"I should have said that whatever they ask for they had first given to us"

«Я повинен був сказати, що все, що вони просять, вони спочатку дали нам»

"They create love in our natures"

«Вони творять любов у нашій природі»

"They have a right to demand it back"

«Вони мають право вимагати його назад»

"That is quite true, Dorian," cried Hallward

— Це правда, Доріане, — вигукнув Холлуорд

"Nothing is ever quite true," said Lord Henry

— Ніщо ніколи не буває правдою, — сказав лорд Генрі

"THIS is quite true" interrupted Dorian

— Це правда, — перебив його Доріан

"You must admit, Harry, that women give to men the very gold of their lives"

— Погодьтеся, Гаррі, що жінки віддають чоловікам саме золото свого життя.

"Possibly," he sighed, "but they invariably want it back in very small coins"

— Можливо, — зітхнув він, — але вони незмінно хочуть повернути його дуже дрібними монетами.

"That is the worry"

«Це занепокоєння»

"Women, as some witty Frenchman once put it, inspire us"

«Жінки, як одного разу висловився якийсь дотепний француз, надихають нас»

"they inspire us with the desire to do masterpieces"

«Вони вселяють нам бажання робити шедеври»

"and they always prevent us from carrying the masterpieces out"

«І вони завжди заважають нам виносити шедеври»

"Harry, you are dreadful!"

— Гаррі, ти жахливий!

"I don't know why I like you so much"

«Я не знаю, чому ти мені так подобаєшся»

"You will always like me, Dorian," he replied

— Я тобі завжди подобатимуся, Доріане, — відповів він

"Will you have some coffee, you fellows?"

— Вип'єте кави, хлопці?

"Waiter, bring coffee, and fine-champagne, and some cigarettes"

«Офіціант, принеси кави, і вишуканого шампанського, і кілька цигарок»

"No, don't mind the cigarettes—I have some"

— Ні, не зважай на сигарети — у мене є.
"Basil, I can't allow you to smoke cigars"
«Василь, я не можу дозволити тобі курити сигари»
"You must have a cigarette"
«У тебе повинна бути сигарета»
"A cigarette is the perfect type of a perfect pleasure"
«Сигарета – ідеальний вид ідеального задоволення»
"It is exquisite, and it leaves one unsatisfied"
«Це вишукано, і це залишає людину незадоволеною»
"What more can one want?"
— Чого ще бажати?
"Yes, Dorian, you will always be fond of me"
— Так, Доріане, ти завжди будеш любити мене.
"I represent to you all the sins you have never had the courage to commit"
«Я представляю вам усі гріхи, які ви ніколи не мали сміливості вчинити»
"What nonsense you talk, Harry!" cried the lad
"Які дурниці ти говориш, Гаррі!" – вигукнув хлопець
he took a light from a fire-breathing silver dragon that the waiter had brought
Він засвітився вогнедишним срібним драконом, якого приніс офіціант
"Let us go down to the theatre"
«Ходімо до театру»
"When Sibyl comes on the stage you will have a new ideal of life"
«Коли Сібіл вийде на сцену, у вас з'явиться новий ідеал життя»
"She will represent something to you that you have never known"
«Вона представить вам те, чого ви ніколи не знали»
"I have known everything," said Lord Henry, with a tired look in his eyes
— Я знав усе, — сказав лорд Генрі з утомленим виразом очей
"but I am always ready for a new emotion"
«Але я завжди готова до нових емоцій»
"I am afraid, however, that, for me at any rate, there is no such thing"
Але боюся, що для мене такого не існує.
"Still, your wonderful girl may thrill me"
«І все-таки твоя чудова дівчина може мене захопити»
"I love acting. It is so much more real than life"
"Я люблю акторську майстерність. Це набагато реальніше, ніж

життя»

"Let us go. Dorian, you will come with me?"

— Ходімо. Доріане, ти підеш зі мною?

"I am so sorry, Basil, but there is only room for two in the brougham"

— Мені дуже шкода, Безіле, але в брогамі є місце тільки для двох.

"You must follow us in a hansom"

«Ти мусиш іти за нами в гансом»

They got up and put on their coats, sipping their coffee standing

Вони встали, вдягнули пальто, сьорбаючи каву стоячи

The painter was silent and preoccupied

Художник був мовчазний і заклопотаний

There was a gloom over him

Над ним огорнув морок

He could not bear this marriage

Він не витримав цього шлюбу

and yet it seemed to him better than many other things that might have happened

І все ж це здавалося йому кращим за багато іншого, що могло статися

After a few minutes, they all passed downstairs

Через кілька хвилин всі вони спустилися вниз

He drove off by himself, as had been arranged

Він поїхав сам, як і було домовлено

and he watched the flashing lights of the little brougham in front of him

І він дивився, як миготять вогники маленького брогама перед ним

A strange sense of loss came over him

Дивне почуття втрати охопило його

He felt that Dorian Gray would never again be to him all that he had been in the past

Він відчував, що Доріан Грей вже ніколи не буде для нього таким, яким він був у минулому

Life had come between them

Між ними пройшло життя

His eyes darkened

В очах потемніло

and the crowded flaring streets became blurred to his eyes

І людні палаючі вулиці стали розмитими для його очей

When the cab drew up at the theatre, it seemed to him that he had

grown years older
Коли кеб під'їхав до театру, йому здалося, що він подорослішав на кілька років

Chapter Seven
Розділ сьомий

For some reason or other, the house was crowded that night
З тих чи інших причин тієї ночі в будинку було людно

the fat manager who met them at the door was beaming from ear to ear
Товстун, який зустрів їх у дверях, сяяв від вуха до вуха

he had an oily tremulous smile
У нього була масляниста трепетна посмішка

He escorted them to their theatre box with a sort of pompous humility
Він проводжав їх до театральної ложі з якоюсь помпезною скромністю

he waved his fat jewelled hands and talked at the top of his voice
Він махав товстими, прикрашеними коштовностями руками, і говорив на весь голос

Dorian Gray loathed him more than ever
Доріан Грей ненавидів його більше, ніж будь-коли

He felt as if he had come to look for Miranda, and had been met by Caliban
Йому здалося, що він прийшов шукати Міранду, і його зустрів Калібан

Lord Henry, upon the other hand, rather liked him
З іншого боку, лорду Генрі він скоріше подобався

At least he declared he that he liked him
Принаймні він заявив, що йому подобається

and he insisted on shaking him by the hand
І він наполіг на тому, щоб потиснути його за руку

and he assured him that he was proud to meet a man who had discovered a real genius
І він запевнив його, що пишається тим, що зустрів людину, яка відкрила в собі справжнього генія

most of all he was happy to meet a man who had gone bankrupt over a poet
Найбільше він був радий зустрічі з людиною, яка збанкрутувала через поета

Hallward amused himself with watching the faces in the pit
Холлуорд розважався тим, що спостерігав за обличчями в ямі

The heat was terribly oppressive
Спека була страшенно гнітючою

and the huge sunlight flamed like a monstrous dahlia with petals

of yellow fire
І величезне сонячне світло палало, як жахлива жоржина з пелюстками жовтого вогню
The youths in the gallery had taken off their coats and waistcoats
Юнаки на галереї зняли пальта та жилети
and they hung their coats over the side
І вони повісили свої плащі збоку
They talked to each other across the theatre
Вони розмовляли один з одним по всьому театру
and they shared their oranges with the tawdry girls who sat beside them
І вони ділилися своїми апельсинами з дівчатами, які сиділи поруч з ними
Some women were laughing in the pit
Деякі жінки сміялися в ямі
Their voices were horribly shrill and discordant
Їхні голоси були жахливо пронизливими і дисонансними
The sound of the popping of corks came from the bar
З барної стійки долинав звук тріпотіння пробок
"What a place to find one's divinity in!" said Lord Henry
«Яке місце, де можна знайти свою божественність!» — сказав лорд Генрі
"Yes!" answered Dorian Gray
— Так, — відповів Доріан Грей
"It was here I found her"
"Саме тут я її знайшов"
"and she is divine beyond all living things"
«І вона божественніша за все живе»
"When she is on stage you will forget everything"
«Коли вона буде на сцені, ви все забудете»
"These common rough people, with their coarse faces and brutal gestures"
«Ці звичайні грубі люди, з їхніми грубими обличчями та брутальними жестами»
"they become quite different when she is on the stage"
«Вони стають зовсім іншими, коли вона на сцені»
"They sit silently and watch her"
«Вони мовчки сидять і спостерігають за нею»
"They weep and laugh as she wills them to do"
«Вони плачуть і сміються, як вона їм хоче»
"She makes them as responsive as a violin"

«Вона робить їх чуйними, як скрипка»
"She spiritualizes them"
«Вона одухотворяє їх»
"and one feels that they are of the same flesh and blood as one's self"
«І відчувається, що вони з тієї ж плоті і крові, що й сама»
"The same flesh and blood as one's self! Oh, I hope not!" exclaimed Lord Henry
"Така ж плоть і кров, як і ти сам! О, сподіваюся, що ні!» — вигукнув лорд Генрі
he was scanning the occupants of the gallery through his opera-glass
Він розглядав мешканців галереї через своє оперне скло
"Don't pay any attention to him, Dorian," said the painter
— Не звертай на нього ніякої уваги, Доріане, — сказав художник
"I understand what you mean"
"Я розумію, що ти маєш на увазі"
"and I believe in this girl"
"І я вірю в цю дівчину"
"Any one you love must be marvellous"
«Кожен, кого ти любиш, мусить бути чудовим»
"and any girl who has the effect you describe must be fine and noble"
"І будь-яка дівчина, яка має ефект, який ви описуєте, повинна бути прекрасною і благородною"
"To spiritualize one's age, that is something worth doing"
«Одухотворити свій вік – це те, що варто робити»
"If this girl can give a soul to those who have lived without one"
«Якщо ця дівчина може дати душу тим, хто жив без неї»
"if she can create the sense of beauty in people whose lives have been sordid and ugly"
«Якщо вона зможе створити відчуття прекрасного у людей, чиє життя було брудним і потворним»
"if she can strip them of their selfishness"
«Якщо вона зможе позбавити їх егоїзму»
"if she can lend them tears for sorrows that are not their own"
«Якщо вона може позичити їм сльози за чужі печалі»
"then she is worthy of all your adoration"
«Тоді вона гідна всього твого обожнювання»
"then she is worthy of the adoration of the world"
«Тоді вона гідна обожнювання світу»

"This marriage is quite right"
«Цей шлюб цілком правильний»
"I did not think so at first, but I admit it now"
«Спочатку я так не думав, але зараз визнаю»
"The gods made Sibyl Vane for you"
«Боги створили для тебе Сибіл Вейн»
"Without her you would have been incomplete"
«Без неї ти був би неповним»
"Thanks, Basil," answered Dorian Gray, pressing his hand
— Дякую, Безіле, — відповів Доріан Грей, стискаючи руку
"I knew that you would understand me"
«Я знала, що ти мене зрозумієш»
"Harry is so cynical, he terrifies me"
"Гаррі такий цинічний, він мене жахає"
"But here is the orchestra, it is quite dreadful"
"А ось оркестр, він досить жахливий"
"but it only lasts for about five minutes"
"Але це триває лише близько п'яти хвилин"
"Then the curtain rises"
«Тоді піднімається завіса»
"and you will see the girl to whom I am going to give all my life"
«І ти побачиш дівчину, якій я віддам усе своє життя»
"the girl to whom I have given everything that is good in me"
«Дівчина, якій я віддав усе, що в мені добре»
A quarter of an hour afterwards
Через чверть години
amidst an extraordinary turmoil of applause
серед надзвичайного сум'яття оплесків
Sibyl Vane stepped on to the stage
На сцену вийшла Сібіл Вейн
Yes, she was certainly lovely to look at
Так, на неї, безумовно, було приємно дивитися
one of the loveliest creatures, Lord Henry thought, that he had ever seen
одне з найпрекрасніших створінь, подумав лорд Генрі, якого він коли-небудь бачив
There was something of the fawn in her shy grace and startled eyes
В її сором'язливій грації та здивованих очах було щось від оленячого
A faint blush, like the shadow of a rose in a mirror of silver
Ледь помітний рум'янець, як тінь троянди в дзеркалі срібла

the blush came to her cheeks as she glanced at the crowded enthusiastic house
Рум'янець підступив до її щік, коли вона глянула на переповнений ентузіазм будинку
She stepped back a few paces and her lips seemed to tremble
Вона відступила на кілька кроків назад, і її губи, здавалося, затремтіли
Basil Hallward leaped to his feet and began to applaud
Безіл Холлуорд схопився на ноги і почав аплодувати
Motionless, and as one in a dream, sat Dorian Gray, gazing at her
Нерухомо, немов уві сні, сидів Доріан Грей, дивлячись на неї
Lord Henry peered through his glasses, murmuring, "Charming! charming!"
Лорд Генрі зазирнув крізь окуляри і пробурмотів: "Чарівно! Чарівна!»
The scene was the hall of Capulet's house
Місцем дії став зал будинку Капулетті
Romeo in his pilgrim's dress had entered with Mercutio and his other friends
Ромео в одязі пілігрима увійшов разом з Меркуціо та іншими його друзями
The band struck up a few bars of music, and the dance began
Гурт заграв кілька тактів, і танець розпочався
the crowd of ungainly, shabbily dressed actors
Натовп незграбних, пошарпано одягнених акторів
Sibyl Vane moved through them like a creature from a finer world
Сібіл Вейн рухалася крізь них, наче істота з прекраснішого світу
Her body swayed, while she danced, as a plant sways in the water
Її тіло гойдалося, поки вона танцювала, як рослина гойдається у воді
The curves of her throat were the curves of a white lily
Вигини її горла були вигинами білої лілії
Her hands seemed to be made of cool ivory
Її руки, здавалося, були зроблені з холодної слонової кістки
Yet she was curiously listless
І все ж вона була дивно млява
She showed no sign of joy when her eyes rested on Romeo
Вона не виявляла жодних ознак радості, коли її погляд зупинився на Ромео
The few words she had to speak
Кілька слів, які їй довелося сказати

"Good pilgrim, you do wrong your hand too much"
«Добрий пілігрим, ти занадто сильно помиляєшся»
"Which mannerly devotion shows in this;"
«Яка в цьому проявляється манірна відданість»;
"For saints have hands that pilgrims' hands do touch"
«Бо святі мають руки, яких торкаються руки паломників»
"And palm to palm is holy palmers' kiss"
«І долоня до долоні – поцілунок святих паломників»
the brief dialogue that follows was spoken in a thoroughly artificial manner
Подальший короткий діалог був вимовлений у цілком штучній манері
The voice was exquisite
Голос був вишуканий
but from the point of view of tone it was absolutely false
Але з точки зору тональності це було абсолютно помилково
It was wrong in colour
Він був неправильний за кольором
It took away all the life from the verse
Це забрало у вірша все життя
It made the passion unreal
Це зробило пристрасть нереальною
Dorian Gray grew pale as he watched her
Доріан Грей зблід, дивлячись на неї
He was puzzled and anxious
Він був спантеличений і стривожений
Neither of his friends dared to say anything to him
Ніхто з його друзів не наважувався йому нічого сказати
She seemed to them to be absolutely incompetent
Вона здавалася їм абсолютно некомпетентною
They were horribly disappointed
Вони були страшенно розчаровані
Yet they felt that the true test of any Juliet is the balcony scene
І все ж вони відчували, що справжнє випробування будь-якої Джульєтти – це сцена на балконі
They waited for that
Вони чекали на це
If she failed there, there was nothing in her
Якщо вона там зазнала невдачі, то в ній нічого не було
She looked charming as she came out in the moonlight
Вона виглядала чарівно, коли виходила в місячному світлі

That could not be denied
Цього не можна було заперечувати
But the staginess of her acting was unbearable
Але видовищність її акторської гри була нестерпною
and her acting grew worse as she went on
І її акторська гра ставала все гіршою в міру того, як вона продовжувала
Her gestures became absurdly artificial
Її жести стали абсурдно штучними
She overemphasized everything that she had to say"
Вона перебільшувала все, що мала сказати»
The beautiful passage;
Прекрасний прохід;
"Thou knowest the mask of night is on my face"
"Ти знаєш, що маска ночі на моєму обличчі"
"Else would a maiden blush bepaint my cheek"
«Інакше дівочий рум'янець намалював би мою щоку»
"For that which thou hast heard me speak tonight"
"За те, що ти чув, як я говорив сьогодні ввечері"
her lines were declaimed with the painful precision of a schoolgirl
Її репліки декламувалися з болісною точністю школярки
a schoolgirl who has been taught to recite by some second-rate professor of elocution
Школярка, яку навчив декламувати якийсь другосортний професор красномовства
When she leaned over the balcony and came to those wonderful lines—
Коли вона перехилилася через балкон і підійшла до тих чудових рядків...
"Although I joy in thee"
"Хоч я радію тобою"
"I have no joy of this contract tonight"
"Я не маю радості від цього контракту сьогодні ввечері"
"It is too rash, too unadvised, too sudden:"
"Це занадто необдумано, занадто необдумано, занадто раптово"
"Too like the lightning, which doth cease to be"
"Як блискавка, що перестає бути"
"Ere one can say, 'It lightens.' Sweet, good-night!"
"Можна сказати: "Світлішає". Мила, на добраніч!»
"This bud of love by summer's ripening breath"
«Цей бутон кохання дозріваючим подихом літа»

"May prove a beauteous flower when next we meet-"
«Може виявитися прекрасною квіткою, коли ми зустрінемося наступного разу...»

she spoke the words as though they conveyed no meaning to her
Вона промовляла ці слова так, ніби вони не мали для неї ніякого значення

It was not nervousness
Це не була нервозність

Indeed, so far from being nervous, she was absolutely self-contained
Справді, вона аж ніяк не нервувала, а була абсолютно замкнутою в собі

It was simply bad art
Це було просто погане мистецтво

She was a complete failure
Вона була повним провалом

Even the common uneducated audience of the pit and gallery lost their interest
Навіть звичайна неосвічена публіка ями та галереї втратила інтерес

They got restless, and began to talk loudly and to whistle
Вони занепокоїлися, почали голосно розмовляти і свистіти

The manager was standing at the back of the dress-circle
Управитель стояв у задній частині сукні-кола

he was stamping his feet and swearing with rage
Він тупав ногами і лаявся від люті

The only person unmoved was the girl herself
Єдиною незворушною людиною була сама дівчина

When the second act was over, there came a storm of hisses
Коли другий акт закінчився, почалася буря шипіння

Lord Henry got up from his chair and put on his coat
Лорд Генрі підвівся зі стільця і одягнув пальто

"She is quite beautiful, Dorian," he said, "but she is not an actress"
— Вона дуже гарна, Доріане, — сказав він, — але вона не актриса.

"Let us go," he suggested
— Ходімо, — запропонував він

"I am going to see the play through," answered the lad, in a hard bitter voice
— Я доведу п'єсу до кінця, — відповів хлопець жорстким гірким голосом

"I am awfully sorry that I have made you waste an evening, Harry"

— Мені страшенно шкода, що я змусив тебе змарнувати вечір, Гаррі.

"I apologize to you both"

«Я прошу вибачення у вас обох»

"My dear Dorian, I should think Miss Vane was ill," interrupted Hallward

— Любий Доріане, я думаю, що міс Вейн захворіла, — перебив його Холлуорд

"We will come some other night"

«Ми прийдемо якоїсь іншої ночі»

"I wish she were ill," he rejoined

— Я хотів би, щоб вона була хвора, — відповів він

"But she seems to me to be simply callous and cold"

"Але вона мені здається просто черствою і холодною"

"She has entirely altered"

«Вона повністю змінилася»

"Last night she was a great artist"

"Вчора ввечері вона була великою художницею"

"This evening she is merely a commonplace mediocre actress"

"Цього вечора вона просто звичайна посередня актриса"

"Don't talk like that about any one you love, Dorian"

— Не говори так ні про кого, кого любиш, Доріане.

"Love is a more wonderful thing than art"

«Любов прекрасніша за мистецтво»

"They are both simply forms of imitation," remarked Lord Henry

"Вони обидва є просто формами наслідування", - зауважив лорд Генрі

"But do let us go," he insisted

— Але відпустіть нас, — наполягав він

"Dorian, you must not stay here any longer"

— Доріане, ти не повинен більше тут залишатися.

"It is not good for one's morals to see bad acting"

«Недобре для моралі бачити погані вчинки»

"Besides, I don't suppose you will want your wife to act"

Крім того, я не думаю, що ви захочете, щоб ваша дружина діяла.

"so what does it matter if she plays Juliet like a wooden doll"?

"То яка різниця, якщо вона грає Джульєтту, як дерев'яну ляльку"?

"She is very lovely"

"Вона дуже мила"

**"if she knows as little about life as she does about acting, she will be delightful"

«Якщо вона так само мало знає про життя, як і про акторську майстерність, вона буде чудовою»

"There are only two kinds of people who are really fascinating"

«Є лише два типи людей, які дійсно захоплюють»

"people who know absolutely everything"

«Люди, які знають абсолютно все»

"and people who know absolutely nothing"

«І люди, які абсолютно нічого не знають»

"Good heavens, my dear boy, don't look so tragic!"

— Боже мій, мій любий хлопчику, не виглядай так трагічно!

"The secret of remaining young is never to have an emotion that is unbecoming"

«Секрет того, щоб залишатися молодим, полягає в тому, щоб ніколи не відчувати емоції, які не стають»

"Come to the club with Basil and myself"

«Приходь до клубу з Василем і собою»

"We will smoke cigarettes and drink to the beauty of Sibyl Vane"

«Ми будемо курити сигарети і пити за красу Сибіл Вейн»

"She is beautiful. What more can you want?"

"Вона прекрасна. Чого ще бажати?»

"Go away, Harry," cried the lad

— Іди геть, Гаррі, — гукнув хлопець

"I want to be alone. Dear Basil, you must go"

"Я хочу побути на самоті. Дорогий Василю, ти мусиш іти"

"Ah! can't you see that my heart is breaking?"

— Ах! Хіба ти не бачиш, що моє серце розривається?»

The hot tears came to his eyes

Гарячі сльози навернулися йому на очі

His lips trembled, and he rushed to the back of the theatre box

Його губи затремтіли, і він кинувся до задньої частини театральної ложі

he leaned up against the wall, hiding his face in his hands

Він притулився до стіни, сховавши обличчя в долонях

"Let us go, Basil," said Lord Henry with a strange tenderness in his voice

— Ходімо, Безіле, — сказав лорд Генрі з дивною ніжністю в голосі

and the two young men went out together

І вийшли ті двоє юнаків удвох

A few moments afterwards the footlights flared up

Через кілька хвилин спалахнуло світло ніг

and the curtain rose on the third act
І піднялася завіса на третьому акті
Dorian Gray went back to his seat
Доріан Грей повернувся на своє місце
He looked pale, and proud, and indifferent
Він виглядав блідим, гордим і байдужим
The play dragged on, and seemed interminable
П'єса затягувалася і здавалася нескінченною
Half of the audience went out, tramping in heavy boots and laughing
Половина глядачів виходила, топчучись у важких чоботях і сміючись
The whole thing was a fiasco
Все це було фіаско
The last act was played to almost empty benches
Останній акт був зіграний на майже порожніх лавках
The curtain went down on a titter and some groans
Завіса опустилася на тремтіння і якийсь стогін
As soon as it was over, Dorian Gray rushed behind the scenes
Як тільки все скінчилося, Доріан Грей кинувся за лаштунки
The girl was standing there alone, with a look of triumph on her face
Дівчина стояла там сама, з виразом тріумфу на обличчі
Her eyes were lit with an exquisite fire
Її очі загорілися вишуканим вогнем
There was a radiance about her
Навколо неї було сяйво
Her parted lips were smiling over some secret of their own
Її розтулені губи посміхалися якійсь власній таємниці
When he entered, she looked at him
Коли він увійшов, вона подивилася на нього
and an expression of infinite joy came over her
І вираз безмежної радості огорнув її
"How bad an actress I was tonight, Dorian!" she cried
"Яка я була погана актриса сьогодні ввечері, Доріане!" — вигукнула вона
"Horrible!" he answered, gazing at her in amazement
«Жах!» — відповів він, здивовано дивлячись на неї
"Horrible? It was dreadful"
"Жахливо? Це було жахливо"
"Are you ill?"

— Ти захворів?

"You have no idea what it was"

"Ви не уявляєте, що це було"

"You have no idea what I suffered"

«Ти не уявляєш, що я вистраждав»

The girl smiled. "Dorian," she answered

Дівчина посміхнулася. — Доріане, — відповіла вона

she lingered over his name with long-drawn music in her voice

Вона затрималася над його ім'ям з протяжною музикою в голосі

"as though his name were sweeter than honey to the red petals of her mouth"

«Неначе його ім'я солодше меду для червоних пелюсток її уст»

"Dorian, you should have understood"

— Доріане, ти мав би зрозуміти.

"But you understand now, don't you?"

— Але ж ти розумієш, чи не так?

"Understand what?" he asked, angrily

«Розумієш що?» — сердито спитав він

"you understand why I was so bad tonight"

"Ти розумієш, чому мені було так погано сьогодні ввечері"

"you understand why I shall always be bad"

«Ти розумієш, чому я завжди буду поганим»

"you understand why I shall never act well on stage again"

«Ти розумієш, чому я більше ніколи не буду добре виступати на сцені»

He shrugged his shoulders

Він знизав плечима

"You are ill, I suppose"

— Мабуть, ти хворий.

"When you are ill you shouldn't go on stage"

«Коли ти хворий, ти не повинен виходити на сцену»

"You make yourself ridiculous"

«Ти робиш себе смішним»

"My friends were bored. I was bored"

"Моїм друзям було нудно. Мені було нудно"

She seemed not to listen to him

Вона, здавалося, не слухала його

She was transfigured with joy

Вона преображилася від радості

An ecstasy of happiness dominated her

Екстаз щастя опанував над нею

"Dorian, Dorian," she cried

— Доріане, Доріане, — вигукнула вона

"before I knew you, acting was the one reality of my life"

«До того, як я познайомився з тобою, акторство було єдиною реальністю мого життя»

"It was only in the theatre that I lived"

«Тільки в театрі я жила»

"I thought that it was all true"

«Я думала, що це все правда»

"I was Rosalind one night and Portia the other"

«Однієї ночі я була Розаліндою, а другою — Порцією»

"The joy of Beatrice was my joy"

«Радість Беатріче була моєю радістю»

"and the sorrows of Cordelia were mine also"

"І скорботи Корделії були і моїми"

"I believed in everything that I acted"

«Я вірив у все, що робив»

"The common people who were on the stage with me seemed to me to be godlike"

«Прості люди, які були зі мною на сцені, здавалися мені богоподібними»

"The painted scenes were my world"

«Намальовані сцени були моїм світом»

"I knew nothing but shadows, and I thought them real"

«Я не знав нічого, крім тіней, і вважав їх реальними»

"You came—oh, my beautiful love!—and you freed my soul from prison"

«Ти прийшла — о, моя прекрасна любов! — і визволила мою душу з в'язниці»

"You taught me what reality really is"

«Ти навчив мене, що таке реальність насправді»

"Tonight, for the first time in my life, I saw through the hollowness"

"Сьогодні ввечері я вперше в житті побачив порожнечу"

"I saw through the sham"

«Я бачив крізь бутафорію»

"I saw through the silliness of the empty pageant in which I had always played"

«Я бачив наскрізь безглуздість порожнього конкурсу, в якому завжди грав»

"Tonight, for the first time, I became conscious that the Romeo was

hideous"
«Сьогодні ввечері я вперше усвідомив, що Ромео огидний»
"I saw that Romeo was old, and painted"
«Я побачив, що Ромео старий, і намалював»
"I saw that the moonlight in the orchard was false"
«Я побачив, що місячне сяйво в саду фальшиве»
"I saw that the scenery was vulgar"
«Я побачила, що декорації вульгарні»
"and I saw that the words I had to speak were unreal"
"І я побачив, що слова, які я мав сказати, були нереальними"
"they were not my words"
«Це були не мої слова»
"they were not the words that I wanted to say"
"Це були не ті слова, які я хотів сказати"
"You had brought me something higher"
«Ти приніс мені щось вище»
"you had brought me something of which all art is but a reflection"
«Ти приніс мені те, про що все мистецтво є лише відображенням»
"You had made me understand what love really is"
«Ти дав мені зрозуміти, що таке любов насправді»
"My love! My love! Prince Charming! Prince of life!"
"Любов моя! Моє кохання! Чарівний принц! Князь життя!»
"I have grown sick of shadows"
«Мені набридли тіні»
"You are more to me than all art can ever be"
«Ти для мене більше, ніж будь-яке мистецтво»
"Why should I be with the puppets of a play?"
«Чому я маю бути з ляльками п'єси?»
"I could not understand how it was that everything had gone from me"
«Я не могла зрозуміти, як так сталося, що все пішло від мене»
"I thought that I was going to be wonderful"
«Я думала, що буду чудовою»
"I found that I could do nothing"
«Я зрозумів, що нічого не можу зробити»
"Suddenly it dawned on my soul what it all meant"
«Раптом до моєї душі спало на думку, що все це означає»
"The knowledge was exquisite to me"
«Знання були для мене чудовими»
"I heard them hissing, and I smiled"

«Я чув, як вони шипіли, і посміхався»
"What could they know of love such as ours?"
— Що вони могли знати про таке кохання, як наше?
"Take me away, Dorian—take me away with you"
— Забери мене, Доріане, забери мене з собою.
"take me to where we can be quite alone"
«Відведи мене туди, де ми можемо побути зовсім наодинці»
"I hate the stage"
«Я ненавиджу сцену»
"I might mimic a passion that I do not feel"
«Я можу імітувати пристрасть, яку не відчуваю»
"but I cannot mimic one that burns me like fire"
«Але я не можу наслідувати ту, яка спалює мене, як вогонь»
"Oh, Dorian, Dorian, you understand now what it signifies?"
— О, Доріане, Доріане, ти тепер розумієш, що це означає?
"Even if I could, it would be profanation for me to act being in love"
«Навіть якби я міг, для мене було б профанацією поводитися закохано»
"You have made me see that"
«Ти змусив мене це побачити»
He flung himself down on the sofa and turned away his face
Він кинувся на диван і відвернувся
"You have killed my love," he muttered
— Ти вбив мою любов, — пробурмотів він
She looked at him in wonder and laughed
Вона здивовано подивилася на нього і засміялася
He made no answer
Він нічого не відповів
She came across to him
Вона йому попалася
and with her little fingers she stroked his hair
І маленькими пальчиками гладила його волосся
She knelt down and pressed his hands to her lips
Вона стала на коліна і притиснула його руки до губ
He drew his fingers away
Він відвів пальці
and a shudder ran through him
І здригнулося від нього
Then he leaped up and went to the door
Потім він схопився і підійшов до дверей

"Yes," he cried, "you have killed my love
— Так, — вигукнув він, — ти вбив мою любов
"You used to stir my imagination"
«Ти розбурхував мою уяву»
"Now you don't even stir my curiosity"
«Тепер ти навіть не збуджуєш моєї цікавості»
"You simply produce no effect"
«Ви просто не справляєте ніякого ефекту»
"I loved you because you were marvellous"
«Я любив тебе, бо ти був чудовий»
"I loved you because you had genius and intellect"
«Я любив тебе, тому що у тебе був геній і розум»
"I loved you because you realized the dreams of great poets"
«Я любив тебе, бо ти здійснив мрії великих поетів»
"you gave shape and substance to the shadows of art"
«Ти надав форму і зміст тіням мистецтва»
"You have thrown it all away"
«Ви все це викинули»
"You are shallow and stupid"
«Ти неглибокий і дурний»
"My God! how mad I was to love you!"
— Боже мій! Як же я шалено любив тебе!»
"What a fool I have been!"
— Який я дурень!
"You are nothing to me now"
«Тепер ти для мене ніщо»
"I will never see you again"
«Я більше ніколи тебе не побачу»
"I will never think of you"
«Я ніколи не буду думати про тебе»
"I will never mention your name"
«Я ніколи не буду згадувати твоє ім'я»
"You don't know what you were to me, once"
«Ти не знаєш, ким ти був для мене, колись»
"Oh, I can't bear to think of it!"
— Ой, я не можу про це думати!
"I wish I had never laid eyes upon you!"
— Краще б я ніколи не побачив тебе!
"You have spoiled the romance of my life"
«Ти зіпсував романтику мого життя»
"How little you can know of love, if you say it mars your art!"

«Як мало ти можеш знати про кохання, якщо скажеш, що воно затьмарює твоє мистецтво!»

"Without your art, you are nothing"

«Без твого мистецтва ти ніщо»

"I would have made you famous, splendid, magnificent"

«Я б зробив тебе знаменитим, пишним, чудовим»

"The world would have worshipped you"

«Світ поклонився б тобі»

"and you would have borne my name"

«І ти носив би моє ім'я»

"What are you now?"

— Що ти тепер?

"A third-rate actress with a pretty face"

«Третьосортна актриса з симпатичним обличчям»

The girl grew white, and trembled

Дівчинка побіліла і затремтіла

She clenched her hands together

Вона стиснула руки

her voice seemed to catch in her throat.

Її голос наче застряг у горлі.

"You are not serious, Dorian?" she murmured

— Ти несерйозно, Доріане? — пробурмотіла вона

"You are acting a part in a play"

«Ви граєте роль у п'єсі»

"Acting a part! I leave that to you"

"Виконую роль! Я залишаю це тобі»

"You do it so well," he answered bitterly

— Ти так добре це робиш, — з гіркотою відповів він

She rose from her knees

Вона піднялася з колін

there was a piteous expression of pain in her face

На її обличчі був жалюгідний вираз болю

she came across the room to him

Вона підійшла до нього через кімнату

She put her hand upon his arm and looked into his eyes

Вона поклала руку йому на руку і подивилася йому в очі

He thrust her back. "Don't touch me!" he cried

Він відштовхнув її назад. «Не чіпай мене!» — закричав він

A low moan broke from her

Тихий стогін вирвався з неї

she flung herself at his feet

Вона кинулася до його ніг
and she lay there like a trampled flower
І лежала вона, як розтоптана квітка
"Dorian, Dorian, don't leave me!" she whispered
«Доріане, Доріане, не покидай мене!» — прошепотіла вона
"I am so sorry I didn't act well"
«Мені дуже шкода, що я не вчинила добре»
"I was thinking of you all the time"
«Я весь час думав про тебе»
"But I will try—indeed, I will try"
«Але я спробую — справді, я спробую»
"It came so suddenly across me, my love for you"
«Це так раптово охопило мене, моя любов до тебе»
"I think I should never have known it if you had not kissed me"
«Думаю, я б ніколи не дізнався про це, якби ти мене не поцілував»
"if we had not kissed each other"
«Якби ми не цілувалися»
"Kiss me again, my love"
«Поцілуй мене знову, моя любов»
"Don't go away from me"
«Не йди від мене»
"I can't bear it"
"Я не можу цього терпіти"
"Oh! don't go away from me"
— Ой! Не йди від мене"
"My brother ... No; never mind"
"Мій брат ... Ні; Неважливо"
"He didn't mean it. He was in jest...."
"Він цього не мав на увазі. Він жартома...»
"But you, oh! can't you forgive me for tonight?"
— А ти, ой! Невже ти не можеш пробачити мені сьогоднішню ніч?»
"I will work so hard and try to improve"
«Я буду так багато працювати і намагатися вдосконалюватися»
"Don't be cruel to me"
«Не будь жорстоким до мене»
"because I love you better than anything in the world"
«Тому що я люблю тебе більше за все на світі»
"After all, it is only once that I have not pleased you"
«Адже я тільки один раз не догодив тобі»

"But you are quite right, Dorian"
— Але ти маєш цілковиту рацію, Доріане.
"I should have shown myself more of an artist"
«Я повинен був показати себе більше художником»
"It was foolish of me"
«Це було нерозумно з мого боку»
"and yet I couldn't help it"
"І все ж я не міг нічого вдіяти"
"Oh, don't leave me, don't leave me"
«Ой, не покидай мене, не залишай мене»
A fit of passionate sobbing choked her
Напад пристрасних ридань душив її
She crouched on the floor like a wounded thing
Вона присіла на підлогу, як поранена
Dorian Gray, with his beautiful eyes, looked down at her
Доріан Грей своїми прекрасними очима дивився на неї зверхньо
his chiselled lips curled in exquisite disdain
Його точені губи скривились від вишуканої зневаги
There is always something ridiculous about the emotions of people whom one has ceased to love
Завжди є щось смішне в емоціях людей, яких перестали любити
Sibyl Vane seemed to him to be absurdly melodramatic
Сібіл Вейн здавалася йому абсурдно-мелодраматичною
Her tears and sobs annoyed him
Її сльози і ридання дратували його
"I am going," he said at last in his calm clear voice
— Я йду, — сказав він нарешті своїм спокійним чистим голосом
"I don't wish to be unkind, but I can't see you again"
«Я не хочу бути недобрим, але я більше не можу тебе бачити»
"You have disappointed me"
«Ви мене розчарували»
She wept silently, and made no answer, but crept nearer
Вона мовчки заплакала і нічого не відповіла, а підкралася ближче
Her little hands stretched blindly out, and appeared to be seeking for him
Її маленькі рученята наосліп простягалися і, здавалося, шукали його
He turned on his heel and left the room
Він повернувся на каблук і вийшов з кімнати
In a few moments he was out of the theatre
За кілька хвилин його вже не було в театрі

Where he went to he hardly knew
Куди він подівся, він майже не знав
He remembered wandering through dimly lit streets
Він пам'ятав, як блукав тьмяно освітленими вулицями
he went past gaunt, black-shadowed archways and evil-looking houses
Він проходив повз виснажені, затемнені чорними арками та злими будинками
Women with hoarse voices and harsh laughter had called after him
Жінки з хрипкими голосами і різким сміхом кликали йому навздогін
Drunkards had reeled by, cursing and chattering to themselves like monstrous apes
П'яниці проходили повз, лаялися і базікали самі до себе, як жахливі мавпи
He had seen grotesque children huddled upon door-steps
Він бачив гротескних дітей, які тулилися на порозі
and he had heard shrieks and oaths from gloomy courts
І він чув крики та клятви з похмурих дворів
As the dawn was just breaking, he found himself close to Covent Garden
Коли світанок тільки починався, він опинився неподалік від Ковент-Гардена
The darkness lifted, and, was flushed with faint fires
Темрява розвіялася, і вона почервоніла слабкими вогнями
the sky hollowed itself into a perfect pearl
Небо перетворилося на досконалу перлину
Huge carts filled with nodding lilies rumbled slowly down the polished empty street
Величезні вози, наповнені киваючими ліліями, повільно гуркотіли полірованою порожньою вулицею
The air was heavy with the perfume of the flowers
Повітря було важке від пахощів квітів
and their beauty seemed to bring him an anodyne for his pain
І їхня краса, здавалося, принесла йому анод за його біль
He followed into the market and watched the men unloading their wagons
Він пішов на базар і дивився, як чоловіки розвантажують свої вози
A white-smocked carter offered him some cherries
Візник у білому халаті запропонував йому кілька вишень

He thanked him, wondered why he refused to accept any money for them
Він дякував йому, дивувався, чому він відмовляється брати за них гроші

and he began to eat the cherries listlessly
І він почав мляво їсти вишні

They had been plucked at midnight
Їх зірвали опівночі

the coldness of the moon had entered into them
Холод місяця увійшов у них

A long line of boys carrying crates of striped tulips, and of yellow and red roses
Довга черга хлопчиків, які несли ящики зі смугастими тюльпанами, жовтими та червоними трояндами

the boys threaded their way through the huge, jade-green piles of vegetables
Хлопці пробиралися крізь величезні нефритово-зелені купи овочів

Under the portico, with its grey, sun-bleached pillars
Під портиком з його сірими, вибіленими сонцем колонами

there loitered a troop of draggled bareheaded girls
Там тинявся загін волокнистих дівчат з голими головами

they were waiting for the auction to be over
Вони чекали, коли аукціон закінчиться

Others crowded round the swinging doors of the coffee-house in the piazza
Інші юрмилися біля розпашних дверей кав'ярні на площі

The heavy cart-horses slipped and stamped upon the rough stones
Важкі коні посковзнулися і тупотіли по грубому камінню

the horses shook their bells and trappings
Коні трясли дзвіночками і атрибутами

Some of the drivers were lying asleep on a pile of sacks
Дехто з водіїв спав на купі мішків

Iris-necked and pink-footed, the pigeons ran about picking up seeds
З райдужною шиєю і рожевоногими, голуби бігали по насіння

After a little while, he hailed a handsome and drove home
Через деякий час він привітав красеня і поїхав додому

For a few moments he loitered upon the doorstep
Якусь мить він тинявся на порозі

he looked round at the silent square

Він озирнувся на мовчазну площу
blank, close-shuttered windows, and staring blinds
глухі вікна з закритими віконницями та жалюзі
The sky was pure opal now
Небо тепер було чистим опалом
and the roofs of the houses glistened like silver against the sky
А дахи будинків блищали, як срібло на тлі неба
From some chimney opposite a thin wreath of smoke was rising
З якогось комина навпроти здіймався тоненький вінок диму
It curled, a violet ribbon, through the nacre-coloured air
Вона в'ється, фіалковою стрічкою, крізь перламутрове повітря
Venetian lanterns hung from the ceiling of the great, oak-panelled entrance
Венеціанські ліхтарі звисали зі стелі великого, обшитого дубовими панелями входу
they had been the spoil of some Doge's barge
вони були здобиччю якоїсь баржі Дожа
their lights were still burning from three flickering jets
Їхні вогники все ще горіли від трьох мерехтливих струменів
thin blue petals of flame they seemed, rimmed with white fire
Здавалось, тонкі сині пелюстки полум'я, облямовані білим вогнем
He turned them out and, having thrown his hat and cape on the table
Він вивернув їх і, кинувши на стіл капелюх і плащ
he passed through the library towards the door of his bedroom
Він пройшов через бібліотеку до дверей своєї спальні
a large octagonal chamber on the ground floor
велика восьмигранна камера на першому поверсі
in his new-born feeling for luxury, he had just had decorated the room
У своєму новонародженому почутті розкоші він щойно прикрасив кімнату
he had hung some curious Renaissance tapestries
він повісив кілька цікавих гобеленів епохи Відродження
tapestries that had been discovered in a disused attic at Selby Royal
гобелени, які були виявлені на занедбаному горищі в Селбі Роял
As he was turning the handle of the door, his eye fell on his picture
Коли він повертав ручку дверей, його погляд упав на картину
the portrait Basil Hallward had painted of him
портрет, який намалював Безіл Холлуорд

He started back as if in surprise
Він відсахнувся, наче здивований
Then he went on into his own room, looking somewhat puzzled
Потім він пішов у свою кімнату, виглядаючи дещо спантеличеним
After he had taken the button-hole out of his coat, he seemed to hesitate
Вийнявши з пальта петлицю для гудзика, він, здавалося, завагався
Finally, he came back, went over to the picture, and examined it
Нарешті він повернувся, підійшов до картини і оглянув її
In the dim arrested light that struggled through the cream-coloured silk blinds
У тьмяному світлі, що пробивалося крізь шовкові жалюзі кремового кольору
the face appeared to him to be a little changed
Обличчя здалося йому трохи зміненим
The expression looked different
Вираз обличчя виглядав інакше
One would have said that there was a touch of cruelty in the mouth
Можна було б сказати, що в роті відчувалася нотка жорстокості
It was certainly strange
Це, звичайно, було дивно
He turned round and, walking to the window, drew up the blind.
Він обернувся і, підійшовши до вікна, підняв штору.
The bright dawn flooded the room
Яскравий світанок залив кімнату
and the light swept the fantastic shadows into dusky corners
І світло розносило фантастичні тіні в сутінкові закутки
and there the shadows lay shuddering
А там тіні лежали, здригаючись
But the strange expression seemed to linger there
Але дивний вираз обличчя, здавалося, затримався там
the strange expression seemed to have intensified even more
Дивний вираз обличчя, здавалося, ще більше посилився
The quivering ardent sunlight showed him the lines of cruelty round the mouth
Тремтливе палке сонячне світло показало йому лінії жорстокості навколо рота
it was as clearly as if he had been looking into a mirror
Це було так ясно, наче він дивився в дзеркало

after he had done some dreadful thing
після того, як він зробив якусь жахливу річ
He winced and and took up from the table an oval glass framed in ivory Cupids
Він поморщився і підняв з-за столу овальний келих, обрамлений Купідонами зі слонової кістки
one of Lord Henry's many presents to him
один з численних подарунків лорда Генрі
he glanced hurriedly into its polished depths
Він квапливо зазирнув у її піліровану глибину
No line like that warped his red lips
Жодна така лінія не деформувала його червоні губи
What did it mean?
Що це означало?
He rubbed his eyes
Він протер очі
he came close to the picture, and examined it again
Він наблизився до картини і знову оглянув її
There were no signs of any change when he looked into the actual painting
Не було жодних ознак будь-яких змін, коли він подивився на саму картину
and yet there was no doubt that the whole expression had altered
І все ж не було сумніву, що весь вираз обличчя змінився
It was not a mere fancy of his own
Це була не просто його власна фантазія
The thing was horribly apparent
Це було жахливо очевидно
He threw himself into a chair and began to think
Він кинувся в крісло і почав думати
Suddenly there flashed across his mind a memory
Раптом у його пам'яті промайнув спогад
the thing that he had said in Basil Hallward's studio the day the picture had been finished
те, що він сказав у студії Безіла Холлуорда в той день, коли картина була закінчена
Yes, he remembered it perfectly
Так, він це чудово запам'ятав
He had uttered a mad wish that he himself might remain young, and the portrait grow old
Він вимовив божевільне бажання, щоб сам залишився молодим,

а портрет постарів

he had wished that his own beauty might be untarnished

Він хотів, щоб його власна краса не була заплямована

and he had wished the face on the canvas bear the burden of his passions and his sins

І він хотів, щоб обличчя на полотні несло тягар його пристрастей і гріхів

he had wished that the painted image might be seared with the lines of suffering and thought

Він хотів, щоб намальований образ був обпалений лініями страждання і думки

and he wished to keep all the delicate bloom and loveliness of his then just conscious boyhood

І він хотів зберегти весь ніжний цвіт і красу свого тоді ще просто свідомого отроцтва

Surely his wish had not been fulfilled? Such things were impossible

Невже його бажання не сповнилося? Такі речі були неможливі

It seemed monstrous even to think of such impossible things

Здавалося жахливим навіть думати про такі неможливі речі

And, yet, there was the picture before him

І, все-таки, перед ним стояла картина

the picture with the touch of cruelty in the mouth

Картина з відтінком жорстокості в роті

Cruelty! Had he been cruel?

Жорстокості! Чи був він жорстоким?

It was the girl's fault, not his

Це була провина дівчини, а не його

He had dreamed of her as a great artist

Він мріяв про неї, як про велику художницю

he had given his love to her because he had thought her great

Він віддав їй свою любов, тому що вважав її великою

Then she had disappointed him

Тоді вона його розчарувала

She had been shallow and unworthy

Вона була неглибокою і недостойною

And, yet, a feeling of infinite regret came over him

І все ж почуття безмежного жалю охопило його

he thought of her lying at his feet sobbing like a little child

Він подумав про неї, яка лежала біля його ніг і ридала, як мала дитина

He remembered with what callousness he had watched her
Він згадав, з якою черствістю спостерігав за нею
Why had he been made like that?
Чому його так зробили?
Why had such a soul been given to him?
Чому йому була дана така душа?
But he had suffered also
Але він також страждав
During the three terrible hours that the play had lasted
Протягом трьох жахливих годин, які тривала п'єса
he had lived centuries of pain
Він пережив століття болю
it was aeon upon aeon of torture
Це був еон за еоном тортур
His life was worth as much as hers
Його життя коштувало стільки ж, скільки й її
She had marred him for a moment, if he had wounded her for an age
Вона затьмарила його на мить, якби він поранив її на вік
Besides, women were better suited to bear sorrow than men
Крім того, жінки краще переносили горе, ніж чоловіки
They lived on their emotions
Вони жили своїми емоціями
They only thought of their emotions
Вони думали лише про свої емоції
When they took lovers, it was merely to have someone with whom they could have scenes
Коли вони брали коханців, це було просто для того, щоб мати когось, з ким вони могли б влаштувати сцени
Lord Henry had told him this
Лорд Генрі сказав йому це
and Lord Henry knew what women were
і лорд Генрі знав, що таке жінки
Why should he trouble about Sibyl Vane?
Чому він повинен турбуватися про Сібіл Вейн?
She was nothing to him now
Тепер вона була для нього нічим
But the picture?
Але картина?
What was he to say of that?
Що він мав сказати з цього приводу?

his picture held the secret of his life, and told his story
Його картина зберігала таємницю його життя і розповідала його історію
his picture had taught him to love his own beauty
Картина навчила його любити власну красу
Would his picture teach him to loathe his own soul?
Чи навчить його картина ненавидіти власну душу?
Would he ever look at his picture again?
Чи подивиться він коли-небудь на свою фотографію знову?
No; it was merely an illusion wrought on by the troubled senses
Ні; Це була лише ілюзія, яку створювали стурбовані чуття
The horrible night that he had passed had left phantoms behind it
Жахлива ніч, яку він пройшов, залишила по собі примари
Suddenly there had fallen upon his brain that tiny scarlet speck that makes men mad
Раптом на його мозок впала та крихітна червона цятка, яка зводить людей з розуму
The picture had not changed
Картина не змінилася
It was folly to think so
Безглуздо так думати
and yet his picture was watching him with its beautiful marred face and its cruel smile
І все ж його фотографія дивилася на нього своїм прекрасним спотвореним обличчям і жорстокою посмішкою
Its bright hair gleamed in the early sunlight
Його яскраве волосся блищало в ранньому сонячному світлі
Its blue eyes met his own
Його блакитні очі зустрілися з його власними
A sense of infinite pity, not for himself, but for the painted image of himself, came over him
Його охопило почуття безмежного жалю не до себе, а до намальованого образу самого себе
his picture had altered already, and would alter more
Його картина вже змінилася і буде змінюватися ще більше
the gold would wither into grey
Золото в'яне в сіре
the red and white roses would die
Червоні і білі троянди загинули б
For every sin that he committed, a stain would fleck and wreck the portrait's fairness

За кожен скоєний ним гріх пляма зникала і руйнувала справедливість портрета

But he was not going to sin

Але грішити він не збирався

The picture, changed or unchanged, would be to him the visible emblem of conscience

Картина, змінена чи незмінна, була б для нього видимою емблемою совісті

He would resist temptation

Він протистояв спокусі

He would not see Lord Henry any more

Він більше не побачить лорда Генрі

he would not, at any rate, listen to those subtle poisonous theories

У всякому разі, він не слухав цих тонких отруйних теорій

in dear Basil's garden they had first stirred within him the passion for impossible things

в саду дорогого Василя вони вперше пробудили в ньому пристрасть до неможливого

He would go back to Sibyl Vane

Він повернеться до Сібіл Вейн

he would make her amend, marry her, try to love her again.

Він змусив би її загладити свою провину, одружитися з нею, спробувати полюбити її знову.

Yes, it was his duty to do so

Так, це був його обов'язок

She must have suffered more than he had

Вона, мабуть, страждала більше, ніж він

Poor child! He had been selfish and cruel to her

Бідна дитина! Він був егоїстичний і жорстокий до неї

The fascination that she had exercised over him would return

Захоплення, яке вона виявляла над ним, повернеться

They would be happy together

Вони були б щасливі разом

His life with her would be beautiful and pure

Його життя з нею було б прекрасним і чистим

He got up from his chair

Він підвівся зі стільця

and he pulled a screen right in front of the portrait

І він потягнув екран прямо перед портретом

he shuddered as he glanced at the picture

Він здригнувся, глянувши на картину

"How horrible!" he murmured to himself
«Який жах!» — пробурмотів він сам до себе
and he walked across to the window and opened it
І він підійшов до вікна і відчинив його
When he stepped out on to the grass, he drew a deep breath
Вийшовши на траву, він глибоко вдихнув
The fresh morning air seemed to drive away all his sombre passions
Свіже ранкове повітря, здавалося, проганяло всі його похмурі пристрасті
He thought only of Sibyl
Він думав тільки про Сибілу
A faint echo of his love came back to him
До нього повернувся ледь чутний відгомін кохання
He repeated her name over and over again
Він повторював її ім'я знову і знову
The birds that were singing in the dew-drenched garden seemed to be telling the flowers about her
Пташки, що співали в залитому росою саду, здавалося, розповідали квітам про неї

Chapter Eight
Розділ восьмий

It was long past noon when he awoke
Було вже далеко за полудень, коли він прокинувся

His valet had crept several times on tiptoe into the room
Його камердинер кілька разів навшпиньках прокрадався до кімнати

to see if Dorian was stirring from his sleep
щоб побачити, чи не ворушиться Доріан від сну

and he had wondered what made his young master sleep so late
І він дивувався, чому його молодий пан так пізно спить

Finally his bell sounded, and Victor came in softly with a cup of tea
Нарешті пролунав дзвінок, і Віктор тихенько увійшов з чашкою чаю

and he had a pile of letters, on a small tray of old Sevres china
і в нього була купа листів на маленькому підносі старого севрського фарфору

he drew back the olive-satin curtains, with their shimmering blue lining
Він відсунув оливково-атласні штори з мерехтливою синьою підкладкою

the curtains that hung in front of the three tall windows
Фіранки, що висіли перед трьома високими вікнами

"Monsieur has well slept this morning," he said, smiling
— Мсьє добре виспався сьогодні вранці, — сказав він, усміхаючись

"What o'clock is it, Victor?" asked Dorian Gray drowsily
«Котра година, Вікторе?» — сонно спитав Доріан Грей

"One hour and a quarter, Monsieur"
— Година з чвертю, мсьє.

He sat up, and having sipped some tea, turned over his letters
Він сів і, сьорбнувши чаю, перегорнув свої листи

One of the letters was from Lord Henry, and had been brought by hand that morning
Один з листів був від лорда Генрі і був принесений вручну того ранку

He hesitated for a moment, and then put the envelope aside
Якусь мить він вагався, а потім відклав конверт убік

The other letters he opened listlessly
Інші листи він мляво відкривав

They contained the usual collection of cards and invitations to

dinner
Вони містили звичайну колекцію листівок і запрошень на вечерю
tickets for private views, programmes of charity concerts, and the like
Квитки на приватні перегляди, програми благодійних концертів тощо
the usual invitations showered on fashionable young men every morning during the season
Звичайні запрошення сипалися на модних юнаків щоранку протягом сезону
There was a rather heavy bill for a chased silver Louis-Quinze toilet-set
Був досить великий рахунок за карбований сріблястий туалетний гарнітур Louis-Quinze
he had not yet had the courage to send the bill to his guardians
Він ще не наважився відправити вексель своїм опікунам
his parents were extremely old-fashioned people
Його батьки були надзвичайно старомодними людьми
they did not realize we live in an age when unnecessary things are our only necessities
Вони не усвідомлювали, що ми живемо в епоху, коли непотрібні речі є нашою єдиною необхідністю
and there were several courteously worded communications from Jermyn Street money-lenders
і було кілька ввічливо сформульованих повідомлень від лихварів на Джермін-стріт
they offered to advance any sum of money at a moment's notice
Вони запропонували авансувати будь-яку суму грошей у будь-який момент
and they offered the most reasonable rates of interest
І вони пропонували найприйнятніші відсоткові ставки
After about ten minutes he got up
Хвилин через десять він підвівся
he threw on on an elaborate dressing-gown of silk-embroidered cashmere wool
Він одягнув вишуканий халат з розшитої шовком кашемірової вовни
and he passed into the onyx-paved bathroom
І він зайшов у ванну кімнату, вимощену оніксом
The cool water refreshed him after his long sleep
Прохолодна вода освіжила його після довгого сну

He seemed to have forgotten all that he had gone through
Здавалося, він забув усе, що пережив
A dim sense of having taken part in some strange tragedy came to him once or twice
Тьмяне відчуття причетності до якоїсь дивної трагедії приходило до нього раз чи двічі
but there was the unreality of a dream about the memory
Але була нереальність сну про пам'ять
As soon as he was dressed, he went into the library
Одягнувшись, він пішов до бібліотеки
breakfast had been laid out for him on a small round table close to the open window
Сніданок був розкладений для нього на маленькому круглому столику біля відчиненого вікна
It was an exquisite day
Це був чудовий день
The warm air seemed laden with spices
Тепле повітря здавалося насиченим прянощами
A bee flew in and buzzed round the blue-dragon bowl
Прилетіла бджола і задзижчала навколо чаші синього дракона
the bowl was filled with sulphur-yellow roses
Чаша була наповнена сірчано-жовтими трояндами
He felt perfectly happy
Він відчував себе абсолютно щасливим
Suddenly his eye fell on the screen that he had placed in front of the portrait
Раптом його погляд упав на екран, який він поставив перед портретом
for a moment he started was startle again
На якусь мить він знову здригнувся
"Too cold for Monsieur?" asked his valet, putting an omelette on the table
«Занадто холодно для мсьє?» — запитав його камердинер, ставлячи на стіл омлет
"should I shut the window?" the valet offered
«Мені зачинити вікно?» — запропонував камердинер
Dorian shook his head. "I am not cold," he murmured
Доріан похитав головою. — Мені не холодно, — пробурмотів він
Was it all true? Had the portrait really changed?
Чи все це було правдою? Чи справді портрет змінився?
Or had it been simply his own imagination?

Чи, може, це була просто його власна уява?
had his imagination made him see a look of evil where there had been a look of joy?
Чи його уява змушувала його бачити погляд зла там, де був погляд радості?
Surely a painted canvas could not alter?
Невже намальоване полотно не може змінитися?
The idea of it was absurd
Ідея цього була абсурдною
It would serve as a tale to tell Basil some day
Це послужило б казкою, щоб колись розповісти Василю
such a story would make him smile
Така історія змусила б його посміхнутися
And, yet, how vivid was his recollection of the whole thing!
І все-таки, якими яскравими були його спогади про все це!
First in the dim twilight, and then in the bright dawn
Спочатку в тьмяних сутінках, а потім і в яскравому світанку
he had seen the touch of cruelty round the warped lips
Він бачив дотик жорстокості навколо викривлених губ
He almost dreaded his valet leaving the room
Він ледь не злякався, щоб його камердинер вийшов з кімнати
He knew that when he was alone he would have to examine the portrait
Він знав, що коли залишиться наодинці, йому доведеться розглядати портрет
He was afraid of certainty
Він боявся визначеності
the coffee and cigarettes had been brought and the man turned to go
Каву та цигарки принесли, і чоловік повернувся, щоб піти
Dorian felt a wild desire to tell him to remain
Доріан відчув дике бажання сказати йому, щоб він залишився
As the door was closing behind him, he called him back
Коли двері за ним зачинялися, він покликав його назад
The man stood waiting for his orders
Чоловік стояв і чекав наказу
Dorian looked at him for a moment
Доріан якусь мить дивився на нього
"I am not at home today, Victor," he said with a sigh
— Мене сьогодні немає вдома, Вікторе, — сказав він, зітхнувши
The man bowed and left the room

Чоловік вклонився і вийшов з кімнати
Then he rose from the table and lit a cigarette
Потім він підвівся з-за столу і запалив цигарку
he flung himself down on a luxuriously cushioned couch
Він кинувся на розкішний диван з м'якою подушкою
the couch that stood facing the screen of the portrait
Диван, що стояв обличчям до екрану портрета
The screen of the portrait was an old one, of gilt Spanish leather
Ширма портрета була стара, з позолоченої іспанської шкіри
the leather had been stamped and wrought with a rather florid Louis-Quatorze pattern
шкіра була штампована і виткана з досить витіюватим візерунком Луї-Кватора
He scanned the leather curiously
Він з цікавістю оглянув шкіру
he wondered if before the screen was concealed the secret of a man's life
Він задумався, чи не приховували до екрану таємницю людського життя
Should he move it aside, after all?
Зрештою, чи варто йому відсунути її вбік?
Why not let it stay there?
Чому б не дозволити йому залишитися там?
What was the use of knowing?
Яка користь від знання?
If the thing was true, it was terrible
Якщо це було правдою, то це було жахливо
If it was not true, why trouble about it?
Якщо це було неправдою, то навіщо турбуватися з цього приводу?
But what if, by some fate or deadlier chance someone saw it?
Але що робити, якщо якась доля чи смертельніша випадковість хтось його побачив?
eyes other than his might spy behind and see the horrible change
Інші очі, крім нього, можуть зазирнути позаду і побачити жахливу зміну
What would he do if Basil Hallward came and asked to look at his own picture?
Що б він зробив, якби Безіл Холлуорд прийшов і попросив подивитися на його власну фотографію?
dear Basil would be sure to do that

дорогий Василь обов'язково це зробить,
No; the thing had to be examined, and at once
Ні; річ треба було оглянути, і відразу
Anything would be better than this dreadful state of doubt
Все було б краще, ніж цей жахливий стан сумніву
He got up and locked both doors
Він підвівся і замкнув обидві двері
At least he would be alone when he looked upon the mask of his shame
Принаймні він був би один, коли подивився б на маску свого сорому
Then he drew the screen aside and saw himself face to face
Потім він відсунув екран убік і побачив себе віч-на-віч
It was perfectly true; the portrait had altered
Це була цілковита правда; Портрет змінився
he found himself at first gazing at the portrait
Він уперше побачив, що дивиться на портрет
he looked at it with a feeling of almost scientific interest
Він дивився на неї з почуттям майже наукового інтересу
the marvel was no small wonder
Диво було неабиякою дивиною
afterwards he often remembered the nature of his curiosity
Після цього він часто згадував природу своєї цікавості
That such a change should have taken place was incredible to him
Те, що така зміна мала відбутися, було неймовірним для нього
And yet it was a fact
І все ж це був факт
Was there some subtle affinity between the chemical atoms?
Чи існувала якась тонка спорідненість між хімічними атомами?
the atoms that shaped themselves into form and colour on the canvas?
Атоми, які сформували форму і колір на полотні?
and the atoms of the soul that was within him?
А атоми душі, що були в ньому?
Could it be that what that soul thought, they achieved?
Чи може бути так, що те, що думала ця душа, вони досягли?
that what it dreamed, they made true?
Що те, про що мріяли, вони здійснили?
Or was there some other, more terrible reason?
Чи була якась інша, страшніша причина?
He shuddered, and felt afraid

Він здригнувся і злякався
going back to the couch and he lay there
повернувся на диван і лежав там
he spent his time gazing at the picture in sickened horror
Він проводив час, дивлячись на картину з нудотним жахом
there was one thing, however, he felt that it had done for him
Однак він відчував, що це зробило для нього
It had made him conscious how unjust and cruel he had been to Sibyl Vane
Це змусило його усвідомити, наскільки несправедливим і жорстоким він був до Сібіл Вейн
It was not too late to make reparation for that
Ще не пізно було відшкодувати збитки
She could still be his wife
Вона все ще може бути його дружиною
His unreal and selfish love would yield to some higher influence
Його нереальна і егоїстична любов піддасться якомусь вищому впливу
his love would be transformed into some nobler passion
Його любов перетвориться на якусь благороднішу пристрасть
the portrait dear Basil had painted of him would be a guide to him through life
портрет, який намалював його дорогий Василь, був би дороговказом для нього по життю
his portrait would be to him what holiness is to some
Його портрет був би для нього тим самим, чим для декого є святість
it would be what conscience is to others
Це було б те саме, що совість для інших
and it would be what the fear of God is to us all
і це було б тим, чим є страх Божий для всіх нас
There were opiates for remorse
Були опіати від докорів сумління
drugs that could lull the moral sense to sleep
наркотики, які можуть заколисати моральне почуття
But here was a visible symbol of the degradation of sin
Але тут з'явився видимий символ приниження гріха
Here was an ever-present sign of the ruin men brought upon their souls
Тут був постійний знак руїни, яку люди накликали на свої душі
Three o'clock struck, and four, and the half-hour rang its double

chime
Вдарила третя година, четверта, і півгодини пролунав подвійний передзвін
but Dorian Gray did not stir from the couch
але Доріан Грей не ворушився з дивана
He was trying to gather up the scarlet threads of life
Він намагався зібрати червоні нитки життя
and he was trying to weave the threads into a pattern
І він намагався сплести нитки в візерунок
he was trying to find his way through the sanguine labyrinth of passion
Він намагався знайти свій шлях через сангвінічний лабіринт пристрасті
He did not know what to do, or what to think
Він не знав, що робити і що думати
Finally, he went over to the table
Нарешті він підійшов до столу
and he wrote a passionate letter to the girl he had loved
І написав пристрасного листа коханій дівчині
he implored her forgiveness and accused himself of madness
Він благав її прощення і звинувачував себе в божевіллі
He covered page after page with wild words of sorrow
Він засипав сторінку за сторінкою дикими словами скорботи
and he wrote even wilder words of pain
І він писав ще дикіші слова болю
There is a luxury in self-reproach
У самодокорах є розкіш
When we blame ourselves, we feel that no one else has a right to blame us
Коли ми звинувачуємо себе, то відчуваємо, що ніхто інший не має права звинувачувати нас
It is the confession, not the priest, that gives us absolution
Саме сповідь, а не священик, дає нам відпущення гріхів
When Dorian had finished the letter, he felt that he had been forgiven
Коли Доріан закінчив листа, він відчув, що його простили
Suddenly there came a knock to the door
Раптом у двері постукали
and he heard Lord Henry's voice outside
і він почув голос лорда Генрі знадвору
"My dear boy, I must see you, let me in at once"

«Любий мій хлопчику, я мушу тебе побачити, впусти мене негайно»

"I can't bear your shutting yourself up like this"

«Я терпіти не можу, коли ти так замовкаєш»

He made no answer at first, but remained quite still

Спочатку він нічого не відповів, але залишався нерухомим

The knocking still continued and grew louder

Стукіт все ще продовжувався і ставав дедалі гучнішим

Yes, it was better to let Lord Henry in

Так, краще було впустити лорда Генрі

it was better to explain to him the new life he was going to lead

Краще було пояснити йому, яке нове життя він збирається вести

it was better to quarrel with him if it became necessary to quarrel

З ним краще було посваритися, якщо виникала необхідність посваритися

He jumped up and drew the screen hastily across the picture

Він підскочив і поспіхом провів екраном по картині

and then he unlocked the door to his visitor

А потім відімкнув двері своєму відвідувачеві

"I am so sorry for it all, Dorian," said Lord Henry as he entered

— Мені дуже шкода, Доріане, — сказав лорд Генрі, входячи

"But you must not think too much about it"

«Але ви не повинні занадто багато думати про це»

"Do you mean about Sibyl Vane?" asked the lad

«Ти маєш на увазі Сібіл Вейн?» — запитав хлопець

"Yes, of course," answered Lord Henry

— Так, звичайно, — відповів лорд Генрі

and he sunk into a chair and slowly pulled off his yellow gloves

Він опустився в крісло і повільно стягнув з себе жовті рукавички

"It is dreadful, from one point of view, but it was not your fault"

«З одного боку, це жахливо, але це не твоя вина»

"Tell me, did you go behind and see her, after the play was over?"

— Скажи мені, ти ходив до неї після закінчення вистави?

"Yes," answered Dorian

— Так, — відповів Доріан

"I felt sure you had"

"Я був певен, що ти маєш"

"Did you make a scene with her?"

— Ти влаштував з нею сцену?

"I was brutal, Harry — perfectly brutal"

"Я був брутальним, Гаррі, абсолютно брутальним"

"But it is all right now"
"Але зараз все гаразд"
"I am not sorry for anything that has happened"
«Я не шкодую ні про що, що сталося»
"It has taught me to know myself better"
«Це навчило мене краще пізнавати себе»
"Ah, Dorian, I am so glad you take it in that way!"
— Ах, Доріане, я дуже радий, що ти так сприймаєш!
"I was afraid I would find you plunged in remorse"
«Я боявся, що побачу, що ти занурився в докори сумління»
"I didn't want you tearing out that nice curly hair of yours"
«Я не хотіла, щоб ти виривала на собі гарне кучеряве волосся»
"I have got through all that," said Dorian, shaking his head and smiling
— Я все це пережив, — сказав Доріан, хитаючи головою й усміхаючись
"I am perfectly happy now"
«Тепер я абсолютно щасливий»
"I know what conscience is, to begin with"
«Я знаю, що таке совість, для початку»
"conscience is not what you told me it was"
«Совість – це не те, що ви мені сказали, це було»
"It is the divinest thing in us"
«Це найбожественніше, що є в нас»
"Don't sneer at it, Harry, any more—at least not before me"
— Не насміхайся більше, Гаррі, принаймні не переді мною.
"I want to be good"
«Я хочу бути хорошим»
"I can't bear the idea of my soul being hideous"
«Я не можу змиритися з думкою, що моя душа огидна»
"A very charming artistic basis for ethics, Dorian! I congratulate you on it"
— Дуже чарівна художня основа етики, Доріане! Я вітаю вас з цим»
"But how are you going to begin?"
— Але з чого ж ти почнеш?
"I will begin by marrying Sibyl Vane"
«Я почну з того, що одружуся з Сібіл Вейн»
"Marrying Sibyl Vane!" cried Lord Henry
«Одружуємося з Сібіл Вейн!» — вигукнув лорд Генрі
and he stood up and looked at him in perplexed amazement

І він підвівся і здивовано подивився на нього

"But, my dear Dorian—"

— Але, мій любий Доріане...

"Yes, Harry, I know what you are going to say"

— Так, Гаррі, я знаю, що ти скажеш.

"You're going to say something dreadful about marriage. Don't"

"Ти скажеш щось жахливе про шлюб. Не треба"

"Don't ever say things of that kind to me again"

«Ніколи більше не кажи мені таких речей»

"Two days ago I asked Sibyl to marry me"

«Два дні тому я попросив Сібіл вийти за мене заміж»

"I am not going to break my word to her"

«Я не збираюся порушувати своє слово перед нею»

"She is to be my wife"

«Вона буде моєю дружиною»

"Your wife! Dorian! ..."

— Твоя дружина! Доріан! ..."

"Didn't you get my letter?"

— Ти не одержав мого листа?

"I wrote to you this morning, and sent the note down by my own man"

«Я написав вам сьогодні вранці, а записку відправив мій чоловік»

"Your letter? Oh, yes, I remember"

— Твій лист? О, так, пам'ятаю"

"I have not read it yet, Harry"

— Я ще не читав, Гаррі.

"I was afraid there might be something in it that I wouldn't like"

«Я боялася, що в ньому може бути щось, що мені не сподобається»

"You cut life to pieces with your epigrams"

«Ти своїми епіграмами ріжеш життя на шматки»

"You know nothing then?"

— Ти ж нічого не знаєш?

"What do you mean?"

— Що ти маєш на увазі?

Lord Henry walked across the room

Лорд Генрі пройшов через кімнату

he sat down by Dorian Gray and took both his hands

він сів біля Доріана Грея і взяв його за обидві руки

"Dorian," he said, "my letter. Don't be frightened"

— Доріане, — сказав він, — мій лист. Не лякайтеся"

- 222 -

"My letter was to tell you that Sibyl Vane is dead"

«Мій лист полягав у тому, щоб повідомити вам, що Сібіл Вейн померла»

A cry of pain broke from the lad's lips

Крик болю вирвався з вуст хлопця

he leaped to his feet, tearing his hands away from Lord Henry's grasp"

він скочив на ноги, вирвавши руки з рук лорда Генрі.

"Dead! Sibyl dead! It is not true!"

— Мертвий! Сивіла померла! Це неправда!»

"It is a horrible lie! How dare you say it?"

"Це жахлива брехня! Як ти смієш це говорити?

"It is quite true, Dorian," said Lord Henry, gravely

— Це правда, Доріане, — поважно мовив лорд Генрі

"It is in all the morning papers"

«Це є у всіх ранкових газетах»

"I wrote down to you to ask you not to see any one till I came"

«Я написав тобі, щоб попросити тебе нікого не бачити, поки я не прийду»

"There will have to be an inquest, of course"

«Звичайно, має бути слідство»

"and you must not be mixed up in the investigation"

«І ви не повинні бути замішані в розслідуванні»

"Things like that make a man fashionable in Paris"

«Такі речі роблять чоловіка модним у Парижі»

"But in London people are so prejudiced"

«Але в Лондоні люди такі упереджені»

"Here, one should never make one's début with a scandal"

«Тут ніколи не можна дебютувати зі скандалом»

"One should reserve that to give an interest to one's old age"

«Про це треба пам'ятати, щоб відсотково ставитися до старості»

"I suppose they don't know your name at the theatre?"

— Гадаю, в театрі не знають твого імені?

"If they don't know your name, it is all right"

«Якщо вони не знають твого імені, все гаразд»

"Did anyone see you going round to her room?"

— Хто-небудь бачив, як ти ходиш до неї в кімнату?

"That is an important point"

«Це важливий момент»

Dorian did not answer for a few moments

Доріан якусь мить не відповідав

He was dazed with horror
Він був приголомшений жахом
Finally he stammered, in a stifled voice
Нарешті він заїкнувся придушеним голосом
"Harry, did you say an inquest?"
— Гаррі, ти казав слідство?
"What did you mean by that?"
— Що ти мав на увазі?
"Did Sibyl—? Oh, Harry, I can't bear it!"
"Чи Сибіла-? Ой, Гаррі, я не можу цього терпіти!
"But be quick. Tell me everything at once."
— Але поспішайте. Розкажи мені все й одразу».
"I have no doubt it was not an accident, Dorian"
— Я не сумніваюся, що це не випадковість, Доріане.
"though it must be put in that way to the public"
«Хоча це має бути доведено до громадськості»
"It seems that she was leaving the theatre with her mother"
«Таке враження, що вона виходила з театру разом з мамою»
"she said she had forgotten something upstairs"
«Вона сказала, що щось забула нагорі»
"They waited some time for her"
«Вони чекали на неї деякий час»
"but she did not come down again"
"Але вона більше не сходила"
"They ultimately found her lying dead on the floor of her dressing-room"
«Зрештою вони знайшли її мертвою на підлозі в роздягальні»
"She had swallowed something by mistake"
«Вона щось проковтнула помилково»
"some dreadful thing they use at theatres"
«Якась жахлива штука, яку вони використовують у театрах»
"I don't know what it was she swallowed"
"Я не знаю, що це вона проковтнула"
"but it had either prussic acid or white lead in it"
«Але в ньому була або синильна кислота, або білий свинець»
"I should fancy it was prussic acid"
«Я б подумав, що це синильна кислота»
"because she seems to have died instantaneously"
«Тому що вона, здається, померла миттєво»
"Harry, Harry, it is terrible!" cried the lad
«Гаррі, Гаррі, це жахливо!» — закричав хлопець

"Yes; it is very tragic, of course"

— Авжеж. Це дуже трагічно, звичайно»

"but you must not get yourself mixed up in it"

«Але ви не повинні вплутуватися в це»

"I see by The Standard that she was seventeen"

«Я бачу за стандартом, що їй було сімнадцять»

"I should have thought she was almost younger than that"

«Я повинен був подумати, що вона майже молодша за це»

"She looked such a child, and seemed to know so little about acting"

«Вона виглядала такою дитиною і, здавалося, так мало знала про акторську майстерність»

"Dorian, you mustn't let this thing get on your nerves"

— Доріане, ти не повинен дозволяти цій справі діяти тобі на нерви.

"You must come and dine with me"

«Ти мусиш прийти і пообідати зі мною»

"and afterwards we will look in at the opera"

«А потім заглянемо в оперу»

"It is a Patti night, and everybody will be there"

«Це ніч Патті, і всі будуть там»

"You can come to my sister's box"

«Ти можеш підійти до скриньки моєї сестри»

"She has got some smart women with her"

«У неї з собою розумні жінки»

"So I have murdered Sibyl Vane," said Dorian Gray, half to himself

— Отже, я вбив Сібіл Вейн, — сказав Доріан Грей, наполовину помітивши себе

"I have murdered her as surely as if I had cut her little throat with a knife"

«Я вбив її так вірно, ніби перерізав їй горло ножем»

"Yet the roses are not less lovely for all that"

«Але троянди не менш прекрасні при всьому цьому»

"The birds sing just as happily in my garden"

«Пташки так само радісно співають у моєму саду»

"And tonight I am to dine with you"

"А сьогодні ввечері я буду вечеряти з тобою"

"and then we are to go on to the opera"

«А потім ми перейдемо до опери»

"and I suppose afterwards we will sup somewhere"

— А я гадаю, що потім десь повечеряємо.

"How extraordinarily dramatic life is!"
«Яке надзвичайно драматичне життя!»
"If I had read all this in a book, Harry, I think I would have wept over it"
"Якби я прочитав усе це в книзі, Гаррі, я думаю, я б заплакав над цим"
"but now that it has happened to me it seems far too wonderful for tears"
«Але тепер, коли це сталося зі мною, це здається занадто чудовим для сліз»
"Here is the first passionate love-letter I have ever written in my life"
«Це перший пристрасний любовний лист, який я коли-небудь писав у своєму житті»
"Strange, that my first passionate love-letter has been addressed to a dead girl"
«Дивно, що мій перший пристрасний любовний лист був адресований померлій дівчині»
"Can they feel, I wonder, those white silent people we call the dead?"
— Цікаво, чи можуть вони відчути тих білих мовчазних людей, яких ми називаємо мертвими?
"Sibyl! Can she feel, or know, or listen?"
— Сибіла! Чи може вона відчувати, або знати, або слухати?»
"Oh, Harry, how I loved her once!"
— Ой, Гаррі, як я колись її кохав!
"It seems years ago to me now"
"Мені здається, що зараз це багато років тому"
"She was everything to me"
«Вона була для мене всім»
"Then came that dreadful night"
«І настала та страшна ніч»
"was it really only last night?"
— Невже це було тільки вчора ввечері?
"the night when she played so badly on stage"
«Ніч, коли вона так погано грала на сцені»
"then night when my heart almost broke"
«Потім ніч, коли моє серце ледь не розбилося»
"She explained it all to me"
«Вона мені все пояснила»
"It was terribly pathetic"

«Це було страшенно жалюгідно»
"But I was not moved a bit"
«Але я анітрохи не зворушився»
"I thought her shallow"
«Я думав, що вона неглибока»
"Suddenly something happened that made me afraid"
«Раптом сталося щось, що змусило мене злякатися»
"I can't tell you what it was, but it was terrible"
«Я не можу вам розповісти, що це було, але це було жахливо»
"I said I would go back to her"
«Я сказала, що повернуся до неї»
"I felt I had done wrong"
«Я відчував, що вчинив неправильно»
"And now she is dead"
"А тепер вона мертва"
"My God! My God! Harry, what shall I do?"
— Боже мій! О, боже! Гаррі, що мені робити?
"You don't know the danger I am in"
«Ти не знаєш, в якій небезпеці я перебуваю»
"and there is nothing to keep me straight"
«І ніщо не тримає мене прямо»
"She would have done that for me"
«Вона зробила б це для мене»
"She had no right to kill herself"
«Вона не мала права накласти на себе руки»
"It was selfish of her"
«Це було егоїстично з її боку»
"My dear Dorian," answered Lord Henry
— Любий мій Доріане, — відповів лорд Генрі
he took a cigarette from his case and produced a gold-latten matchbox
Він вийняв з футляра сигарету і витяг сірникову коробку із золотим латуном
"the only way a woman can ever reform a man is by boring"
«Єдиний спосіб, яким жінка може виправити чоловіка, – це нудно»
"she has to bore him so completely that he loses all possible interest in life"
«Вона повинна набриднути йому настільки, щоб він втратив будь-який можливий інтерес до життя»
If you had married this girl, you would have been wretched"

Якби ти одружився з цією дівчиною, то був би нещасний»

"Of course, you would have treated her kindly"

— Авжеж, ви б поводилися з нею по-доброму.

"One can always be kind to people about whom one cares nothing"

«Завжди можна бути добрим до людей, до яких немає діла»

"But she would have soon found out that you were absolutely indifferent to her"

- Але вона скоро дізналася б, що ви абсолютно байдужі до неї.

"And when a woman finds that out about her husband she does one of two things"

«І коли жінка дізнається це про свого чоловіка, вона робить одну з двох речей»

"she either becomes dreadfully dowdy"

«Вона або стає страшенно непристойною»

"or she wears very smart bonnets that some other woman's husband has to pay for"

«Або вона носить дуже ошатні капелюшки, за які доводиться платити чоловікові якоїсь іншої жінки»

"I say nothing about the terrible social mistake"

«Я нічого не кажу про жахливу соціальну помилку»

"of course, I would not have allowed it"

"Звичайно, я б цього не допустив"

"but I assure you the whole thing would have been an absolute failure"

"Але я запевняю вас, що все це було б абсолютним провалом"

"I suppose it would have been a mistake," muttered the lad

— Гадаю, це було б помилкою, — пробурмотів хлопець

he walked up and down the room looking horribly pale

Він ходив по кімнаті з жахливо блідим виглядом

"But I thought it was my duty"

«Але я вважав, що це мій обов'язок»

"It is not my fault that this terrible tragedy has prevented my doing what was right"

«Я не винен, що ця жахлива трагедія завадила мені робити те, що було правильним»

"I remember your saying once that there is a fatality about good resolutions"

«Я пам'ятаю, як ви якось сказали, що в хороших резолюціях є фатальність»

"you said that good resolutions are always made too late"

«Ви сказали, що хороші рішення завжди приймаються занадто

пізно»
"my resolution certainly was made too late"
«Моє рішення, звичайно, було прийнято занадто пізно»
"Good resolutions are useless attempts to interfere with scientific laws"
«Хороші резолюції – марні спроби втручатися в наукові закони»
"Their origin is pure vanity"
«Їхнє походження – суцільне марнота»
"Their result is absolutely nil"
«Їх результат абсолютно нульовий»
"They give us, now and then, some luxurious sterile emotions"
«Вони дарують нам час від часу якісь розкішні стерильні емоції»
"such emotions have a certain charm for the weak"
«Такі емоції мають певний шарм для слабких»
"but that is all that can be said of them"
"Але це все, що можна сказати про них"
"They are simply cheques that men draw on a bank where they have no account"
«Це просто чеки, які чоловіки виписують у банку, де у них немає рахунку»
"Harry," cried Dorian Gray, coming over and sitting down beside him
— Гаррі, — вигукнув Доріан Грей, підходячи й сідаючи біля нього
"why is it that I cannot feel this tragedy as much as I want to?"
«Чому я не можу відчути цю трагедію так сильно, як мені хочеться?»
"I don't think I am heartless. Do you?"
"Я не думаю, що я безсердечний. А ти?»
Lord Henry answered with his sweet melancholy smile
Лорд Генрі відповів своєю милою меланхолійною усмішкою
"You have done too many foolish things during the last fortnight"
«Ви зробили занадто багато дурниць за останні два тижні»
"you are not entitled to give yourself that name, Dorian"
— Ти не маєш права називати себе таким ім'ям, Доріане.
The lad frowned. "I don't like that explanation, Harry"
Хлопець насупився. — Мені не подобається таке пояснення, Гаррі.
"but I am glad you don't think I am heartless"
"Але я радий, що ви не вважаєте мене безсердечним"
"I am nothing of the kind. I know I am not"

"Я нічого подібного. Я знаю, що це не так"
"And yet I must admit something"
«І все-таки я мушу дещо визнати»
"this thing that has happened does not affect me as it should"
«Те, що сталося, не впливає на мене так, як повинно»
"It seems to me to be simply like a wonderful ending to a wonderful play"
«Мені здається, що це просто чудове завершення чудової п'єси»
"It has all the terrible beauty of a Greek tragedy"
«У ньому вся жахлива краса грецької трагедії»
"a tragedy in which I took a great part"
«трагедія, в якій я брав велику участь»
"but a tragedy by which I have not been wounded"
«але трагедія, в якій я не постраждав»
"It is an interesting question," said Lord Henry
— Цікаве запитання, — сказав лорд Генрі
he found an exquisite pleasure in playing on the lad's unconscious egotism
Він знаходив неабияке задоволення в тому, щоб грати на несвідомому егоїзмі хлопця
"an extremely interesting question," his thoughts continued
— Надзвичайно цікаве питання, — продовжував він думати
"I fancy that the true explanation is this:"
"Я думаю, що справжнє пояснення таке: "
"the real tragedies of life are always inartistic"
«Справжні трагедії життя завжди нехудожні»
"real tragedies hurt us by their crude violence"
«Справжні трагедії завдають нам болю своїм грубим насильством»
"we are hurt by their absolute incoherence"
«Нас зачіпає їхня абсолютна непослідовність»
"we are hurt by their absurd want of meaning"
«Нас ображає їхня абсурдна відсутність сенсу»
"we can't understand their entire lack of style"
«Ми не можемо зрозуміти всю їхню відсутність стилю»
"They affect us just as vulgarity affects us"
«Вони впливають на нас так само, як вульгарність впливає на нас»
"They give us an impression of sheer brute force"
«Вони справляють на нас враження грубої сили»
"and we revolt against that"
«І ми повстаємо проти цього»

"Sometimes, however, we are blessed with a rare spectacle"
«Однак іноді ми благословенні рідкісним видовищем»
"a tragedy that possesses artistic elements of beauty crosses our lives"
«Трагедія, яка має художні елементи краси, перетинає наше життя»
"sometimes those elements of beauty are real"
«Іноді ці елементи краси реальні»
"then the whole thing simply appeals to our sense of dramatic effect"
«Тоді все це просто апелює до нашого почуття драматичного ефекту»
"Suddenly we find that we are no longer the actors, but the spectators of the play"
«Раптом ми виявляємо, що ми вже не актори, а глядачі вистави»
"Or rather, we are both the actors and the spectators"
«Точніше, ми і актори, і глядачі»
"We watch ourselves, and the mere wonder of the spectacle enthrals us"
«Ми спостерігаємо за собою, і одне лише здивування від цього видовища захоплює нас»
"In the present case, what is it that has really happened?"
— Що ж насправді сталося в даному випадку?
"Someone has killed herself for love of you"
«Хтось наклав на себе руки заради любові до тебе»
"I wish that I had ever had such an experience"
«Я б хотів, щоб у мене колись був такий досвід»
"It would have made me love love for the rest of my life"
«Це змусило б мене любити кохання до кінця мого життя»
"The people who have adored me, there have not been very many"
«Людей, які мене обожнювали, було не дуже багато»
"but there have been some who have adored me"
«Але були й такі, що обожнювали мене»
"they have always insisted on living on"
«Вони завжди наполягали на тому, щоб жити далі»
"they lived on long after I had ceased to care for them"
«Вони жили ще довго після того, як я перестав піклуватися про них»
"or they lived on long after they ceased to care for me"
«Або вони жили ще довго після того, як перестали піклуватися про мене»

"They have become stout and tedious"
«Вони стали товстими і нудними»
"and when I meet them, they go in at once for reminiscences"
І коли я їх зустрічаю, вони відразу заходять на спогади»
"That awful memory of woman!"
— Ця жахлива пам'ять про жінку!
"What a fearful thing it is!"
— Що це за страшно!
"And what an utter intellectual stagnation it reveals!"
— І який повний інтелектуальний застій він виявляє!
"One should absorb the colour of life, but one should never remember its details"
«Треба вбирати в себе барви життя, але ніколи не згадувати його подробиць»
"Details are always vulgar"
«Деталі завжди вульгарні»
"I must sow poppies in my garden," sighed Dorian
— Я мушу посіяти мак у своєму саду, — зітхнув Доріан
"There is no necessity," rejoined his companion
— У цьому немає потреби, — відповів його товариш
"Life has always poppies in her hands"
«У руках у життя завжди маки»
"Of course, now and then things linger"
«Звичайно, час від часу все затримується»
"I once wore nothing but violets all through one season"
«Одного разу я не носив нічого, крім фіалок, протягом одного сезону»
"I wore violets as a form of artistic mourning for a romance that would not die"
«Я носив фіалки як форму художньої жалоби за романом, який не помре»
"Ultimately, however, the romance did die"
«Але врешті-решт роман таки помер»
"I forget what killed it"
«Я забуваю, що його вбило»
"I think it was her proposing to sacrifice the whole world for me"
«Я думаю, що це вона запропонувала пожертвувати заради мене всім світом»
"That is always a dreadful moment"
«Це завжди жахлива мить»
"It fills one with the terror of eternity"

«Вона наповнює людину жахом вічності»
"a week ago I was at Lady Hampshire's for dinner"
"Тиждень тому я був у леді Гемпшир на вечерю"
I found myself seated at dinner next the lady in question"
Я сидів за вечерею поруч із дамою, про яку йде мова»
"she insisted on going over the whole thing again"
«Вона наполягла на тому, щоб повторити все це ще раз»
"she dug up the past, and raked up the future"
«Вона розкопала минуле і розгрібала майбутнє»
"I had buried my romance in a bed of asphodel"
«Я поховав свій роман у ложі з асфоделя»
"She dragged it out again"
"Вона знову витягла"
"and she assured me that I had spoiled her life"
«І вона запевнила мене, що я зіпсував їй життя»
"I am bound to state that she ate an enormous dinner"
"Я змушений сказати, що вона з'їла величезну вечерю"
"so I did not feel any anxiety"
"Тому я не відчував ніякої тривоги"
"But what a lack of taste she showed!"
— Але ж яку несмакливість вона виявила!
"The one charm of the past is that it is the past"
«Єдина принадність минулого полягає в тому, що це минуле»
"But women never know when the curtain has fallen"
«Але жінки ніколи не знають, коли впала завіса»
"They always want a sixth act"
«Вони завжди хочуть шостий акт»
"and as soon as the interest of the play is entirely over, they propose to continue it"
«І як тільки інтерес до вистави повністю закінчиться, його пропонують продовжити»
"If they were allowed their own way, every comedy would have a tragic ending"
«Якби їм дозволили по-своєму, кожна комедія мала б трагічний кінець»
"and every tragedy would culminate in a farce"
«І кожна трагедія завершувалася фарсом»
"They are charmingly artificial"
"Вони чарівно штучні"
"but they have no sense of art"
«Але вони не мають почуття мистецтва»

"You are more fortunate than I am"
«Тобі пощастило більше, ніж мені»
"I assure you, Dorian"
— Запевняю тебе, Доріане.
"not one of the women I have known would have done for me what Sibyl Vane did for you"
«Жодна з жінок, яких я знаю, не зробила б для мене того, що зробила для вас Сібіл Вейн»
"Ordinary women always console themselves"
«Звичайні жінки завжди втішають себе»
"Some of them do it by going in for sentimental colours"
«Деякі з них роблять це, вдаючись до сентиментальних кольорів»
"Never trust a woman who wears mauve, whatever her age may be"
«Ніколи не довіряйте жінці, яка носить ліловий, незалежно від її віку»
"and never trust a woman over thirty-five who is fond of pink ribbons"
«І ніколи не довіряйте жінці старше тридцяти п'яти років, яка захоплюється рожевими стрічками»
"It always means that they have a history"
«Це завжди означає, що у них є історія»
"Others find a great consolation in suddenly discovering the good qualities of their husbands"
«Інші знаходять велику втіху, коли раптом відкривають для себе добрі риси своїх чоловіків»
"They flaunt their conjugal felicity in one's face"
«Вони хизуються своїм подружнім благодаттям в обличчя»
"as if it were the most fascinating of sins"
«Неначе це найчарівніший з гріхів»
"Religion consoles some women"
«Релігія потішає деяких жінок»
"Its mysteries have all the charm of a flirtation, a woman once told me"
«У його таємницях є вся принадність флірту, сказала мені якось жінка»
"and I can quite understand what she meant by it"
"і я цілком розумію, що вона мала на увазі"
"Besides, nothing makes one so vain as being told that one is a sinner"
«Крім того, ніщо не робить людину такою марнославною, як коли їй кажуть, що вона грішниця»

"Conscience makes egotists of us all"
«Совість робить з нас усіх егоїстів»
"Yes; there is really no end to the consolations that women find in modern life"
— Авжеж. Розрадам, які жінки знаходять у сучасному житті, справді немає кінця»
"Indeed, I have not mentioned the most important one"
«Справді, я не згадав про найголовніше»
"What is that, Harry?" said the lad listlessly
"Що це таке, Гаррі?" – мляво спитав хлопець
"Oh, the obvious consolation"
"О, очевидна втіха"
"Taking someone else's admirer when one loses one's own"
«Брати чужого шанувальника, коли втрачаєш свого»
"In good society that always whitewashes a woman"
«У доброму суспільстві, яке завжди відбілює жінку»
"But really, Dorian, how different Sibyl Vane must have been from all the women one meets!"
— Та й справді, Доріане, як Сібіл Вейн, мабуть, відрізнялася від усіх жінок, яких можна зустріти!
"There is something to me quite beautiful about her death"
«У її смерті є щось дуже прекрасне»
"I am glad I am living in a century when such wonders happen"
«Я радий, що живу в столітті, коли трапляються такі чудеса»
"They make one believe in the reality of the things we all play with"
«Вони змушують повірити в реальність речей, з якими ми всі граємо»
"such as romance, passion, and love"
«Такі, як романтика, пристрасть і любов»
"I was terribly cruel to her. You forget that"
"Я був страшенно жорстокий до неї. Ти про це забуваєш"
"I am afraid that women appreciate cruelty more than anything else"
«Боюся, що жінки цінують жорстокість понад усе»
"They have wonderfully primitive instincts"
«У них дивовижно примітивні інстинкти»
"We have emancipated them"
«Ми їх емансипували»
"but they remain slaves looking for their masters, all the same"
«Але вони все одно залишаються рабами, які шукають своїх

господарів»

"They love being dominated"

«Вони люблять, коли над ними домінують»

"I am sure you were splendid"

«Я впевнений, що ти був чудовий»

"I have never seen you really and absolutely angry"

«Я ніколи не бачив тебе по-справжньому і абсолютно злим»

"but I can imagine how delightful you looked"

"Але я уявляю, як чудово ви виглядали"

"And, after all, you said something to me the day before yesterday"

— І, зрештою, ти мені позавчора щось сказав.

"it seemed to me at the time to be merely fanciful idea"

«Тоді мені це здавалося просто фантастичною ідеєю»

"but I see now was absolutely true"

"Але тепер я бачу, що це була абсолютна правда"

"and it holds the key to everything"

«І в ньому ключ до всього»

"What was that, Harry?"

— Що це було, Гаррі?

"You said to me that Sibyl Vane represented to you all the heroines of romance"

«Ви сказали мені, що Сібіл Вейн представляє вам усіх героїнь романтики»

"you said that she was Desdemona one night, and Ophelia the other"

«Ви сказали, що однієї ночі вона була Дездемоною, а Офелія — іншою»

"if she died as Juliet, she came to life as Imogen"

«якщо вона померла як Джульєтта, вона ожила як Імоджен»

"She will never come to life again now," muttered the lad

— Тепер вона вже ніколи не оживе, — пробурмотів хлопець

and he buried his face in his hands

І він сховав обличчя своє в руки

"No, she will never come to life"

«Ні, вона ніколи не оживе»

"She has played her last part"

"Вона зіграла свою останню роль"

"But you must think of that lonely death in the tawdry dressing-room differently"

— Але ти мусиш по-іншому думати про ту самотню смерть у роздягальні.

"think of her death simply as a strange lurid fragment from some Jacobean tragedy"

«Думайте про її смерть просто як про дивний безглуздий фрагмент якоїсь якобінської трагедії»

"you must imagine her death as a wonderful scene from Webster, or Ford, or Cyril Tourneur"

«Ви повинні уявити її смерть як чудову сцену з Вебстера, або Форда, або Сиріла Турнера»

"The girl never really lived"

«Дівчина ніколи не жила по-справжньому»

"and so she has never really died"

"І тому вона ніколи не вмирала по-справжньому"

"To you at least she was always a dream"

«Принаймні для тебе вона завжди була мрією»

"a phantom that flitted through Shakespeare's plays"

«привид, який промайнув у п'єсах Шекспіра»

"and she left them lovelier for her presence"

"І вона залишила їх мілішими за свою присутність"

"a reed through which Shakespeare's music sounded richer and more full of joy"

«тростина, через яку музика Шекспіра звучала багатше і повніше радості»

"The moment she touched actual life, she marred it"

«У той момент, коли вона торкнулася справжнього життя, вона зіпсувала його»

"and life marred her, and so she passed away"

«І життя затьмарило її, і так вона померла»

"Mourn for Ophelia, if you like"

«Оплакуйте Офелію, якщо хочете»

"Put ashes on your head because Cordelia was strangled"

«Покладіть попіл на голову, бо Корделію задушили»

"Cry out against Heaven because the daughter of Brabantio died"

«Волайте до Неба, бо померла дочка Брабантіо»

"But don't waste your tears over Sibyl Vane"

«Але не витрачайте сльози на Сібіл Вейн»

"She was less real than they are"

«Вона була менш реальною, ніж вони»

There was a silence

Запала тиша

The evening darkened in the room

У кімнаті потемнів вечір

Noiselessly, and with silver feet, the shadows crept in from the garden
Безшумно, сріблястими ногами з саду підкрадалися тіні
The colours faded wearily out of things
Кольори втомлено вицвіли з речей
After some time Dorian Gray looked up
Через деякий час Доріан Грей підвів очі
he murmured with something of a sigh of relief
— пробурмотів він, полегшено зітхнувши
"You have explained me to myself, Harry"
— Ти пояснив мені сам собі, Гаррі.
"I felt all that you have said"
«Я відчув усе, що ти сказав»
"but somehow I was afraid of my feelings"
«Але якось я боялася своїх почуттів»
"and I could not express it to myself"
"І я не міг висловити це собі"
"How well you know me!"
— Як добре ти мене знаєш!
"But we will not talk again of what has happened"
«Але ми більше не будемо говорити про те, що сталося»
"It has been a marvellous experience, that is all"
"Це був дивовижний досвід, от і все"
"I wonder if life has still in store for me anything as marvellous"
«Цікаво, чи життя приготувало для мене щось таке ж чудове»
"Life has everything in store for you, Dorian"
«Життя приготувало для тебе все, Доріане»
"There is nothing that you, with your extraordinary good looks, will not be able to do"
«Немає нічого, що б ви з вашою надзвичайною гарною зовнішністю не змогли б зробити»
"But suppose, Harry, I became haggard, and old, and wrinkled? What then?"
— Але припустімо, Гаррі, що я став виснаженим, старим і зморшкуватим? Що тоді?
"Ah, then," said Lord Henry, rising to go
— Ага, — сказав лорд Генрі, підводячись, щоб іти
"then, my dear Dorian, you would have to fight for your victories"
— Тоді, любий Доріане, тобі доведеться боротися за свої перемоги.
"As it is, your victories are brought to you"

«Як є, так і твої перемоги принесені тобі»
"No, you must keep your good looks"
«Ні, ти мусиш мати гарну зовнішність»
"We live in an age that reads too much to be wise"
«Ми живемо в епоху, яка читає занадто багато, щоб бути мудрими»
"and we live in an age that thinks too much to be beautiful"
«І ми живемо в епоху, яка занадто багато думає, щоб бути красивою»
"We cannot spare you"
«Ми не можемо вас пощадити»
"And now you had better dress and drive down to the club"
— А тепер тобі краще вдягнутися і поїхати до клубу.
"We are rather late, as it is"
"Ми скоріше запізнилися, як є"
"I think I shall join you at the opera, Harry"
"Думаю, я приєднаюся до тебе в опері, Гаррі"
"I feel too tired to eat anything"
«Я відчуваю себе занадто втомленим, щоб щось їсти»
"What is the number of your sister's theatre box?"
— Який номер театральної скриньки твоєї сестри?
"Twenty-seven, I believe"
«Двадцять сім, я вірю»
"It is on the grand tier"
«Він на великому ярусі»
"You will see her name on the door"
«Ви побачите її ім'я на дверях»
"But I am sorry you won't come and dine"
«Але мені шкода, що ти не прийдеш пообідати»
"I don't feel up to it," said Dorian listlessly
— Мені не до цього, — мляво мовив Доріан
"But I am awfully obliged to you for all that you have said to me"
— Але я страшенно зобов'язаний тобі за все, що ти мені сказав.
"You are certainly my best friend"
«Ти, звичайно, мій найкращий друг»
"No one has ever understood me as you have"
«Ніхто ніколи не розумів мене так, як ти»
"We are only at the beginning of our friendship, Dorian,"
— Ми тільки на початку нашої дружби, Доріане, —
he shook him by the hand and wished him good-bye
Він потиснув його за руку і побажав на прощання

"I shall see you before nine-thirty, I hope"
«Я побачу тебе до дев'ятої тридцяти, сподіваюся»
"Remember, Patti is singing"
«Пам'ятай, Патті співає»
As he closed the door behind him, Dorian Gray touched the bell
Зачиняючи за собою двері, Доріан Грей торкнувся дзвоника
in a few minutes Victor appeared with the lamps and drew the blinds down
Через кілька хвилин з'явився Віктор з лампами і опустив жалюзі
He waited impatiently for him to go
Він нетерпляче чекав, поки він піде
The man seemed to take an interminable time over everything
Чоловік, здавалося, нескінченно довго все обмірковував
As soon as he had left, he rushed to the portrait
Як тільки він пішов, він кинувся до портрета
and he pulled off the cover from the picture
І він зняв обкладинку з картини
No; there was no further change in the picture
Ні; Подальших змін у картині не відбулося
the portrait had received the news of Sibyl Vane's death before he had known of it himself
портрет отримав звістку про смерть Сібіл Вейн ще до того, як дізнався про це сам
the picture was conscious of the events of life as they occurred
Картина усвідомлювала події життя такими, якими вони відбувалися
The vicious cruelty that marred the fine lines of the mouth
Злісна жорстокість, яка затьмарила тонкі зморшки рота
they had, no doubt, appeared at the very moment that the girl had drunk the poison
Вони, без сумніву, з'явилися саме в той момент, коли дівчина випила отруту
Or was his portrait indifferent to results?
Чи його портрет був байдужий до результатів?
Did the picture merely take cognizance of what passed within the soul?
Чи картина просто усвідомлювала те, що відбувалося в душі?
He hoped that some day he would see the change taking place before his very eyes
Він сподівався, що колись побачить зміни, що відбуваються на його очах

and he shuddered as he hoped it
І він здригнувся, як сподівався
Poor Sibyl! What a romance it had all been!
Бідолашна Сибіла! Яка ж це була романтика!
She had often mimicked death on the stage
Вона часто імітувала смерть на сцені
Then Death himself had touched her
Тоді до неї доторкнулася сама Смерть
and Death had taken her with him
І Смерть забрала її з собою
How had she played that dreadful last scene?
Як вона зіграла ту жахливу останню сцену?
Had she cursed him, as she died?
Невже вона прокляла його, коли вмирала?
No; she had died for love of him
Ні; Вона померла за любов до нього
and love would always be a sacrament to him now
І любов завжди була б для нього таїнством тепер
She had atoned for everything by the sacrifice she had made of her life
Вона спокутувала все жертвою, яку принесла своєму життю
He would not think any more of what she had made him go through
Він більше не думав про те, що вона змусила його пережити
what she made him go through on that horrible night at the theatre
Що вона змусила його пережити в ту жахливу ніч у театрі
there were going to be times when he thought of her
Були часи, коли він думав про неї
but now she would be a wonderful tragic figure
Але зараз вона була б чудовою трагічною постаттю
a figure that had been sent on to the world's stage to show the supreme reality of love
Фігура, яка була послана на світову сцену, щоб показати найвищу реальність любові
A wonderful tragic figure?
Прекрасна трагічна постать?
Tears came to his eyes as he remembered her childlike look
Сльози навернулися на його очі, коли він згадав її дитячий погляд
he thought of her winsome fanciful ways, and shy tremulous grace
Він думав про її переможні химерні манери і сором'язливу

трепетну грацію
He brushed the tears away hastily and looked again at the picture
Він поспіхом змахнув сльози і знову подивився на картину
He felt that the time had really come for making his choice
Він відчував, що дійсно настав час зробити свій вибір
Or had his choice already been made?
Чи, може, його вибір уже зроблено?
Yes, life had decided that for him
Так, життя так розпорядилося для нього
life, and his own infinite curiosity about life
життя, і його власна безмежна цікавість до життя
Eternal youth, infinite passion, pleasures subtle and secret, wild joys
Вічна молодість, безмежна пристрасть, задоволення тонкі і таємні, дикі радості
and wilder sins, he was to have all these things
і ще більш дикі гріхи, він повинен був мати все це
The portrait was to bear the burden of his shame: that was all
Портрет мав нести тягар його ганьби: от і все
A feeling of pain crept over him
Почуття болю охопило його
he thought of the desecration that was in store for the fair face on the canvas
Він думав про осквернення, яке чекало на прекрасне обличчя на полотні
Once, in boyish mockery of Narcissus, he had feigned to kiss, those painted lips
Одного разу, по-хлоп'ячому знущаючись над Нарцисом, він удавав, що цілує ці нафарбовані губи
those painted lips that now smiled so cruelly at him
ті нафарбовані губи, які тепер так жорстоко посміхалися йому
Morning after morning he had sat before the portrait wondering at its beauty
Ранок за ранком він сидів перед портретом, дивуючись його красі
Was his picture to alter now with every mood to which he yielded?
Невже його картина тепер змінювалася з кожним настроєм, якому він піддавався?
Was his portrait to become a monstrous and loathsome thing?
Невже його портрет став жахливою і огидною річчю?
should his picture be hidden away in a locked room?

Чи варто ховати його фотографію в замкненій кімнаті?
should his portrait be shut out from the sunlight?
Чи варто закривати його портрет від сонячного світла?
the sunlight that had so often touched his bright golden hair
сонячне світло, яке так часто торкалося його яскраво-золотистого волосся
The pity of it! the pity of it!
Шкода! Шкода!
For a moment, he thought of praying
На якусь мить він подумав про молитву
the horrible sympathy that existed between him and the picture should cease
Жахлива симпатія, яка існувала між ним і картиною, повинна припинитися
It had changed in answer to a prayer
Вона змінилася у відповідь на молитву
perhaps in answer to a prayer it might remain unchanged
Можливо, у відповідь на молитву вона залишиться незмінною
And yet, who would surrender the chance of remaining always young?
І все-таки, хто відмовиться від шансу залишитися завжди молодим?
certainly not anyone that knew anything about life
Звичайно, не той, хто знав би що-небудь про життя
however fantastic that chance might be
Яким би фантастичним не був цей шанс
or with what fateful consequences it might be fraught
або якими доленосними наслідками це може бути загрожує
Besides, was it really under his control?
Крім того, чи справді вона перебувала під його контролем?
Had it indeed been prayer that had produced the substitution?
Чи справді молитва призвела до заміни?
Might there not be some curious scientific reason for it all?
Може, для всього цього не є якась цікава наукова причина?
thought can exercise its influence upon a living organism
Думка може здійснювати свій вплив на живий організм
can thought not then exercise an influence upon dead and inorganic things?
Чи не може думка впливати на мертві і неорганічні речі?
could desire not vibrate external things in unison with our moods and passions?

Чи не може бажання вібрувати зовнішніми речами в унісон з нашими настроями і пристрастями?
like atom calling to atom in secret love or strange affinity
Як атом кличе до атома в таємній любові або дивній спорідненості
But the reason was of no importance
Але причина не мала значення
He would never again tempt by a prayer any terrible power
Він більше ніколи не спокушав молитвою якусь страшну силу
If the picture was to alter, it was to alter
Якщо картина повинна була змінитися, вона повинна була змінитися
Why inquire too closely into it?
Навіщо занадто уважно розпитувати про це?
For there would be a real pleasure in watching it
Бо було б справжнє задоволення спостерігати за ним
He would be able to follow his mind into its secret places
Він зможе слідувати за своїм розумом у його потаємні місця
This portrait would be to him the most magical of mirrors
Цей портрет був би для нього найчарівнішим із дзеркал
As his picture had revealed to him his own body, so it would reveal to him his own soul
Як його образ відкрив йому його власне тіло, так воно відкриє йому його власну душу
the portrait was going to go into winter
Портрет збирався піти в зиму
and he would still be standing where spring trembles on the verge of summer
І він все одно стояв би там, де тремтить весна на межі літа
When the blood crept from its face
Коли кров поповзла з обличчя
when it had left behind a pallid mask of chalk with leaden eyes
Коли він залишив по собі бліду маску з крейди зі свинцевими очима
he would keep the glamour of boyhood
Він зберігав гламур дитинства
Not one blossom of his loveliness would ever fade
Жодна квітка його чарівності ніколи не зів'яне
Not one pulse of his life would ever weaken
Жоден пульс у його житті ніколи не ослабне
Like the gods of the Greeks, he would be strong, and fleet, and

joyous
Подібно до богів греків, він був би сильним, і прудким, і радісним
What did it matter what happened to the coloured image on the canvas?
Яке значення мало те, що сталося з кольоровим зображенням на полотні?
He would be safe
Він був би в безпеці
That was everything
І все
He drew the screen back into its former place in front of the picture
Він повернув екран на колишнє місце перед картиною
he smiled as he covered the picture
Він усміхнувся, закриваючи картину
and he passed into his bedroom
І він увійшов у свою спальню
his valet was already waiting for him
На нього вже чекав камердинер
An hour later he was at the opera
Через годину він був в опері
and Lord Henry was leaning over his chair
а лорд Генрі схилився над стільцем

Chapter Nine
Розділ дев'ятий

As he was sitting at breakfast next morning
Коли наступного ранку він сидів за сніданком
Basil Hallward was shown into the room
До кімнати ввели Безіла Холлуорда
"I am so glad I have found you, Dorian," he said gravely
— Я дуже радий, що знайшов тебе, Доріане, — поважно сказав він
"I called last night, and they told me you were at the opera"
"Я подзвонив вчора ввечері, і мені сказали, що ви в опері"
"Of course, I knew that was impossible"
«Звичайно, я знала, що це неможливо»
"But I wish you had left word where you had really gone to"
«Але я б хотів, щоб ти залишив слово там, куди ти насправді пішов»
"I passed a dreadful evening"
«Я провів страшний вечір»
"I was half afraid that one tragedy might be followed by another"
«Я наполовину боявся, що за однією трагедією може послідувати інша»
"I think you might have telegraphed for me when you heard of it first"
— Гадаю, ви могли б телеграфувати мені, коли вперше почули про це.
"I read of it quite by chance"
«Я прочитав про це зовсім випадково»
"it was in a late edition of The Globe that I picked up at the club"
"Це було в пізньому випуску "Глобуса", який я взяв у клубі"
"I came here at once and was miserable at not finding you"
«Я відразу прийшов сюди і був нещасний, що не знайшов тебе»
"I can't tell you how heart-broken I am about the whole thing"
«Я не можу передати вам, наскільки я розбитий серцем через усе це»
"I know how much you must be suffering"
«Я знаю, як ти мусиш страждати»
"But where were you?"
— А де ж ти був?
"Did you go down and see the girl's mother?"
— Ти спустився вниз і побачив матір дівчини?
"For a moment I thought of following you there"

«На якусь мить я подумав піти за тобою туди»
"They gave the address in the paper"
«Вони вказали адресу в газеті»
"Somewhere in the Euston Road, isn't it?"
— Десь на Юстон-роуд, чи не так?
"But I was afraid of intruding upon a sorrow that I could not lighten"
«Але я боявся втрутитися в смуток, який не міг заспокоїти»
"Poor woman! What a state she must be in!"
— Бідна жінка! В якому вона стані мусить бути!»
"And her only child, too!"
— І її єдина дитина теж!
"What did she say about it all?"
— Що вона сказала про все це?
"My dear Basil, how would I know?" murmured Dorian Gray
"Мій любий Безіле, звідки б я знав?" - пробурмотів Доріан Грей
he sipped some pale-yellow wine from a delicate, gold-beaded bubble of Venetian glass
він сьорбнув блідо-жовтого вина з ніжного, вкритого золотими намистинами міхура венеціанського келиха
and he looked dreadfully bored
І він виглядав страшенно нудьгованим
"I was at the opera"
«Я був в опері»
"You should have come there too"
«Треба було прийти і туди»
"I met Lady Gwendolen, Harry's sister, for the first time"
"Я вперше зустрів леді Гвендолен, сестру Гаррі"
"We were in her theatre box"
«Ми були в її театральній ложі»
"She is perfectly charming"
"Вона абсолютно чарівна"
"and Patti sang divinely"
"І Патті божественно співала"
"Don't talk about horrid subjects"
«Не говоріть на жахливі теми»
"If one doesn't talk about a thing, it has never happened"
«Якщо про щось не говорити, то цього ніколи не було»
"It is simply expression, as Harry says, that gives reality to things"
"Це просто експресія, як каже Гаррі, яка надає речам реальності"
"I may mention that she was not the woman's only child"

«Можу згадати, що вона була не єдиною дитиною жінки»
"There is a son, a charming fellow, I believe"
«Є син, чарівний хлопець, я вірю»
"But he is not on the stage"
"Але його немає на сцені"
"He is a sailor, or something"
"Він моряк, чи що"
"And now, tell me about yourself and what you are painting"
«А тепер розкажи мені про себе і про те, що ти малюєш»
Basil spoke very slowly and with a strained touch of pain in his voice
Василь говорив дуже повільно і з напруженим відтінком болю в голосі
"You went to the opera while Sibyl Vane was lying dead in some sordid lodging?"
— Ви пішли в оперу, коли Сібіл Вейн лежала мертва в якомусь огидному помешканні?
"how can you talk to me of other women being charming"
«Як ти можеш говорити зі мною про те, що інші жінки чарівні?»
"and how can you you can talk of Patti singing divinely?"
— А як можна говорити про те, що Патті співає божественно?
"the girl you loved has not even the quiet of a grave to sleep in yet"
«Дівчина, яку ти кохав, ще не має навіть тиші могили, щоб спати»
"there are horrors in store for that little white body of hers!"
— Жахіття чекають на це її маленьке біле тільце!
"Stop, dear Basil! I won't hear it!" cried Dorian, leaping to his feet
— Стій, любий Василю! Я цього не почую!» — вигукнув Доріан, схоплюючись на ноги
"You must not tell me about things."
— Не кажи мені про щось.
"What is done is done. What is past is past"
"Що зроблено, те зроблено. Що минуле, те минуле»
"You call yesterday the past?"
— Ти називаєш вчорашній день минулим?
"What has the actual lapse of time got to do with it?"
— До чого тут фактичний проміжок часу?
"It is only shallow people who require years to get rid of an emotion"
«Тільки поверхневим людям потрібні роки, щоб позбутися емоції»

"A man who is master of himself can end a sorrow as easily as he can invent a pleasure"
«Людина, яка володіє собою, може покінчити з горем так само легко, як і вигадати насолоду»

"I don't want to be at the mercy of my emotions"
«Я не хочу бути у владі своїх емоцій»

"I want to use them, to enjoy them, and to dominate them"
«Я хочу ними користуватися, насолоджуватися ними і домінувати над ними»

"Dorian, this is horrible!"
— Доріане, це жахливо!

"Something has changed you completely"
"Щось змінило вас повністю"

"You look exactly the same wonderful boy who used to come down to my studio"
«Ти виглядаєш точно таким же чудовим хлопчиком, який колись спускався до моєї студії»

"the boy who, day after day, sat for his portrait to be drawn"
«Хлопчик, який день у день сидів, щоб намалювати його портрет»

"But you were simple, natural, and affectionate then"
— Але ж ти тоді був простий, природний і ласкавий.

"You were the most unspoiled creature in the whole world"
«Ти був найнезайманішим створінням у всьому світі»

"Now, I don't know what has come over you"
«Тепер я не знаю, що з тобою сталося»

"You talk as if you had no heart, nor pity in you"
«Ти говориш так, ніби в тобі немає ні серця, ні жалю»

"It is all Harry's influence, I see that"
"Це все вплив Гаррі, я це бачу"

The lad flushed up and went to the window
Хлопець почервонів і підійшов до вікна

he looked out for a few moments on the green, flickering, sun-lashed garden
Якусь мить він дивився на зелений, мерехтливий, залитий сонцем сад

"I owe a great deal to Harry, dear Basil," he said at last
— Я багато чим завдячую Гаррі, любий Безіле, — сказав він нарешті

"I owe more to him than I owe to you"
«Я винен йому більше, ніж тобі»

"You only taught me to be vain"
«Ти тільки навчив мене бути марнославним»
"Well, I am punished for that, Dorian"
— Ну, я за це покараний, Доріане.
"or, I shall be punished for that someday"
"Або я буду покараний за це колись"
"I don't know what you mean, dear Basil," he exclaimed, turning round
— Я не знаю, що ти маєш на увазі, любий Безіле, — вигукнув він, обернувшись
"I don't know what you want. What do you want?"
"Я не знаю, чого ви хочете. Чого ти хочеш?»
"I want the Dorian Gray I used to paint," said the artist sadly
— Я хочу Доріана Грея, якого я малював, — сумно промовив художник
"dear Basil," said the lad, going over to him
— Дорогий Василю, — сказав хлопець, підходячи до нього
he put his hand on his shoulder
Він поклав руку йому на плече
"you have come too late"
"Ти прийшов занадто пізно"
"Yesterday, when I heard that Sibyl Vane had killed herself..."
— Учора, коли я почув, що Сібіл Вейн наклала на себе руки...
Hallward looked up at him with an expression of horror
Холворд подивився на нього з виразом жаху
"Killed herself! Good heavens! is there no doubt about that?" he cried
— Наклала на себе руки! Боже мій! Невже в цьому немає сумнівів?» — вигукнув він
"My dear! Surely you don't think it was a vulgar accident?"
"Любі мої! Звичайно, ви не думаєте, що це була вульгарна випадковість?
"Of course she killed herself"
"Звичайно, вона наклала на себе руки"
"The elder man buried his face in his hands"
«Старець сховав обличчя в руки»
"How fearful," he muttered, and a shudder ran through him
— Як страшно, — пробурмотів він, і по ньому пробігло здригання
"No," said Dorian Gray, "there is nothing fearful about it"
— Ні, — сказав Доріан Грей, — у цьому немає нічого страшного.

"It is one of the great romantic tragedies of the age"
«Це одна з найбільших романтичних трагедій епохи»
"As a rule, people who act lead the most commonplace lives"
«Як правило, люди, які діють, ведуть найбанальніше життя»
"They are good husbands, or faithful wives, or something tedious"
«Вони хороші чоловіки, або вірні дружини, або щось нудне»
"You know what I mean"
"Ви знаєте, що я маю на увазі"
"middle-class virtue and those sort of things"
«Чеснота середнього класу і тому подібне»
"How different Sibyl was!"
— Яка ж інша була Сібіла!
"She lived her finest tragedy"
«Вона пережила свою найкращу трагедію»
"She was always a heroine"
«Вона завжди була героїнею»
"The last night she played, the night you saw her"
«Остання ніч, коли вона грала, ніч, коли ви її бачили»
"she acted badly on the stage that night"
«Того вечора вона погано поводилася на сцені»
"because she had discovered the reality of love"
«Тому що вона відкрила для себе реальність любові»
"When she knew love's unreality, she died"
«Коли вона пізнала нереальність кохання, вона померла»
"she died just as Juliet might have died"
«вона померла так само, як могла б померти Джульєтта»
"She passed again into the sphere of art"
«Вона знову перейшла у сферу мистецтва»
"There is something of the martyr about her"
«У ній є щось від мучениці»
"Her death has all the pathetic uselessness of martyrdom"
«Її смерть має всю жалюгідну непотрібність мучеництва»
"all of her beauty was wasted beauty"
«Вся її краса була змаркованою красою»
"But, as I was saying, you must not think I have not suffered"
«Але, як я вже казав, ви не повинні думати, що я не страждав»
"If you had come in yesterday at a particular moment"
«Якби ви зайшли вчора в певний момент»
"about half-past five, perhaps, or a quarter to six"
"Десь пів на п'яту, можливо, або чверть до шостої"
"if you had come then you would have seen me in tears"

«Якби ви прийшли, то побачили б мене в сльозах»
"Harry brought me the news, in fact"
"Гаррі приніс мені новину, насправді"
"but even he had no idea what I was going through"
«Але навіть він поняття не мав, що я переживаю»
"I suffered immensely, then it passed away"
«Я дуже страждав, а потім це минуло»
"I cannot repeat an emotion"
«Я не можу повторити емоцію»
"No one can, except sentimentalists"
«Ніхто не може, крім сентименталістів»
"And you are awfully unjust, dear Basil"
— А ти страшенно несправедливий, любий Василю.
"You come down here to console me"
«Ти спустився сюди, щоб втішити мене»
"That is charming of you"
«Це чарівно з твого боку»
"You find me consoled, and you are furious"
«Ти знаходиш мене втішеним і розлюченим»
"How like a sympathetic person you are!"
— Яка ж ти чуйна людина!
"You remind me of a story Harry told me about a certain philanthropist"
"Ви нагадуєте мені історію, яку Гаррі розповів мені про якогось філантропа"
"he spent twenty years of his life in trying to get some grievance redressed"
«Він витратив двадцять років свого життя, намагаючись загладити якусь образу»
"or he spent his time trying to get some unjust law altered"
«Або він витратив свій час, намагаючись змінити якийсь несправедливий закон»
"I forget exactly what it was"
"Я забуваю, що це було"
"Finally he succeeded, and nothing could exceed his disappointment"
«Нарешті йому це вдалося, і ніщо не могло перевершити його розчарування»
"He had absolutely nothing to do"
«Йому не було чим зайнятися»
"he almost died of ennui"

«Він ледь не помер від нудьги»
"and he became a confirmed misanthrope"
«І він став підтвердженим мізантропом»
"if you really want to console me, teach me rather to forget what has happened"
«Якщо ти справді хочеш мене втішити, навчи мене краще забувати про те, що сталося»
"or teach me to see it from a proper artistic point of view"
«Або навчи мене дивитися на це з правильної художньої точки зору»
"Was it not Gautier who used to write about la consolation des arts?"
— Хіба не Готьє писав про la consolation des arts?
"I remember picking up a little vellum-covered book in your studio"
«Я пам'ятаю, як взяв у вашій студії маленьку книжку в веленевій обкладинці»
"and I chanced upon that delightful phrase"
"І я випадково натрапив на цю чудову фразу"
"Well, I am not like that young man you told me of when we were down at Marlow together"
— Ну, я не такий, як той юнак, про якого ви мені розповіли, коли ми разом були в Марлоу.
"the young man who used to say that yellow satin could console one for all the miseries of life"
«Юнак, який казав, що жовтий атлас може втішити людину за всі життєві негаразди»
"I love beautiful things that one can touch"
«Я люблю прекрасні речі, до яких можна доторкнутися»
"Old brocades, green bronzes, lacquer-work, carved ivories"
«Стара парча, зелена бронза, лакова робота, різьблена слонова кістка»
"exquisite surroundings, luxury, pomp"
«Вишукане оточення, розкіш, помпезність»
"there is much to be got from all these"
«З усього цього можна багато чого почерпнути»
"But the artistic temperament that they create, that is what I'm after"
«Але артистичний темперамент, який вони створюють, це те, чого я прагну»
"you know very well what Harry says"

"Ти дуже добре знаєш, що каже Гаррі"

"To become the spectator of one's own life is to escape the suffering of life"

«Стати глядачем власного життя – значить уникнути життєвих страждань»

"I know you are surprised at my talking to you like this"

«Я знаю, що ти здивований, що я так з тобою розмовляю»

"You have not realized how I have developed"

«Ви не усвідомили, як я розвивався»

"I was a schoolboy when you knew me"

«Я був школярем, коли ви мене знали»

"I am a man now"

«Тепер я чоловік»

"I have new passions, new thoughts, new ideas"

«У мене з'явилися нові захоплення, нові думки, нові ідеї»

"I am different, but you must not like me less"

«Я інший, але я не повинен подобатися тобі менше»

"I am changed, but you must always be my friend"

«Я змінився, але ти завжди повинен бути моїм другом»

"Of course, I am very fond of Harry"

"Звичайно, я дуже люблю Гаррі"

"But I know that you are better than he is"

«Але я знаю, що ти кращий, ніж він»

"You are not stronger"

"Ти не сильніший"

"because you are too much afraid of life"

«Тому що ти занадто боїшся життя»

"but you are better than he is"

«Але ти краща за нього»

"And how happy we used to be together!"

— А як ми колись були щасливі разом!

"Don't leave me, dear Basil, and don't quarrel with me"

«Не покидай мене, любий Василю, і не сварся зі мною»

"I am what I am"

«Я є те, що я є»

"There is nothing more to be said"

«Більше нічого не скажеш»

The painter felt strangely moved

Художник був дивно зворушений,

The lad was infinitely dear to him

Хлопець був йому безмежно дорогий

and his personality had been the great turning point in his art
І його особистість стала великим поворотним пунктом у його мистецтві

He could not bear the idea of reproaching him any more
Він не міг більше терпіти думки про те, щоб дорікнути йому

After all, his indifference was probably merely a mood that would pass away
Зрештою, його байдужість була, мабуть, лише настроєм, який мине

There was so much in him that was good
У ньому було стільки хорошого,

there was so much in him that was noble
У ньому було стільки благородного

"Well, Dorian," he said at length, with a sad smile
— Ну, Доріане, — сказав він з сумною усмішкою

"I won't speak to you again about this horrible thing, after today"
«Я більше не буду говорити з тобою про цю жахливу річ після сьогоднішнього дня»

"I only hope your name won't be mentioned in connection with it"
"Я тільки сподіваюся, що ваше ім'я не буде згадуватися у зв'язку з цим"

"The inquest is to take place this afternoon"
«Слідство має відбутися сьогодні вдень»

"Have they summoned you?"
— Вас викликали?

Dorian shook his head
Доріан похитав головою

a look of annoyance passed over his face at the mention of the word "inquest"
Вираз роздратування промайнув по його обличчю при згадці слова "Слідство"

There was something so crude and vulgar about it
Було в цьому щось таке грубе і вульгарне

"They don't know my name," he answered
— Вони не знають мого імені, — відповів він

"But surely she did?"
— Але ж вона це зробила?

"she only knew my Christian name"
«Вона знала тільки моє християнське ім'я»

"and I am quite sure she never mentioned to anyone"
"І я впевнений, що вона ніколи нікому не згадувала про це"

"She told me once that they were all rather curious to learn who I was"
«Якось вона сказала мені, що їм усім було дуже цікаво дізнатися, хто я такий»
"and she invariably told them my name was Prince Charming"
"І вона незмінно говорила їм, що мене звуть Чарівний принц"
"It was pretty of her"
"Це було гарно з її боку"
"You must draw me a portrait of Sibyl"
«Ти мусиш намалювати мені портрет Сибіли»
"I would like to have something more of her than a few memories"
«Я хотів би мати від неї щось більше, ніж кілька спогадів»
"the menories of a few kisses and some broken words"
«Менорії кількох поцілунків і кількох обірваних слів»
"I will try and do something, Dorian, if it pleases you"
— Я спробую щось зробити, Доріане, якщо тобі це сподобається.
"But you must come and sit to me yourself again"
— Але ти мусиш прийти й сам сісти до мене.
"I can't get on without you"
«Я не можу жити без тебе»
"I can never sit for you again"
«Я більше ніколи не зможу сидіти за тебе»
"It is impossible!" he exclaimed, starting back
«Це неможливо!» — вигукнув він, відступаючи назад
The painter stared at him
Художник витріщився на нього
"My dear boy, what nonsense!" he cried
«Любий мій хлопчику, що за дурниці!» — вигукнув він
"Do you mean to say you don't like what I did of you?"
— Ти хочеш сказати, що тобі не подобається те, що я з тобою зробив?
"Where is it? Let me look at it"
"Де вона? Дозвольте мені поглянути на це"
Why have you pulled a cover in front of it?"
Навіщо ти натягнув перед ним кришку?
"It is the best thing I have ever done"
«Це найкраще, що я коли-небудь робив»
"Do take the cover away, Dorian"
— Зніми прикриття, Доріане.
"It is simply disgraceful of your servant to hide my work like that"
«Це просто ганьба твого слуги так приховувати мою роботу»

"I felt the room looked different as I came in"
«Я відчула, що кімната виглядає по-іншому, коли я зайшла»
"My servant has nothing to do with it, dear Basil"
«Мій слуга тут ні до чого, любий Василю»
"You don't imagine I let him arrange my room for me?"
— Ти не думаєш, що я дозволив йому облаштувати для мене мою кімнату?
"He settles my flowers for me sometimes—that is all.
"Він іноді влаштовує мені мої квіти — от і все.
"No; I did it myself"
— Ні. Я сам це зробив»
"The light was too strong on the portrait"
"На портреті було занадто сильне світло"
"Too strong! Surely not, my dear fellow?"
— Занадто сильно! Певно, що ні, любий друже?
"It is an admirable place for it"
«Це чудове місце»
"Let me see it"
«Дай мені побачити»
And Hallward walked towards the corner of the room
І Холворд підійшов до кута кімнати
A cry of terror broke from Dorian Gray's lips
Крик жаху вирвався з вуст Доріана Грея
he rushed to get between the painter and his drawing
Він кинувся ставати між художником і його малюнком
"dear Basil," he said, looking very pale, "you must not look at it"
— Дорогий Безіле, — сказав він, виглядаючи дуже блідим, — не дивись на нього.
"I don't wish you to look at my picture"
«Я не хочу, щоб ви дивилися на мою фотографію»
"you don't want me to look at my own work!"
— Ви ж не хочете, щоб я дивився на свою роботу!
"Dorian, tell me you are not serious"
— Доріане, скажи мені, що ти несерйозний.
"Why shouldn't I look at it?" exclaimed Hallward, laughing
«Чому б мені не подивитися на це?» — вигукнув Холворд, сміючись
"If you try to look at it..."
«Якщо ви спробуєте на це подивитися...»
"on my word of honour, I would never speak to you again"
«На слово честі, я більше ніколи не буду говорити з вами»

"I am quite serious"

"Я досить серйозний"

"I don't offer any explanation"

"Я не пропоную жодних пояснень"

"and you are not to ask for any explanation"

«І ви не повинні вимагати жодних пояснень»

"But, remember, if you touch this cover, everything is over between us"

"Але, пам'ятайте, якщо ви доторкнетеся до цієї обкладинки, між нами все закінчиться"

Hallward was thunderstruck

Холлуорд був вражений громом

He looked at Dorian Gray in absolute amazement

Він дивився на Доріана Грея з абсолютним подивом

He had never seen him like this before

Він ніколи раніше не бачив його таким

The lad was actually pallid with rage

Хлопець насправді був блідий від люті

His hands were clenched

Його руки були стиснуті

and the pupils of his eyes were like disks of blue fire

А зіниці його очей були подібні до дисків синього вогню

He was trembling all over

Він весь тремтів

"Dorian!"

— Доріане!

"Don't speak!"

— Не говори!

"But what is the matter?"

— Але в чому ж справа?

he turned on his heel and went over towards the window

Він повернувся на каблук і підійшов до вікна

"Of course I won't look at it if you don't want me to"

«Звичайно, я не буду дивитися на це, якщо ви цього не хочете»

"But, really, it seems rather absurd that I shouldn't see my own work"

«Але, насправді, це здається досить абсурдним, що я не повинен бачити свою власну роботу»

"I am going to exhibit it in Paris in the autumn"

«Восени я збираюся виставити його в Парижі»

"I shall probably have to give it another coat of varnish before that"

«Перед цим мені, мабуть, доведеться нанести ще один шар лаку»
"so I must see it someday, and why not today?"
— Отже, я мушу колись його побачити, а чому б не сьогодні?
"You want to exhibit it?" exclaimed Dorian Gray
«Ти хочеш виставити його?» — вигукнув Доріан Грей
a strange sense of terror crept over him
Дивне почуття жаху охопило його
Was the world going to be shown his secret?
Чи збиралися показати світові його таємницю?
Were people to gape at the mystery of his life?
Невже люди здригнулися від таємниці його життя?
That was impossible
Це було неможливо
Something, he did not know what, had to be done at once
Щось, він не знав що, треба було зробити одразу
"Yes; I don't suppose you will object to that"
— Авжеж. Я не думаю, що ви будете заперечувати проти цього»
"Georges Petit is going to collect all my best pictures"
«Жорж Петі збирається зібрати всі мої найкращі картини»
"he is organising a special exhibition of my paintings"
«Він організовує спеціальну виставку моїх картин»
"the exhibition will be in the Rue de Sèze"
"виставка проходитиме на вулиці Сез"
"and the exhibition will open the first week in October"
«А виставка відкриється в перший тиждень жовтня»
"The portrait will only be away for a month"
"Портрета не буде лише місяць"
"I think you could easily spare the painting for that time"
«Я думаю, що ви могли б легко приберегти картину для цього часу»
"In fact, you are sure to be out of town"
«Насправді, ви обов'язково опинитеся за містом»
"And you are keeping it behind a cover anyway"
— А ти все одно тримаєш його за прикриттям.
"so clearly you don't care much about it"
"Так ясно, що ви не дуже переймаєтеся цим"
Dorian Gray passed his hand over his forehead
Доріан Грей провів рукою по лобі
There were beads of perspiration there
Там були намистинки поту
He felt that he was on the brink of a horrible danger

Він відчував, що опинився на межі жахливої небезпеки
"You told me a month ago that you would never exhibit it"
«Місяць тому ви сказали мені, що ніколи не виставлятимете його»
"Why have you changed your mind?"
— Чому ти передумав?
"You people pretend to be consistent"
«Ви, люди, прикидаєтеся послідовними»
"but you have just as many moods as others have"
«Але у вас стільки ж настрою, як і в інших»
"The only difference is that your moods are rather meaningless"
«Різниця лише в тому, що ваші настрої досить безглузді»
"You can't have forgotten what you assured me most solemnly"
«Ви не могли забути, що ви запевняли мене найурочистіше»
"you said nothing would induce you to send it to any exhibition"
«Ви сказали, що ніщо не змусить вас відправити його на будь-яку виставку»
"You told Harry exactly the same thing"
"Ви сказали Гаррі те саме"
He stopped suddenly, and a gleam of light came into his eyes
Він раптом зупинився, і в його очах з'явився відблиск світла
He remembered what Lord Henry had said to him once
Він згадав, що сказав йому одного разу лорд Генрі
he had said it half seriously, and half in jest
Він сказав це наполовину серйозно, а наполовину жартома
"If you want to have a strange quarter of an hour, I have just the thing"
«Якщо ви хочете провести дивну чверть години, у мене є саме те, що потрібно»
"get Basil to tell you why he won't exhibit your picture"
«Нехай Безіл розповість тобі, чому він не виставляє твою картину»
"He told me why he wouldn't"
«Він сказав мені, чому він цього не зробить»
"and it was a revelation to me"
"І це було для мене одкровенням"
Yes, perhaps Hallward, too, had his secret
Так, можливо, у Холлуорда теж була своя таємниця
He should ask him and try
Він повинен запитати його і спробувати
"Basil," he said, coming over quite close

— Василю, — сказав він, підійшовши зовсім близько
and he looked him straight in the face
І він подивився йому прямо в обличчя
"we have each of us a secret"
«У кожного з нас є таємниця»
"Let me know yours, and I shall tell you mine"
«Дай мені знати своє, і я розповім тобі своє»
"What was your reason for refusing to exhibit my picture?"
— Яка була причина вашої відмови від виставки моєї картини?
The painter shuddered in spite of himself.
Художник здригнувся від самого себе.
"Dorian, if I told you, you might like me less"
— Доріане, якби я тобі сказав, то, може, я тобі менше подобаюся.
"and you would certainly laugh at me"
— І ти неодмінно посміявся б наді мною.
"I could not bear your doing either of those two things"
«Я не міг стерпіти, щоб ти робив щось із цих двох»
"If you wish me never to look at your picture again, I am content"
«Якщо ви хочете, щоб я більше ніколи не дивився на вашу фотографію, я задоволений»
"I have always you to look at"
«Я завжди маю на тебе дивитися»
"If you wish the best work I have ever done to be hidden from the world, you have my permission"
«Якщо ти хочеш, щоб найкраща робота, яку я коли-небудь робив, була прихована від світу, ти маєш мій дозвіл»
"Your friendship is dearer to me than any fame or reputation"
«Твоя дружба мені дорожча за будь-яку славу чи репутацію»
"No, Basil, you must tell me," insisted Dorian Gray
— Ні, Безіле, ти мусиш сказати мені, — наполягав Доріан Грей
"I think I have a right to know"
«Я думаю, що маю право знати»
His feeling of terror had passed away
Його почуття жаху минуло
and curiosity had taken the place of terror
І цікавість зайняла місце жаху
He was determined to find out Basil Hallward's mystery
Він був сповнений рішучості з'ясувати таємницю Безіла Холлуорда
"Let us sit down, Dorian," said the painter, looking troubled
— Сідаймо, Доріане, — сказав художник із занепокоєним

виглядом

"Let us sit down, and just answer me one question"
«Давай сядемо і відповімо мені на одне запитання»

"Have you noticed in the picture something curious?"
— Ви помітили на малюнку щось цікаве?

"have you noticed something that probably at first did not strike you?"
— Ви помітили щось, що, мабуть, спочатку вас не вразило?

"something that revealed itself to you suddenly"
«Щось, що відкрилося вам раптово»

"dear Basil!" cried the lad
«Дорогий Василю!» — вигукнув хлопець

he clutched the arms of his chair with trembling hands
Тремтячими руками він схопився за підлокітники стільця

and he gazed at him with wild startled eyes
І він дивився на нього дикими здивованими очима

"I see you did. Don't speak"
— Я бачу, що ви це зробили. Не говори"

"Wait till you hear what I have to say"
«Почекай, поки ти почуєш, що я хочу сказати»

"Dorian, from the moment I met you, your personality had the most extraordinary influence over me"
— Доріане, з того моменту, як я познайомився з тобою, твоя особистість справила на мене надзвичайний вплив.

"I was dominated, soul, brain, and power, by you"
«Ти панував наді мною, душею, мозком і силою»

"You became to me the visible incarnation of that unseen ideal"
«Ти став для мене видимим втіленням того невидимого ідеалу»

"an ideal whose memory haunts us artists like an exquisite dream"
«Ідеал, пам'ять про який переслідує нас, художників, як вишукана мрія»

"I worshipped you"
«Я поклонявся тобі»

"I grew jealous of every one to whom you spoke"
«Я заздрив кожному, до кого ти говорив»

"I wanted to have you all to myself"
«Я хотів, щоб ви всі були при собі»

"I was only happy when I was with you"
«Я був щасливий лише тоді, коли був з тобою»

"When you were away from me, you were still present in my art"
«Коли ти був далеко від мене, ти все ще був присутній у моєму

мистецтві»

"Of course, I never let you know anything about this"

"Звичайно, я ніколи нічого не повідомляв вам про це"

"It would have been impossible"

«Це було б неможливо»

"You would not have understood it"

"Ви б цього не зрозуміли"

"I hardly understood it myself"

«Я сам ледве зрозумів»

"I only knew that I had seen perfection face to face"

«Я знав лише, що бачив досконалість віч-на-віч»

"and the world had become wonderful to my eyes"

«І світ став прекрасний для моїх очей»

"too wonderful, perhaps, for in such mad worships there is peril"

«Занадто чудово, мабуть, бо в таких божевільних поклоніннях є небезпека»

"the peril of losing them, no less than the peril of keeping them"

«Небезпека втратити їх не менша, ніж небезпека їх утримання»

"Weeks and weeks went on, and I grew more and more absorbed in you"

«Минали тижні й тижні, а я все більше й більше занурювався в тебе»

"Then came a new development"

«Потім з'явилася нова розробка»

"I had drawn you as Paris in dainty armour"

«Я намалював тебе, як Париж у вишуканих обладунках»

"and I had drawn you as Adonis with huntsman's cloak and polished boar-spear"

— А я намалював тебе в образі Адоніса з єгерським плащем і полірованим списом кабана.

"Crowned with heavy lotus-blossoms you had sat on the prow of Adrian's barge"

«Увінчаний важкими квітами лотоса, ти сидів на носі баржі Адріана»

"you gazed across the green turbid Nile"

«Ти дивився на зелений каламутний Ніл»

You had leaned over the still pool of some Greek woodland"

Ти схилився над тихим ставком якогось грецького лісу»

"and you had seen in the water's silent silver the marvel of your own face"

«І ти бачив у мовчазному сріблі води диво власного обличчя»

"And it had all been what art should be; unconscious, ideal, and remote"

І все це було так, яким має бути мистецтво; несвідоме, ідеальне і віддалене»

"then, one fatal day, I painted something else"

«Потім, в один фатальний день, я намалював щось інше»

"I determined to paint a wonderful portrait of you as you actually are"

«Я вирішив намалювати чудовий портрет тебе таким, яким ти є насправді»

"I had decided not to paint you in the costume of dead ages"

«Я вирішив не малювати тебе в костюмі мертвих віків»

"but I was going to paint you in your own dress and in your own time"

"Але я збирався намалювати тебе у твоєму власному вбранні і у твій час"

"maybe it was the realism of the method"

«Можливо, це був реалізм методу»

"or maybe it was the mere wonder of your own personality"

А може, це було просто диво вашої власної особистості.

"which it was, I do not know"

"Що це було, я не знаю"

"But I know how I felt as I worked at it"

«Але я знаю, що я відчував, коли працював над цим»

"you were presented to me without mist or veil"

«Ти був представлений мені без туману і завіси»

"every flake and film of colour seemed to me to reveal my secret"

«Мені здавалося, що кожна луска і плівка кольору розкривають мою таємницю»

"I grew afraid that others would know of my idolatry"

«Я боявся, що інші дізнаються про моє ідолопоклонство»

"I felt, Dorian, that I had told too much"

— Я відчував, Доріане, що розповів забагато.

"I said that I had put too much of myself into it"

«Я сказала, що вклала в це занадто багато себе»

"Then it was that I resolved never to allow the picture to be exhibited"

«Тоді я вирішив ніколи не дозволяти виставляти картину»

"You were a little annoyed"

"Ви були трохи роздратовані"

"but then you did not realize all that it meant to me"

Але тоді ти не усвідомлював усього, що це означало для мене.
"Harry, to whom I talked about it, laughed at me"
"Гаррі, з яким я говорив про це, сміявся наді мною"
"But I did not mind that"
"Але я був не проти цього"
"When the picture was finished, and I sat alone with it, I felt that I was right"
«Коли картина була закінчена, і я сиділа з нею наодинці, я відчула, що маю рацію»
"Well, after a few days the thing left my studio"
«Ну, через кілька днів річ покинула мою студію»
"it seemed to me that I had been foolish in imagining that I had seen anything in it"
«Мені здалося, що я був нерозумний, уявляючи, що бачив у ньому щось»
"more than that, you were extremely good-looking"
«Більше того, ви були надзвичайно гарні»
"and your good looks I could paint"
«І твою гарну зовнішність я міг би намалювати»
"Even now I cannot help feeling that it is a mistake"
«Навіть зараз я не можу позбутися відчуття, що це помилка»
"who knows if the passion one feels is ever really shown in the work one creates"
«Хто знає, чи пристрасть, яку людина відчуває, коли-небудь дійсно проявляється в роботі, яку вона створює»
"Art is always more abstract than we fancy"
«Мистецтво завжди більш абстрактне, ніж ми собі уявляємо»
"Form and colour tell us of form and colour—that is all"
«Форма і колір говорять нам про форму і колір — ось і все»
"It often seems to me that art actually conceals the artist"
«Мені часто здається, що мистецтво насправді приховує художника»
"it conceals the artist far more completely than it ever reveals him"
«Вона приховує художника набагато повніше, ніж будь-коли розкриває його»
"And then I got this offer from Paris"
«А потім я отримав цю пропозицію з Парижа»
"I determined to make your portrait the principal thing in my exhibition"
«Я вирішив зробити ваш портрет головним у моїй виставці»
"It never occurred to me that you would refuse"

«Мені ніколи не спадало на думку, що ти відмовишся»

"I see now that you were right"

«Тепер я бачу, що ви мали рацію»

"The picture cannot be shown"

"Зображення не можна показати"

"You must not be angry with me, Dorian, for what I have told you"

— Не гнівайся на мене, Доріане, за те, що я тобі сказав.

"As I said to Harry, once, you are made to be worshipped"

"Як я сказав Гаррі, одного разу ти створений для того, щоб тобі поклонялися"

Dorian Gray drew a long breath

Доріан Грей довго зітхнув

The colour came back to his cheeks

Колір повернувся до його щік

and a smile played about his lips

І на його губах заграла усмішка

The peril was over

Небезпека минула

He was safe for the time

На той час він був у безпеці

Yet he could not help feeling infinite pity for the painter

І все ж він не міг не відчувати безмежної жалості до художника

dear Basil had just made this strange confession to him

Дорогий Василь щойно зробив йому це дивне зізнання

and he wondered if he himself would ever be so dominated by the personality of a friend

І він задумався, чи не буде він сам коли-небудь так панувати над особистістю друга

Lord Henry had the charm of being very dangerous

Лорд Генрі мав чарівність бути дуже небезпечним

but that was the only danger to Lord Henry

але це була єдина небезпека для лорда Генрі

He was too clever and too cynical to be really fond of

Він був занадто розумний і занадто цинічний, щоб по-справжньому захоплюватися

Would there ever be someone who would fill him with a strange idolatry?

Чи знайдеться коли-небудь хтось, хто наповнить його дивним ідолопоклонством?

Was that one of the things that life had in store?

Чи це була одна з речей, які приготувало життя?

"It is extraordinary to me, Dorian," said Hallward
— Для мене це надзвичайно, Доріане, — сказав Холлуорд
"it is extraordinary that you should have seen this in the portrait"
"Це надзвичайно, що ви повинні були побачити це на портреті"
"Did you really see it?"
— Ти справді бачив?
"I saw something in it," he answered
— Я щось у ньому побачив, — відповів він
"something that seemed to me very curious"
"Те, що здалося мені дуже цікавим"
"Well, you don't mind my looking at the thing now?"
— Ну, ти не проти, щоб я зараз подивився на цю штуку?
Dorian shook his head
Доріан похитав головою
"You must not ask me that, dear Basil"
— Не питай мене про це, любий Василю.
"I could not possibly let you stand in front of that picture"
«Я не міг допустити, щоб ви стояли перед цією картиною»
"You will someday, surely?"
— Коли-небудь, напевно?
"Never"
"Ніколи"
"Well, perhaps you are right"
"Ну, можливо, ви маєте рацію"
"And now good-bye, Dorian"
— А тепер до побачення, Доріане.
"You have been the one person in my life who has really influenced my art"
«Ти був єдиною людиною в моєму житті, яка дійсно вплинула на моє мистецтво»
"Whatever I have done that is good, I owe to you"
«Все, що я зробив, є добрим, я зобов'язаний тобі»
"Ah! you don't know what it cost me to tell you all that I have told you"
— Ах! ти не знаєш, чого мені коштувало розповісти тобі все, що я тобі розповів"
"My dear," said Dorian, "what have you told me?"
— Любий мій, — сказав Доріан, — що ти мені сказав?
"you've simply said that you felt that you admired me too much"
«Ти просто сказала, що відчуваєш, що занадто захоплюєшся мною»

"That is not even a compliment"

"Це навіть не комплімент"

"It was not intended as a compliment"

«Це не було задумано як комплімент»

"it was meant as a confession"

«Це було задумано як сповідь»

"Now that I have confessed it, something seems to have gone out of me"

«Тепер, коли я зізнався в цьому, здається, щось вийшло з мене»

"Perhaps one should never put one's worship into words"

«Мабуть, ніколи не слід висловлювати своє поклоніння словами»

"It was a very disappointing confession"

«Це було дуже невтішне зізнання»

"Why, what did you expect, Dorian?"

— Чого ж ти сподівався, Доріане?

"You didn't see anything else in the picture, did you?"

— Ви ж не бачили нічого іншого на картині?

"There was nothing else to see?"

— Більше нема на що дивитися?

"No; there was nothing else to see"

— Ні. Більше не було на що дивитися»

"Why do you ask?"

— Чому ти питаєш?

"But you mustn't talk about worship"

«Але не можна говорити про поклоніння»

"It is foolish"

«Це безглуздо»

"You and I are friends, Basil, and we must always remain so"

«Ми з тобою друзі, Василь, і ми повинні завжди залишатися такими»

"You have got Harry," said the painter sadly

— У вас є Гаррі, — сумно сказав художник

"Oh, Harry!" cried the lad, with a ripple of laughter

"О, Гаррі!" – вигукнув хлопець з хвилею сміху

"Harry spends his days in saying what is incredible"

"Гаррі проводить свої дні, говорячи щось неймовірне"

"and he spends his evenings in doing what is improbable"

«І він проводить вечори, роблячи щось неймовірне»

"Just the sort of life I would like to lead"

«Саме таке життя, яке я хотів би вести»

"But still I don't think I would go to Harry if I were in trouble"

"Але все одно я не думаю, що пішла б до Гаррі, якби потрапила в біду"

"I would sooner go to you, Basil"

«Я б скоріше пішов до тебе, Василю»

"You will sit for me to draw you again?"

— Ти сядеш, щоб я тебе знову намалював?

"Impossible!"

— Неможливо!

"You spoil my life as an artist by refusing, Dorian"

«Ти псуєш мені життя як художника, відмовляючись, Доріане»

"No man comes across two ideal things"

«Жодна людина не стикається з двома ідеальними речами»

"Few men come across one ideal thing"

«Мало хто з чоловіків стикається з однією ідеальною річчю»

"I can't explain it to you, dear Basil"

— Я не можу тобі цього пояснити, любий Василю.

"but I must never sit for you again"

"Але я більше ніколи не повинен сидіти за тебе"

"There is something fatal about a portrait"

"У портреті є щось фатальне"

"It has a life of its own"

«Воно живе своїм життям»

"I will come and have tea with you"

«Я прийду і вип'ю з тобою чаю»

"That will be just as pleasant"

«Це буде так само приємно»

"Pleasanter for you, I am afraid," murmured Hallward regretfully

— Боюся, приємніше для тебе, — з жалем пробурмотів Холворд

"And now good-bye"

"А тепер до побачення"

"I am sorry you won't let me look at the picture once again"

«Мені шкода, що ви не дозволите мені ще раз подивитися на картину»

"But that can't be helped"

«Але з цим нічого не вдієш»

"I quite understand what you feel about it"

"Я цілком розумію, що ви відчуваєте з цього приводу"

As he left the room, Dorian Gray smiled to himself

Вийшовши з кімнати, Доріан Грей усміхнувся сам до себе

Poor dear Basil! How little he knew of the true reason!

Бідолашний, дорогий Василю! Як мало він знав про справжню

причину!
And how strange it all was
І як це все було дивно
he hadn't been forced to reveal his own secret
Його не змушували розкривати власну таємницю
instead, almost by chance, he had succeeded in something else
Натомість, майже випадково, він досяг успіху в чомусь іншому
he had wrested a secret from his friend!
Він вирвав таємницю у свого друга!
How much that strange confession explained to him!
Як багато йому пояснило це дивне зізнання!
The painter's absurd fits of jealousy and his wild devotion
Абсурдні напади ревнощів і дикої відданості художника
his extravagant panegyrics and his curious reticence
його екстравагантні панегірики і цікава стриманість
he understood all his strange behaviour now
Тепер він зрозумів усю свою дивну поведінку
and he felt sorry for his friend
І йому стало шкода свого друга
There seemed to him to be something tragic in it
Йому здалося, що в цьому є щось трагічне
friendship should not be so coloured by romance
Дружба не повинна бути так забарвлена романтикою
He sighed and touched the bell
Він зітхнув і торкнувся дзвоника
The portrait must be hidden away at all costs
Портрет треба за всяку ціну сховати подалі
He could not run such a risk of discovery again
Він не міг знову піти на такий ризик відкриття
It had been mad of him to have allowed the thing to remain, even for an hour
Він був розлючений, що дозволив цій речі залишитися хоча б на годину
in a room to which any of his friends had access
в кімнаті, до якої мав доступ будь-хто з його друзів

Chapter Ten
Розділ десятий

When his servant entered, he looked at him steadfastly
Коли ввійшов його слуга, він пильно подивився на нього

he wondered if he had thought of peering behind the cover
Він подумав, чи не думав він зазирнути за обкладинку

The man was quite impassive and waited for his orders
Чоловік був досить безпристрасним і чекав своїх наказів

Dorian lit a cigarette and walked over to the glass and glanced into it
Доріан запалив цигарку, підійшов до склянки і зазирнув у неї

He could see the reflection of Victor's face perfectly
Він чудово бачив відображення обличчя Віктора

It was like a placid mask of servility
Це було схоже на спокійну маску рабства

There was nothing to be afraid of
Боятися було нічого,

Yet he thought it best to be on his guard
І все ж він вважав за краще бути насторожі

he told him to tell the house-keeper that he wanted to see her
Він сказав йому сказати економці, що хоче її побачити

and then he told him to go to the frame-maker
І тоді він сказав йому, щоб він ішов до майстра кадрів

and he asked for two of his men to be sent round at once
І він попросив послати відразу двох своїх людей

as the man left his eyes seemed to wander in the direction of the portrait
Коли чоловік пішов, його очі, здавалося, блукали в напрямку портрета

Or was that merely his own fancy?
Чи, може, це була лише його власна фантазія?

After a few moments Mrs. Leaf bustled into the library
За кілька хвилин місіс Ліф метушилася до бібліотеки

she was in her black silk dress
Вона була в чорній шовковій сукні

and she wore old-fashioned thread mittens on her wrinkled hands
А на зморшкуватих руках вона носила старомодні нитяні рукавиці

He asked her for the key of the schoolroom
Він попросив у неї ключ від шкільної кімнати

"The old schoolroom, Mr. Dorian?" she exclaimed

«Стара шкільна кімната, містере Доріан?» — вигукнула вона
"but Dorian, the room is full of dust"
"Але Доріане, кімната повна пилу"
"I must get it arranged and put straight before you go into it"
«Я мушу все впорядкувати і виправити, перш ніж ти підеш до цього»
"It is not fit for you to see, sir"
— Вам не личить бачити,.
"I don't want it put straight, Leaf"
«Я не хочу, щоб все було прямо, Ліф»
"I only want the key"
"Я хочу тільки ключ"
"Well, sir, you'll be covered with cobwebs if you go into it"
— Ну, пане, ви покриєтеся павутинням, якщо зайдете туди.
"it hasn't been opened for nearly five years, since his lordship died"
«Його не відкривали майже п'ять років, відколи помер його панство»
He winced at the mention of his grandfather
Він здригнувся при згадці про діда
He had hateful memories of him
У нього були ненависні спогади про нього
"That does not matter," he answered
— Це не має значення, — відповів він
"I simply want to see the place—that is all"
«Я просто хочу побачити це місце — от і все»
"Give me the key"
«Дай мені ключ»
"And here is the key, sir," said the old lady
— А ось і ключ,, — сказала стара
and she went over the contents of her hands with tremulous uncertainty
І вона з трепетною непевністю перебирала вміст своїх рук
"Here is the key, I'll have it off the others in a moment"
«Ось ключ, я за мить зніму його з інших»
"But you're not thinking of living up there, sir?
— Але ж ви не думаєте там жити,?
"you have it so comfortable down here"
«Вам тут так затишно»
"No, no," he cried petulantly
— Ні, ні, — роздратовано вигукнув він

- 272 -

"Thank you, Leaf. That will do"
— Дякую, Ліфе. Це підійде"
She lingered for a few moments
Вона затрималася на кілька хвилин
and she was garrulous over some detail of the household
І вона була розпусна над якоюсь подробицею дому
He sighed and told her to manage things as she thought best
Він зітхнув і сказав їй, щоб вона все робила так, як вона вважає за краще
She left the room, wreathed in smiles
Вона вийшла з кімнати, увінчана усмішками
As the door closed, Dorian put the key in his pocket
Коли двері зачинилися, Доріан поклав ключ до кишені
and he looked round the room.
І він озирнувся по кімнаті.
His eye fell on a large, purple satin coverlet heavily embroidered with gold
Його погляд упав на велике фіолетове атласне покривало, густо розшите золотом
a splendid piece of late seventeenth-century Venetian work
чудовий твір венеціанського твору кінця XVII століття
his grandfather had found it in a convent near Bologna
його дід знайшов його в монастирі поблизу Болоньї
Yes, that would serve to wrap the dreadful thing in
Так, це послужило б для того, щоб огорнути жахливу річ
the fabric had perhaps served often as a pall for the dead
Тканина, мабуть, часто служила покровом для померлих
Now it was to hide something that had a corruption of its own
Тепер це було зроблено для того, щоб приховати щось, що мало власну спотворену властивість
something that was worse than the corruption of death itself
щось, що було гіршим за розбещення самої смерті
something that would breed horrors and, yet would never die
щось, що породить жахіття і при цьому ніколи не помре
What the worm was to the corpse, his sins would be to the painted image on the canvas
Чим черв'як був для трупа, його гріхи були б для намальованого зображення на полотні
They would mar its beauty and eat away its grace
Вони зіпсують його красу і з'їдять його благодать
They would defile it and make it shameful

Вони оскверняли його і робили ганебним
And yet the thing would still live on
І все ж річ все одно житиме
It would be always alive
Він був би завжди живий
He shuddered, and for a moment he regretted that he had not told Basil
Він здригнувся і на мить пошкодував, що не розповів про це Василеві
he wished he had told him the true reason why he had wished to hide the picture away
Він шкодував, що не розповів йому справжню причину, чому він хотів сховати фотографію подалі
Basil would have helped him to resist Lord Henry's influence
Безіл допоміг би йому протистояти впливу лорда Генрі
he would have helped him resist the even more poisonous influences of his own temperament
Він допоміг би йому протистояти ще більш отруйному впливу власного темпераменту
The love that he bore him had nothing in it that was not noble and intellectual
Любов, яку він йому породив, не мала в собі нічого благородного та інтелектуального
It was not that mere physical admiration of beauty that is born of the senses
Почуття народжуються не просто фізичним захопленням красою
it was not the love that dies when the senses tire
Це не любов вмирає, коли почуття втомлюються
It was such love as Michelangelo and Montaigne had known
Це була така любов, яку знали Мікеланджело і Монтень
it was the same love Winckelmann and Shakespeare had known
це була та сама любов, яку знали Вінкельман і Шекспір
Yes, dear Basil could have saved him
Так, дорогий Василь міг би його врятувати
But it was too late now
Але було вже пізно
The past could always be annihilated
Минуле завжди можна було знищити
Regret, denial, or forgetfulness could do that
Жаль, заперечення або забудькуватість можуть зробити це
But the future was inevitable

Але майбутнє було неминучим

There were passions in him that would find their terrible outlet

У ньому були пристрасті, які знаходили свій страшний вихід

there were going to be dreams that would make the shadow of their evil real

Мали з'явитися сни, які зроблять тінь їхнього зла реальною

and he lifted the great purple-and-gold texture

І він підняв велику пурпурно-золоту текстуру

Was the face on the canvas viler than before?

Чи було обличчя на полотні гіршим, ніж раніше?

It seemed to him that it was unchanged

Йому здавалося, що вона незмінна

and yet, his loathing of his picture was intensified

І все ж його ненависть до своєї картини посилювалася

Gold hair, blue eyes, and rose-red lips — they all were there

Золоте волосся, блакитні очі та рожево-червоні губи — всі вони були

It was simply the expression that had altered

Це був просто вираз, який змінився

there was a special cruelty to the change

Була особлива жорстокість до змін

nothing compared to the rebuke of the change in the picture

Ніщо в порівнянні з докором за зміну картини

how shallow Basil's reproaches about Sibyl Vane had been!

Якими ж неглибокими були докори Василя на адресу Сибіл Вейн!

His own soul was looking out at him from the canvas

Власна душа дивилася на нього з полотна

and his soul was calling him to judgement

І душа його кликала його на суд

A look of pain came across him

На нього натрапив погляд болю

and he flung the rich pall over the picture

І він накинув багату палицю на картину

As he did so, a knock came to the door

Коли він це зробив, у двері постукали

He went out as his servant entered

Він вийшов, коли ввійшов його слуга

"The persons are here, Monsieur"

— Люди тут, мсьє.

He felt that the man must be got rid of at once

Він відчував, що чоловіка треба негайно позбутись

He must not be allowed to know where the picture was being taken to

Не можна дозволяти йому знати, куди було зроблено фотографію

There was something sly about him

Було в ньому щось хитре

and he had thoughtful, treacherous eyes

І в нього були задумливі, зрадливі очі

Sitting down at the writing-table he scribbled a note to Lord Henry

Сівши за письмовий стіл, він написав записку лорду Генрі

he asked him to send him something to read

Він попросив його прислати йому щось почитати

and he reminded him that they were to meet at eight-fifteen that evening

І він нагадав йому, що того вечора вони мали зустрітися о восьмій п'ятнадцятій

"Wait for an answer," he said, handing the letter to him

— Чекай на відповідь, — сказав він, передаючи йому листа

"and then show the men into the room"

"А потім покажіть чоловіків у кімнату"

In two or three minutes there was another knock

За дві-три хвилини пролунав ще один стукіт

it was Mr. Hubbard himself, the celebrated frame-maker of South Audley Street

це був сам містер Хаббард, знаменитий виробник каркасів з Саут-Одлі-стріт

he came in with a somewhat rough-looking young assistant

Він увійшов з дещо грубуватим молодим помічником

Mr. Hubbard was a florid, red-whiskered little man

Містер Хаббард був квітчастим червоновусим чоловічком

his admiration for art, however, was considerably tempered

Однак його захоплення мистецтвом значно пом'якшилося

due to the inveterate impecuniosity of most of the artists who dealt with him

через завзяту бездоганність більшості художників, які мали з ним справу

As a rule, he never left his shop

Як правило, він ніколи не виходив зі свого магазину

He waited for people to come to him

Він чекав, коли до нього прийдуть люди

But he always made an exception in favour of Dorian Gray
Але він завжди робив виняток на користь Доріана Грея
There was something about Dorian that charmed everybody
У Доріані було щось таке, що зачаровувало всіх
It was a pleasure even to see him
Було приємно навіть його бачити
"What can I do for you, Mr. Gray?" he said
«Що я можу зробити для вас, містере Грей?» — запитав він
and he rubbed his fat freckled hands
І він потер свої товсті веснянкуваті руки
"I thought I would do myself the honour of coming round in person"
«Я думав, що зроблю собі честь прийти особисто»
"I have just got a beauty of a frame, sir"
— У мене щойно з'явилася красуня оправи,.
"I picked it up at a sale"
"Я забрав його на розпродажі"
"Old Florentine. Came from Fonthill, I believe"
«Старий флорентійський. Походить з Фонтхілла, здається"
"Admirably suited for a religious subject, Mr. Gray"
«Чудово підходить для релігійної тематики, містере Грей»
"I am so sorry you have given yourself the trouble of coming round, Mr. Hubbard"
— Мені дуже шкода, що ви завдали собі клопоту, містере Хаббард.
"I shall certainly drop in and look at the frame"
"Я неодмінно зайду і подивлюся на кадр"
"though I haven't been in the temperament for religious art, of late"
«Хоча останнім часом я не був у темпераменті до релігійного мистецтва»
"but today I only want a picture carried to the top of the house for me"
"Але сьогодні я хочу тільки картину, яку мені винесли на дах будинку"
"It is rather a heavy picture"
"Це досить важка картина"
"so I thought I would ask you to lend me a couple of your men"
— Тож я подумав, що попрошу тебе позичити мені пару твоїх людей.
"No trouble at all, Mr. Gray"
— Жодних проблем, містере Грей.

"I am delighted to be of any service to you"
«Я радий, що можу бути корисним для вас»
"Which is the work of art, sir?"
— Який витвір мистецтва,?
"This," replied Dorian, moving the cover back
— Це, — відповів Доріан, відсуваючи кришку назад
"Can you move it, covering and all, just as it is?"
— Чи можете ви пересунути його, накрити і все, як є?
"I don't want it to get scratched going upstairs"
«Я не хочу, щоб його подряпали, піднімаючись нагору»
"There will be no difficulty, sir," said the friendly frame-maker
— Не виникне жодних труднощів,, — сказав доброзичливий майстр кадрів
the picture was suspended by a long brass chain
Картина була підвішена на довгому латунному ланцюжку
with the aid of his assistant, Mr. Hubbard began to unhook the picture
за допомогою свого помічника містер Хаббард почав відчіплювати картину
"And, now, where shall we carry it to, Mr. Gray?"
— А тепер куди ми його понесемо, містере Грей?
"I will show you the way, Mr. Hubbard"
— Я покажу вам дорогу, містере Хаббард.
"please, if you will kindly follow me"
«Будь ласка, якщо ви ласкаво підете за мною»
"Or perhaps you had better go in front"
— А може, краще йти попереду.
"I am afraid it is right at the top of the house"
«Боюся, що він знаходиться прямо на вершині будинку»
"We will go up by the front staircase, as it is wider"
«Піднімемося парадними сходами, так як вона ширша»
He held the door open for them
Він тримав двері відчиненими для них
and they passed out into the hall and began the ascent
І вони вийшли в зал і почали сходження
The elaborate character of the frame had made the picture extremely bulky
Продуманий характер рами зробив картину надзвичайно громіздкою
Mr. Hubbard had the true tradesman's spirit
Містер Хаббард мав справжній дух торговця

he did not want to see a gentleman doing anything useful
Він не хотів бачити, як джентльмен робить щось корисне
but despite his protests, Dorian helped on a number of occasions
але, незважаючи на його протести, Доріан кілька разів допомагав
eventually they reached the top of the landing
Врешті-решт вони досягли вершини сходового майданчика
"Something of a load to carry, sir," gasped the little man
— Щось на кшталт тягаря, який треба нести,, — видихнув маленький чоловічок
And he wiped his shiny forehead
І він витер своє блискуче чоло
"I am afraid it is rather heavy," murmured Dorian
— Боюся, що він досить важкий, — пробурмотів Доріан
he unlocked the door that opened into the room
Він відімкнув двері, що відчинилися в кімнату
the room that was to keep for him the curious secret of his life
кімната, яка повинна була зберігати для нього цікаву таємницю його життя
the room that was to hide his soul from the eyes of men
кімната, яка повинна була приховувати його душу від очей людей
He had not entered the place for more than four years
Він не заходив на це місце понад чотири роки
first it had been a playroom when he was a child
Спочатку це була ігрова кімната, коли він був дитиною
and then it served as a room to study in when he grew somewhat older
А потім він служив кімнатою для навчання, коли він трохи підріс
It was a large, well-proportioned room
Це була велика, пропорційна кімната
it had been specially built by the last Lord Kelso
він був спеціально побудований останнім лордом Келсо
in fact, it had been build for the little grandson
Насправді він був побудований для маленького онука
one reason was his strange likeness to his mother
Однією з причин була його дивна схожість з матір'ю
but there were other reasons also why he hated him
Але були й інші причини, чому він його ненавидів
and he wanted to keep his grandson at a distance
І він хотів тримати онука на відстані
the room appeared to have but little changed

Здавалося, що кімната майже не змінилася

There was the huge Italian cassone

Там був величезний італійський кассоне

it still had fantastically painted panels and tarnished gilt mouldings

У ньому все ще були фантастично розмальовані панелі та потьмяніла позолочена ліпнина

he had often hidden himself in it as a boy

Він часто ховався в ній ще хлопчиком

There was the satinwood book-case filled with his dog-eared schoolbooks

Там стояла шафа з атласного дерева, наповнена його шкільними підручниками з собачими вухами

On the wall behind it was hanging the same ragged Flemish tapestry

На стіні позаду нього висів такий самий рваний фламандський гобелен

on it a faded king and queen were playing chess in a garden

На ньому зів'ялі король і королева грали в шахи в саду

a company of hawkers rode by, carrying hooded birds on their gauntleted wrists

Повз проїжджав загін торговців, несучи на зап'ястях птахів у капюшонах

How well he remembered it all!

Як добре він все це запам'ятав!

Every moment of his lonely childhood came back to him as he looked round

Кожна мить його самотнього дитинства поверталася до нього, коли він озирався навколо

He recalled the stainless purity of his boyish life

Він згадував непорочну чистоту свого хлоп'ячого життя

and it seemed horrible to him that it was here the fatal portrait was to be hidden away

І йому здавалося жахливим, що саме тут має бути захований фатальний портрет

How little he had thought, in those dead days, of all that was in store for him!

Як мало він думав у ті мертві дні про все, що на нього чекало!

But there was no other place in the house so secure from prying eyes as this

Але в будинку не було іншого місця, настільки захищеного від

сторонніх очей, як це
He had the key, and no one else could enter it
У нього був ключ, і ніхто інший не міг його ввести
Beneath its purple pall, the face painted on the canvas could grow bestial, sodden, and unclean
Під його пурпуровою блідістю обличчя, намальоване на полотні, могло стати звірячим, мокрим і нечистим
What did it matter? No one could see it
Яке це мало значення? Ніхто не міг цього побачити
He himself would not see it
Сам він цього не побачив би
Why should he watch the hideous corruption of his soul?
Навіщо йому спостерігати за огидним зіпсуттям своєї душі?
He kept his youth, that was enough
Він зберіг свою молодість, цього було достатньо
And, besides, might not his nature grow finer, after all?
І, крім того, чи не може все-таки його натура стати тоншою?
There was no reason that the future should be so full of shame
Не було жодної причини, щоб майбутнє було таким сповненим сорому
Some love might come across his life, and purify him
Якась любов може проникнути в його життя і очистити його
some love might shield him from those sins stirring in his spirit
Якась любов могла б захистити його від тих гріхів, які збуджували його дух
those curious as of yet unpictured sins
Цікава, як ще не змальовані гріхи
their mystery lends them their subtlety and their charm
Їхня таємничість надає їм тонкості та чарівності
Perhaps, some day, the cruel look would have passed away from the scarlet sensitive mouth
Можливо, коли-небудь жорстокий погляд зникне з червоних чутливих вуст
and he might show to the world Basil Hallward's masterpiece
і, можливо, він покаже світові шедевр Безіла Холлуорда
No; that was impossible
Ні; це було неможливо
Hour by hour, and week by week, the thing upon the canvas was growing old
Година за годиною, тиждень за тижнем річ на полотні старіла
It might escape the hideousness of sin

Він може уникнути огидності гріха
but the hideousness of age was in store for it
Але огидність віку чекала на це
The cheeks would become hollow or flaccid
Щоки ставали порожніми або млявими
Yellow crow's feet would creep round the fading eyes and make them horrible
Жовті гусячі лапки повзали навколо зів'ялих очей і робили їх жахливими
The hair was going lose its brightness
Волосся втрачало яскравість
the mouth was going to gape or droop
рот збирався зяяти або обвисати
or the mouth would become foolish or gross, as the mouths of old men are
Або уста стали б безглузді або груби, як уста старих людей
There would be the wrinkled throat and the cold, blue-veined hands
Там було б зморшкувате горло і холодні руки з синіми прожилками
the twisted body, that he remembered in the grandfather
покручене тіло, яке він пам'ятав у діда
the grandfather who had been so stern to him in his boyhood
дідусь, який був такий суворий до нього в дитинстві
The picture had to be concealed, there was no other way
Картину доводилося приховувати, іншого шляху не було
"Bring it in, Mr. Hubbard, please," he said, wearily, turning round
— Принесіть, будь ласка, містере Хаббард, — втомлено сказав він, обернувшись
"I am sorry I kept you so long"
«Мені шкода, що я так довго тримав тебе»
"I was thinking of something else"
«Я думав про інше»
Mr Hubbard was still gasping for breath
Містер Хаббард все ще задихався
"Always glad to have a rest, Mr. Gray," answered the frame-maker
— Завжди радій відпочити, містере Грей, — відповів каркасник
"Where shall we put it, sir?"
— Куди ж його покласти,?
"Oh, nowhere particular. Here: this will do"
— Ой, ніде конкретно. Ось: це підійде"

"I don't want to have it hung up"

"Я не хочу, щоб його вішали"

"Just lean it against the wall. Thanks"

"Просто притуліть його до стіни. Спасибі"

"Might one look at the work of art, sir?"

— Чи можна поглянути на витвір мистецтва,?

Dorian was startled for a moment

Доріан на мить здригнувся

"It would not interest you, Mr. Hubbard"

— Вас це не цікавить, містере Хаббард.

and he kept his eye on the man

І він не зводив очей з того чоловіка

He felt ready to leap upon him and fling him to the ground

Він відчував, що готовий стрибнути на нього і кинути на землю

if he dared to lift the gorgeous fabric that concealed the secret of his life

Якби він наважився підняти чудову тканину, яка приховувала таємницю його життя

"I shan't trouble you any more now"

«Я більше не буду турбувати тебе»

"I am much obliged for your kindness in coming round"

«Я дуже вдячний за твою доброту, коли ти приходиш»

"Not at all, not at all, Mr. Gray"

— Зовсім ні, зовсім ні, містере Грей.

"Always ready to do anything for you, sir"

«Завжди готовий зробити для вас все,»

And Mr. Hubbard tramped downstairs, followed by the assistant

І містер Хаббард поплентався вниз, а за ним і помічник

the assistant glanced back at Dorian with a look of shy wonder

асистент озирнувся на Доріана з поглядом сором'язливого подиву

He had never seen anyone so marvellous

Він ніколи не бачив нікого такого чудового

When the sound of their footsteps had died away, Dorian locked the door

Коли звук їхніх кроків стих, Доріан замкнув двері

He felt safe now; no one would ever look upon the horrible thing

Тепер він почувався в безпеці; Ніхто ніколи не подивиться на цю жахливу річ

No eye but his would ever see his shame

Жодне око, крім нього, ніколи не побачить його сорому

On reaching the library, he found that it was just after five o'clock
Прийшовши до бібліотеки, він побачив, що це було якраз після п'ятої години
the tea had been already brought up
Чай уже підняли
there was a present from Lady Radley on the table
на столі лежав подарунок від леді Редлі
Lady Radley was his guardian's wife
Леді Редлі була дружиною його опікуна
a pretty professional invalid who had spent the preceding winter in Cairo
досить професійний інвалід, який провів попередню зиму в Каїрі
there was also note from Lord Henry
також була записка від лорда Генрі
and beside the note was a book bound in yellow paper
А поруч із запискою лежала книга, оправлена в жовтий папір
the cover slightly torn and the edges soiled
кришка злегка порвана, а краї забруднені
A copy of the third edition of The St. James's Gazette
Примірник третього видання The St. James's Gazette
It was evident that Victor had returned
Було видно, що Віктор повернувся
He wondered if he had met the men in the hall as they were leaving the house
Він поцікавився, чи не зустрів він чоловіків у коридорі, коли вони виходили з дому
perhaps he had wormed out of them what they had been doing
Можливо, він вихопив з них те, що вони робили
He would be sure to see the picture had gone
Він обов'язково побачить, що картина зникла
he had no doubt notice it already, while he had been laying the tea-things
Він, без сумніву, вже помітив це, коли розкладав чайні речі
The cover had not been set back
Обкладинка не була відкинута назад
and a blank space was visible on the wall
А на стіні було видно порожнє місце
Perhaps some night he might find him creeping upstairs
Можливо, якоїсь ночі він побачить, що він повзе нагору
perhaps he would find him trying to force the door of the room
Можливо, він побачить, що він намагається силою відчинити

двері кімнати
It was a horrible thing to have a spy in one's house
Це була жахлива річ – мати шпигуна у своєму домі
He had heard of rich men who had been blackmailed all their lives
Він чув про багатих людей, яких все життя шантажували
a servant who had read a letter, or overheard a conversation
слуга, який прочитав листа або підслухав розмову
a servant who picked up a card with an address
слуга, який узяв картку з адресою
a servant who had found beneath a pillow a withered flower, or a shred of crumpled lace
слуга, який знайшов під подушкою зів'ялу квітку або клаптик зім'ятого мережива
He sighed, and having poured himself out some tea, opened Lord Henry's note
Він зітхнув і, наливши собі чаю, відкрив записку лорда Генрі
the note was simply to say that he sent him the evening paper
Записка полягала лише в тому, щоб сказати, що він надіслав йому вечірню газету
and the note mentioned a book that might interest him
І в записці згадувалася книга, яка могла б його зацікавити
and he was asked to be at the club at eight-fifteen
І його попросили бути в клубі о восьмій п'ятнадцятій
He opened The St. James's languidly, and looked through it
Він мляво відкрив "Сент-Джеймс" і подивився крізь нього
A red pencil-mark on the fifth page caught his eye
Червоний олівець на п'ятій сторінці привернув його увагу
It drew attention to the following paragraph
Він звернув увагу на наступний абзац
INQUEST ON AN ACTRESS
РОЗСЛІДУВАННЯ НА АКТРИСУ
An inquest was held this morning at the Bell Tavern, Hoxton Road
Сьогодні вранці в таверні "Белл" на Хокстон-роуд було проведено слідство
the inquest was held by Mr. Danby, the District Coroner, on the body of Sibyl Vane
розслідування проводив містер Денбі, окружний коронер, над тілом Сібіл Вейн
a young actress recently engaged at the Royal Theatre, Holborn
молода актриса, яка нещодавно працювала в Королівському театрі в Голборні

A verdict of death by misadventure was returned
Винесено вирок про смерть від нещасного випадку
Considerable sympathy was expressed for the mother of the deceased
Чималі співчуття висловили матері загиблого
her mother was greatly affected during the giving of evidence
Її мати сильно постраждала під час дачі свідчень
and the evidence of Dr. Birrell, who had made the post-mortem examination of the deceased
і свідчення доктора Біррелла, який проводив патологоанатомічне дослідження померлого
He frowned, and tore the paper in two
Він насупився і розірвав папір надвоє
he went across the room and flung the news away
Він перейшов через кімнату і відкинув новину
How ugly it all was!
Як це все було негарно!
real ugliness makes things horrible!
Справжня потворність робить речі жахливими!
He felt a little annoyed with Lord Henry
Він відчував себе трохи роздратованим лордом Генрі
he shouldn't have sent him the report
Він не повинен був надсилати йому звіт
And it was certainly stupid of him to have marked it with red pencil
І це, звичайно, було нерозумно з його боку, що він позначив це червоним олівцем
Victor could have read it
Віктор міг би її прочитати
The man knew more than enough English for that
Для цього чоловік знав англійську більш ніж достатньо
Perhaps he had read it and had begun to suspect something
Можливо, він прочитав її і почав щось підозрювати
And, yet, what did it matter?
І все ж, яке це мало значення?
What had Dorian Gray to do with Sibyl Vane's death?
Яке відношення мав Доріан Грей до смерті Сібіл Вейн?
There was nothing to fear
Боятися було нічого,
Dorian Gray had not killed her
Доріан Грей не вбивав її

His eye fell on the yellow book that Lord Henry had sent him
Його погляд упав на жовту книгу, яку прислав йому лорд Генрі
What was this book, he wondered
Що це за книга, він задався питанням
He went towards the little, pearl-coloured octagonal stand
Він підійшов до маленької восьмикутної підставки перлового кольору
it had always looked to him like the work of some strange Egyptian bees that wrought in silver
вона завжди здавалася йому витвором якихось дивних єгипетських бджіл, які кували срібло
and taking up the volume, he flung himself into an arm-chair
І, підхопивши гучність, кинувся в крісло
and he began to turn over the leaves of the book
І він почав перегортати листки книги
After a few minutes he became absorbed
Через кілька хвилин він поглинувся
It was the strangest book that he had ever read
Це була найдивніша книга, яку він коли-небудь читав
in exquisite clothing the sins of the world were dancing before him
У вишуканому одязі перед ним танцювали гріхи світу
and all of it was happening to the delicate sound of flutes
І все це відбувалося під ніжне звучання флейт
Things that he had dimly dreamed of were suddenly made real to him
Те, про що він смутно мріяв, раптом стало для нього реальністю
Things of which he had never dreamed were gradually revealed
Поступово відкривалися речі, про які він навіть не мріяв
It was a novel without a plot and only one character
Це був роман без сюжету і лише з одним персонажем
it was simply a psychological study of a certain young Parisian
це було просто психологічне дослідження якогось молодого парижанина
he had spent his life trying to understand previous modes of thought
Він провів своє життя, намагаючись зрозуміти попередні способи мислення
modes of thought that belonged to all centuries but his own
способи мислення, які належали всім століттям, крім його власного
he tried to sum up in himself the various moods through which the

world-spirit had passed
Він намагався узагальнити в собі різні настрої, через які проходив світовий дух
he loved those renunciations that men have unwisely called virtue
Він любив ті зречення, які люди нерозсудливо називали чеснотою
he loved them merely because they were artificial
Він любив їх лише за те, що вони були штучними
but he loved those natural rebellions that wise men still call sin
Але він любив ті природні бунти, які мудреці досі називають гріхом
in fact, he loved the sins just as much as the virtues
Насправді, він любив гріхи так само, як і чесноти
The style in which it was written was that curious jewelled style
Стиль, в якому вона була написана, був тим самим цікавим ювелірним стилем
vivid and obscure at once, full of argot and of archaisms
Яскравий і незрозумілий водночас, сповнений арго та архаїзмів
full of technical expressions and of elaborate paraphrases
сповнений технічних виразів і складних парафраз
typical of the work of some of the finest artists of the French school of Symbolists
типовий для творчості деяких кращих художників французької школи символістів
There were metaphors as monstrous as orchids, and as subtle in colour
Були метафори, такі жахливі, як орхідеї, і такі тонкі за кольором
The life of the senses was described in the terms of mystical philosophy
Життя почуттів була описана в термінах містичної філософії
One hardly knew at times what one was really reading
Часом людина ледве знала, що насправді читає
the spiritual ecstasies of some medieval saint
Духовні екстази якогось середньовічного святого
or the morbid confessions of a modern sinner
або хворобливі сповіді сучасного грішника
It was a poisonous book
Це була отруйна книга
The heavy odour of incense seemed to cling to its pages
Важкий запах пахощів, здавалося, чіплявся за його сторінки
the old musky smell seemed to trouble the brain

Старий мускусний запах, здавалося, турбував мозок

The cadence of the sentences and the subtle monotony of their music

Каденція речень і тонка одноманітність їхньої музики

full of complex refrains and movements elaborately repeated

сповнений складних рефренів і рухів, що ретельно повторюються

the lad passed from chapter to chapter

Хлопець переходив від розділу до розділу

it produced in his mind a form of reverie

Це викликало в його свідомості якусь мрію

a malady of dreaming, that made him unconscious of the falling day

хвороба сновидінь, яка змусила його втратити свідомість від дня падіння

and he hardly noticed the creeping shadows of the evening

І він майже не помічав повзучих тіней вечора

Cloudless, and pierced by one solitary star, a copper-green sky gleamed through the windows

Безхмарне, пронизане однією самотньою зіркою, у вікнах блищало мідно-зелене небо

He read on by its wan light till he could read no more

Він читав далі при його слабкому світлі, поки не міг більше читати

Then, after his valet had reminded him several times of the lateness of the hour, he got up

Потім, після того, як камердинер кілька разів нагадав йому про пізню годину, він підвівся

going into the next room, he placed the book on the little Florentine table

Зайшовши в сусідню кімнату, він поклав книгу на маленький флорентійський столик

and he began to dress for dinner

І він почав одягатися на вечерю

It was almost nine o'clock before he reached the club

Була майже дев'ята година, перш ніж він дістався до клубу

he found Lord Henry sitting alone, in the morning-room, looking very much bored

він побачив, що лорд Генрі сидить самотньо, в ранковій кімнаті, і виглядав дуже нудьгованим

"I am so sorry, Harry," he cried

— Мені дуже шкода, Гаррі, — вигукнув він

"but really it is entirely your fault"
"Але насправді це повністю твоя провина"
"That book you sent me so fascinated me that I forgot how the time was going"
«Та книга, яку ви мені надіслали, так захопила мене, що я забув, як минає час»
"Yes, I thought you would like it," replied his host, rising from his chair
— Так, я думав, що вам сподобається, — відповів господар, підводячись зі стільця
"I didn't say I liked it, Harry, I said it fascinated me"
"Я не казав, що мені це подобається, Гаррі, я сказав, що це мене зачарувало"
"There is a great difference"
«Є велика різниця»
"Ah, you have discovered that?" murmured Lord Henry
"Ах, ви це виявили?" - пробурмотів лорд Генрі
And they passed into the dining-room
І вони перейшли до їдальні

www.ingramcontent.com/pod-product-compliance
Lightning Source LLC
Chambersburg PA
CBHW012003090526
44590CB00026B/3854